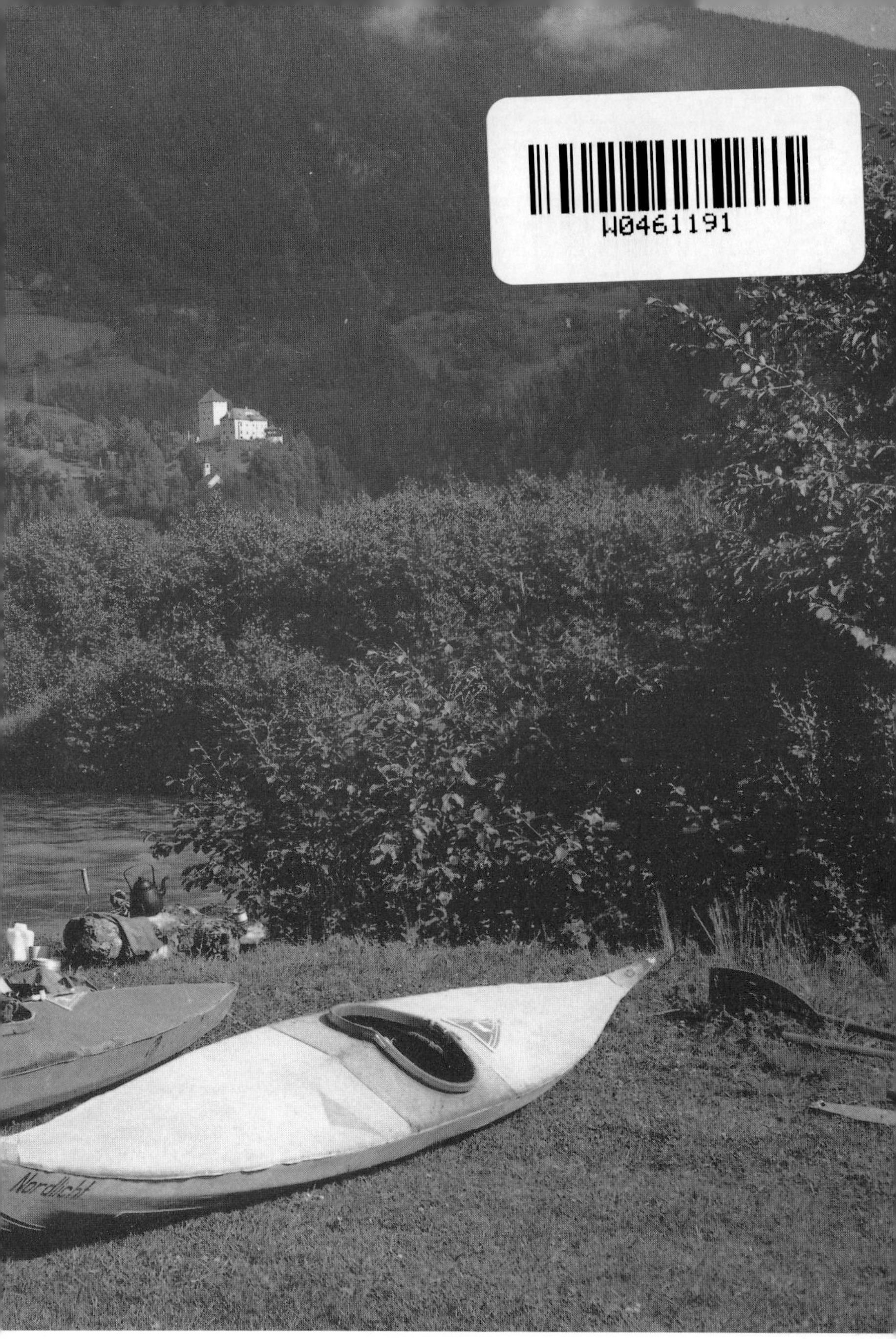
Nordlicht

Herbert Rittlinger

Das baldverlorene Paradies

Drau in Kärnten
Foto: H. Rittlinger

Herbert Rittlinger

Das baldverlorene Paradies

Pollner Verlag

Gedruckt auf 100 % chlorfrei gebleichtem Papier (Zellstoff) zur Schonung der Umwelt.

Titelseite: Auf der Enns (Foto: Herbert Rittlinger)

Gestaltung Buchumschlag: Franz Riegel, München

8. überarbeitete Auflage
1. Auflage 1968
F.A. Brockhaus, Wiesbaden

Satz: Sylvia Seyfried, München
Druck: Pollner Verlag, München
Bindung: Sellier Druck, Freising

ISBN 3–925660–20–8

INHALT

Was bleibt von der Schönheit der Berge, wenn Sie an den aufgestauten oder wasserlosen Flußleichen stehen?

Enns –

„So schön könnt's sein!"

Foto: E. Keaufer

Fällt feindlichem Geschick Natur zur Beute,
so wird sie jedem Samen gleich zuschanden,
den man auf ungeeignet Feld verstreute.

Und hätte drunten stets die Welt verstanden,
der von Natur gegebenen Bodensphäre
zu folgen, wär' bald besseres Volk vorhanden.

Dante Alighieri, 1265-1321,
aus „Die göttliche Komödie",
Das Paradies, VIII. Gesang

Vorwort zur Neuauflage von Herbert Rittlingers

„DAS VERLORENE PARADIES"

von Prof. Hans Matz

Neue Studien der UNO und der Weltgesundheitsorganisation zeichnen ein düsteres Szenario zur Lage unseres Planeten. Denn trotz aller Bekenntnisse zum Schutz menschlicher Mit- und Umwelt hat sich die Situation in den letzten 20 Jahren erheblich verschlimmert. Nahezu keines der anstehenden ökologischen Probleme wurde gelöst. Das Fragengeflecht aus instabilen Wirtschaftsstrukturen, Überbevölkerung und klimatischen Veränderungen wurde nicht einmal ansatzweise entwirrt. Nach wie vor wird die Erde mit Millionen Tonnen Giftstoffen insultiert, nach wie vor wird unbeschadet aller Warnungen der Regenwald vernichtet, nach wie vor gibt es keine entscheidenden Maßnahmen gegen den Abbau der Ozonschicht und nach wie vor werden die Meere als Abfallkübel benützt. Alles das steuert ungebremst auf eine globale Katastrophe zu. Nur ein vollständiges Umdenken und ein gänzlich neues, naturadäquates Handeln kann den Black out noch verhindern. Die Zeit läuft ab.

Auch im sichtbaren Nahbereich scheint es, als verlöre die Vernunft immer mehr ihren Einfluß auf den Menschen. Die von großen Teilen der Konsumwirtschaft entfachte und geförderte Maßlosigkeit läßt den Energieverbrauch unablässig steigen, das Gewissen gegenüber den Rechten der Natur aber verkümmert.

Die Befürchtungen Herbert Rittlingers um den Untergang der mittleren und unteren Drau sind Wirklichkeit geworden. Und nun soll auch noch der letzte Teil des 200 Kilometer langen Flusses verbaut werden. Zwar regt sich Widerstand in der Bevölkerung und im Bereich der ökologischen Wissenschaft, doch versucht die Energiewirtschaft mit allen denkbaren Tricks, diesen Widerstand aufzuweichen. Ein Kraftwerksbau in den alpinen Flußregionen der Drau würde lediglich 0,5 Prozent des österreichischen Strombedarfs abdecken. Offiziell spricht man von n u r zwei Staustufen, tatsächlich sollen aber vier in Planung stehen. Mit einer Realisierung dieses Vorhabens würde ein überaus wertvolles und daher schützenswertes Flußgebiet großstreckig zerstört.
Herbert Rittlinger hat die Sprünge und Risse auf der damals noch glänzenden Oberfläche der Naturparadiese erkannt und er hat seine mahnende Stimme erhoben – lange bevor das Wort „Umweltschutz" noch Eingang in den Sprachgebrauch gefunden hatte. Die schonungslosen Verbauungen von Enns und Drau – niemand unter Rittlingers Zeitgenossen hätte derart irreparable Zerstörungen für möglich gehalten. Niemand hätte geglaubt, daß verantwortungsbewußte Politiker es zulassen könnten, daß die großen Bergflüsse als die Lebensadern weiter Landstriche einfach verstopft werden. Und doch hat man unwiederbringliche Naturschätze gegen Beton und Wasserwüsten eingetauscht und unter grauen Staumauerkolossen Eröffnungsreden gehalten und Feste gefeiert. Das „Hans im Glück"-Syndrom feierte mit.
Offenbar ist es notwendig, Schätze zu verlieren, um ihren wahren Wert zu erkennen. Zum Glück sind die Paradiese bisher aber nur partiell zerstört. Wäre nämlich alles verloren, könnte man die Hände in den Schoß legen. Es gäbe nichts mehr zu tun, nichts mehr zu schützen, zu bewahren, zu reparieren. Die Paradiese haben sich nur zurückgezogen, sie sind nicht mehr so flächig wie einst, aber sie sind noch da, und es können neue geschaffen werden.
Man darf sich von politischen und ökologischen Horrorvisionen, die meist totale Umgestaltung oder vollständige Vernichtung prophezeien, nicht bis zu lähmender Tatenlosigkeit

beeindrucken lassen. Immer müssen Schlupflöcher für neues Denken und zielgerechtes Handeln offenbleiben. Oswald Spenglers „Untergang des Abendlandes“ ist zumindest in der Diktion vom „Kulturwinter“ ausgeblieben, George Orwell hat sich mit seinem politischen Inferno von 1984 gründlich getäuscht, Rachel Carsons „Stummer Frühling“, schon 1963 angekündigt, ist glücklicherweise noch ausgeblieben und gegen Aldous Huxleys „Schöne neue Welt“ werden in zunehmendem Maß gesetzliche Schranken errichtet.

Daß die Zerfallsvisionen dieser Autoren nicht in die Wirklichkeit umgesetzt wurden, ist vor allem der Angst zu danken, die der Vernunft des Menschen wieder einen Stoß versetzt hat. Die Vorstellung von einer Versandung des eigenen Existenzraums und ihre Verwandlung in eine lebensfeindliche Wüste dürfte – wenn auch oft im letzten Moment – jene geistige und moralische Schubumkehr bewirkt haben, die sich neuen Gedanken und neuen Anfängen öffnet. Renaturierungen und Rückbauten von begradigten Flüssen, Intensivierung biologischen Feldbaus oder die Anlage von Biotopen zeigen deutliche Ansätze dieses Umdenkens.

Trotzdem: Die Natur ringt um Atem. Es wäre aber falsch, sich wieder an die Klagemauer zu stellen und die Verdammnislitanei gegen die Energiewirtschaft anzustimmen. Um die verlorenen Naturbezirke zu weinen, ist müßig. Um die gegenwärtigen zu kämpfen, sich ihrer fragwürdigen kommerziellen Nutzung und Zerstörung mit allen erlaubten und möglichen Mitteln entgegenzustellen, ist das Gebot der Stunde. Voraussetzung für einen Erfolg ist freilich, daß ein erneuerter Respekt vor der Natur nicht nur in die Büros der Landschaftsplaner, sondern auch in die Stuben noch unbeteiligter Zuschauer einkehrt. Und daß jener Menschenschlag möglichst bald ausstirbt, der im stoischen Hick-Hack gegen die Natur lebt und sie verdirbt.

Man spricht von einer politischen und ökologischen Neuordnung auf unserer Erde. Sie müßte möglich sein. Wenn die Erde überleben will, ist sie sogar unabdingbar. Doch es gibt da einen pessimistischen Zwischenruf: Neuordnung gewiß – aber nur mit einer neuen Menschheit.

Am romantischen Hallstätter See
Foto: H. Rittlinger

Wenn man anfängt, das Volk von seinen Flüssen zu trennen, was bleibt übrig?

(Jack K., Nummer 1 von Amerikas „Beat Generation", um 1960 . . .)

DAS HERZ DEUTSCHER LANDSCHAFT

Ein Name wie „Schwarzer Regen" klingt gut. Wir hatten den so bezeichneten Fluß sowie seinen kleineren Bruder, den „Weißen Regen", schon früher einmal auf der Karte betrachtet und uns ihn vorzustellen versucht. Dann hatten ein paar zünftige Burschen aus Hof, ausgekochte Faltbootfahrer, die wir Ostern auf der oberen Saale getroffen hatten, weise und ganz nebenbei kundgegeben: „Der Regen is a pfundige Sachn!" Weiterhin hatten wir herausbekommen, daß der Schwarze Regen vom Orte Regen bis zum Orte Viechtach — „böhmische Dörfer" für uns — ein höchst urwüchsiges Waldtal durchströmt und auf dieser vierzig Kilometer langen Strecke über hundert Meter Gefälle zu überwinden hat. Er mußte also in der Tat „pfundig" durch die Gegend brausen. Und wir fuhren auch noch hin, weil der Fluß Regen im schönen Verbande üblicher deutscher Flüsse und Ströme ein verheißungsvoll abseitiges Dasein führt.

Für abseitige Sachen hat der Verfasser seit je eine schwache Seite. Das Aveckle („Kajakfrau" heißt so etwas in der rohen Zunftsprache. „Aveckle" klingt aber viel netter. Es kommt vom welschen „avec", heißt also soviel wie „Mitschleppsel". Es ist das bezaubernde, mir angetraute Weib, das Sie auf vielen der hier gezeigten Aufnahmen inmitten anmutiger Umgebung dargestellt sehen) — das Mitschleppsel also, hatte in unserm Falle beigegeben. Es war lautstark bearbeitet worden. Es hoffte auf den Tag der Vergeltung. Nach oben hin aber sagte es: „Der Klügere gibt nach!"

Wir reisten nicht geradewegs zum Regen. Man kann Faltbootfahrten vorteilhaft mit anderen Arten des Reisens und genußreicher Fortbewegung verflechten. Wir beschlossen, in diesem Falle die beschauliche des Wanderns mit der rüden der Wildflußfahrt zu kombinieren, um zwei Dinge zugleich zu gewinnen. Dies hing urtümlich mit dem Begriff „Ilztal" zusammen, der zuerst dem Aveckle in näheres Bewußtsein getreten war. Eines Tages hatte es nämlich in einer Zeitschrift die hübsche Geschichte eines Herrn gelesen, der weder Auto, Fahrrad oder Faltboot fuhr, sondern im Inntal einfach so wanderte. Daselbst stieß der wandernde Herr, unvermutet wohl, aber erfreut, auf eine schöne und ziemlich ideal veranlagte Dame, deren Bekanntschaft er — wie er als Verfasser vorgab — schon einen Sommer zuvor unter ähnlichen Umständen im Tale der Ilz zu machen das Vergnügen gehabt hatte. In der Geschichte wurde dann noch einiges über die reizvolle Wanderin, hingegen gar nichts weiter über das Ilztal gesagt. Der Begriff hing vielversprechend in der Luft und wurde großzügig und bedenkenlos unserer romantischen Einbildungskraft überlassen.

Eine ganze Nacht lang rollte der D-Zug Berlin—Wien über Fichtelgebirge und unaufhörlich, ohne Halt, durch die oberpfälzische Ebene. Die beiden verpackten Faltboot-Einer hatten wir der Bahn anvertraut. Da der Zug nicht in Schwandorf hielt, dem Knotenpunkt zum Böhmisch-Bayrischen Walde, sahen wir sie zum letzten Male in Hof, ehe wir sie am Bestimmungsort abholten. Sie lagen zuoberst auf einem Gepäckkarren, und tiefsinnige Männer schoben sie an unserm Abteil vorbei durch den nächtlich-trüben Bahnhof. Das Wasser rauschte über Felsen, und der Böhmerwald sang seine Melodie dazu. Aber da fuhr der Zug schon wieder an. Das Wasser war ein WC gewesen, und der Böhmerwald war noch weit.

Über Regensburg kamen wir zunächst nach Passau, jener erstaunlichen Stadt, die sich wie ein gewundener Darm ins Donautal preßt, und der — vielleicht außer Würzburg ehedem, das 1945 so zerstört wurde — an Charakter und besonderer Eigenart nichts in den deutschen Landen gegenüberzustellen ist. Bei Sonnenschein glänzt unterhalb des modernen Kachlet-Werks und rußgeschwärzter Maschinenfabriken üppiger Barock und südlicher Schwung... Aber wir kamen in Morgengrauen und düsterem Regen an. Wir schauten in dunkle Höfe und spazierten längs vermoderten Gemäuers am Innfluß entlang. Wir erinnerten uns, einmal gelesen zu haben, wie der Bewohner dieser Landschaft unter liebenswürdig-heiterer Maske viel mehr gespensterlt und dämonerlt als andere Bewohner Deutschlands — vielleicht mit Ausnahme der „Spökenkieker" Westfalens. Wir erinnerten uns der spukhaften Gestalten und aufgedunsenen Wasserleichen — und der wieder gemütlich-gespenstischen zarteren Zeichnungen des Magiers Kubin (1959 ist er, dreiundachtzigjährig, zu seinen Schemen eingegangen), und wir dachten, es müsse hier herum schon so sein. Das Gasthaus, in dem wir schliefen, stand am Donaukai. Das Haus hatte meterdicke graue Mauern, geräumige, wunderliche Steinfliesengänge und alte Galerien. Es war ein uraltes Kloster, später eine Brauerei gewesen.

Aber als wir am nächsten Tag an der alten Festung Oberhaus hoch über der Stadt standen, lag gleißende Sonne über den drei Tälern. Drüben mündete milchig-grün der Inn in die hochwassergelbe Donau. Sie wurde schnell mit ihm einig. Aber gegen die kleine Ilz hatte die gelbtrübe Donau ein Stück Wegs unentschieden zu kämpfen, ehe ihre scharfwolkigen Ränder das dunkelklare Wasser der Wälder schluckten.

Ein großes Motorschiff schnob keuchend und langsam stromauf. Es erwies sich, daß das Motorschiff „Agamemnon“ hieß und aus Griechenland war. Es hatte die Ägäis, Marmara- und Schwarzes Meer gekreuzt und fuhr nun schon mehr als zweitausend Kilometer binnenwärts nach Regensburg. Es führte anschaulich vor, was das mächtige Alpenwasser Donau, das sie doch mit all ihren südlichen herrlichen Nebenflüssen ist, bedeuten kann.

Die ebenso grazile wie dunkle Stadtanlage Passaus, deren Entstehung bis weit vor die Zeit der Nibelungen reicht, die durchs Donautal in den Untergang zogen, hat nichts von der Gebundenheit und Aufgabe der größeren Schwesterstadt Regensburg an sich, die im Mittelalter „Mitte des Reichs“ war, bis zum 13. Jahrhundert die reichste und bevölkertste Deutschlands. Regensburger Kaufleute hatten ihre Niederlassungen in Kiew und Venedig, und die Donau vermittelte den Hauptverkehr mit dem Orient und der Levante. Passaus Größe liegt in der Zeit der Macht der siegreichen Kirche mit ihrer unvergleichlichen Kunst. Als wir vom Oberhaus auf die sonnlichtüberflutete Dreiflüssestadt schauten, war sie ein atemraubender, südlicher Gruß . . .

Am Fuße der Ilz hatte Witiko seinen Ritt durchs Tal nach Böhmen begonnen. Wir fühlten Weihestimmung. Es gehörte allerdings nicht viel dazu, sie zu fühlen, wenn man nach Norden das Ilztal hinaufsah. Dort war eine andere Welt als die des Tages zuvor — das heißt, es mochte uns auch nur so vorkommen. Die grünen Wellen und Hügel der Wälder waren unberührt und erhaben, und sie strömten die stille Einfalt der Welt Stifters aus, von der sie waren. Und mit dem Hinweis auf den Dichter einiger der schönsten Erzählungen in deutscher Prosa und des „Nachsommers“, können wir uns im Grunde jede weitere Poesie sparen. Wir gewannen diese Welt einfach doppelt lieb.

Zwischen dem „Nönngütlein“ und der festen Burg Oberhaus „... ist eine Schlucht, durch welche ein Wasser hervorkömmt, das von oben gesehen so schwarz wie Dinte ist. Es ist die Ilz, es kömmt vom böhmisch-baierischen Walde.“ (Stifter, „Witiko“)

Im Markt Regen war gerade Firmungstag

Fotos: H. Rittlinger

Wenig weit Passaus wanderten wir noch durch das kleine Bad Hals, das schmuck und romantikverloren dahinträumt. Dann nahm uns die Einsamkeit des Tales auf, und der Abend verglutete in dicken Strahlenbündeln und unerhörter Pracht über dem schmalen Pfad am sanften Hange zur rauschenden Ilz.

Im Gehöft der Unterödbäuerin fanden wir freundliche Unterkunft für die Nacht. An die Türen der Ställe war mit Kreide gekritzelt: K + M + B: Kaspar, Melchior und Balthasar hielten die Hexen fern und waren auch der Gesundheit des Viehs dienlich.

Angesichts der klaren Ilz tat es uns leid, die Boote nicht schon hierher mitgenommen zu haben. Der Fluß ist von Fürsteneck ab leichtes Wildwasser mit mehreren Umtragstellen; bei Hochwasser jedoch für *geübte* Wildflußfahrer schon viel weiter oben fahrbar. In der *Dießensteiner Leite,* einer schwierigen — und trotz Naturschönheit leider von Kraftwerkbau bedrohten! — Kataraktstrecke, wird vom rührigen TV Passau 1862 alljährlich seit 1960 die *Bayerwald-Wildwasserregatta* ausgerichtet, die inzwischen internationale Bedeutung erlangt hat.

Im Wechsel liegt Reiz. Wer ins Ilztal will, kann dort auch heute regelrecht wandern und sollte sein Auto irgendwo abstellen. Dafür hat er die schöne Illusion, daß ihm das einsame Ilztal allein gehöre. Es gibt nur schmale Pfade. Sie führen über Höhen, durch unberührte Wiesengründe und in hohe, dunkle Wälder hinein, in deren kleine Lichtungen jäh und hemmungslos das Sonnenlicht platzt. Mitunter hören überhaupt alle Pfade auf, und man muß über Felsblöcke und Gestrüpp am Flusse entlang seinen Weg suchen. Später führt die Ilztalbahn ein Stück im Tale selbst entlang, und wir können ihre Geleise als selten gestörten Weg benutzen. Bei Fürsteneck und Schloß Voglöd, hoch überm Zusammenfluß von Großer und Kleiner Ohe und dem Osterbache, gibt die Ilz nur äußerlich ihren Namen auf. Man kann an der Großen Ohe — von den Einheimischen auch hier einfach Ilz genannt — weiterwandern. Wer Wald- und Wiesengründe liebt und sich oft und gern klares, kaltes Waldflußwasser über die Haut strömen läßt, möge bis Grafenau möglichst nicht weniger als fünf Tage rechnen.

Wir wählten die andere Richtung. Von der Aumühle und ihrer reizenden Wirtin Frau Maria aus gingen wir am Osterbach entlang, um ihn alsbald zu verlassen. Hinter Unter-Grainet im Walde stießen wir auf eine Granitsäule, die die Inschrift trug: „Wasserscheide Elbe-Donau". Wenig später erreichten wir zu unserm großen Erstaunen noch diesseits der Grenze einen Talgrund, dessen rauschender Bach bereits den Namen Moldau trug, und zwar die „kalte". Sie fließt ins Böhmische und nimmt zu Füßen des „Hochwald" die „Warme Moldau" auf, die etwas oberhalb bereits ihre „grasige" Schwester aufgenommen hat.

Eine weitere Merkwürdigkeit neben der so überraschenden Wasserscheide Elbe-Donau sind die „Triftkanäle" dieses Gebiets. Ausgang des achtzehnten Jahrhunderts haben die Fürsten von Schwarzenberg durch einen solchen Triftkanal vom Dreisesselberg Moldauwasser über die Mühl zur Donau geleitet, während auf ähnliche Weise Bischöfe von Passau Kanäle bauten, die aus dem Moldauquellgebiet das Holz über Osterbach zur Ilz und Donau tragen sollten. Der Markt für das feinringige, vorzüglich für den Geigenbau geeignete Holz war in Wien besser als im Böhmischen. Diese merkwürdigen Triftkanäle und Triftsperren, an denen die herabtreibenden Stämme gesammelt werden, dienen der Holzwirtschaft diesseits und jenseits der Landesgrenze noch heute. Sie haben nichts Kanalmäßiges an sich. Es ist im Gegenteil ein hoher Reiz, ihren verwunschenen Waldläufen wandernd zu folgen.

IM TALE DES SCHWARZEN REGEN

Von Grafenau aus waren wir mit der Böhmerwaldbahn bis Zwiesel und Bodenmais gefahren, um im Herzen des Böhmisch-Bayrischen Waldes einen weiteren grünen Bilderbogen zu erleben. Wir hatten den Arber gesehen und erstiegen, den König der Wälder, der sich aus dunklem Tann zum Lichte herausschält. An seinen Südhängen rauschte und brauste es, die Wasser donnerten über dicke Felsen und wild hingestürzte Baumriesen. Weiter unten bildeten sie plätschernde, breitere Rinnsale inmitten saftiger Matten, und beim Orte Zwiesel vereinigten sie sich zu dem Flusse, den wir für uns in Beschlag zu nehmen gedachten. Wir sahen ihn zuerst hoch oben, von der Bahn aus.

Es war ein dünner Fluß.

Das Aveckle setzte eine triumphierende Miene auf: „Nun müssen wir doch weiter unten anfangen!" Es wollte nur nicht eingestehen, daß es schwere Bedenken vor den zu erwartenden Stromschnellen, schön mit Felsbrocken durchsetzt, hegte, die es weiter unten nicht mehr geben sollte.

Sooft der Zug die Talseite wechselte, rannten wir von einem Fenster zum andern. Es ist immer etwas Aufregendes, den Oberlauf eines Flusses, dessen Befahrung zweifelhaft ist und — wie hier — zudem arg vom Wasserstand abhängt, das erstemal zu Gesicht zu bekommen. Ich versichere aus Erfahrung, daß es dabei höchst gleichgültig ist, ob es sich nun um die Mietze bei Posemuckel, den Regen oder den Euphrat, den Amazonas oder sonst einen handelt. Wahre Leidenschaft setzt sich mit erstaunlicher Unbekümmertheit über alle Rangordnungen hinweg. Es kam übrigens bald heraus, daß das mit dem „dünnen Fluß" ein Trugschluß war. Ein kräftiger Schwall war eine Minute lang sichtbar — und Schwälle sind nie kräftig, wenn das Wasser dazu fehlt. Unser Fluß war eben so rein, daß man von der Bahn aus die Kiesel auf seinem Grund auch dann sah, wenn zuweilen mehr als ein, zwei Meter herrliches Gebirgswasser über sie hinwegstrich.

Da waren wir schon am Markte Regen.

Am nächsten Morgen holten wir unsere vorausgesandten beräderten Bootsbündel aus dem Dämmer des Lagerschuppens und schoben sie durch die gluthelle Hitze zum Flusse hinunter. Hinter dem Wehr des Ortes war eine hübsche, abgelegene Stelle. Es war so heiß, daß Booteaufbauen an Idiotie grenzte. Es wäre vernünftig gewesen, sich in den Schatten der Büsche zu legen und den Tag zu verträumen. Aber wir trugen, wenn man es romantisch ausdrücken will, die Sehnsucht nach dem großen Abenteuer in unseren schönen Seelen — oder vielmehr: wir logen uns das so vor, denn das Aveckle hatte nur ganz gewöhnliche Ferien und ich gewissermaßen auch, denn zu Hause lag viel Arbeit, und ich hatte zudem eine wesentlich größere Reise vorzubereiten. Seine beschränkten Ferien und die damit verbundene Behinderung seiner vollen Ausnützung als geeignetes Photomodell waren übrigens der Hauptgrund gewesen, daß ich das Aveckle schließlich geheiratet habe ... So behauptet es wenigstens, und ich lege hiermit feierlichst Einspruch gegen diese so materialistische Auffassung ein! — Es ist jedenfalls sehr schön, um darauf zurückzukommen, sich an einem Waldflusse acht Tage lang selbst zu belügen. Wir sahen den Fluß das grasige

Ufer entlanggluckern und steckten mit Hochgefühl Spanten, Senten und Süllränder zusammen. Die Sonne versengte mit Inbrunst unsere Rücken. Doch was scherten Jucken und schlaflose Nächte? Auch die Hautölindustrie will leben.

Mein „Jonas 5" war ein Rennboot, schwerer aufzubauen als sonstige Faltboote, und sein Gerippe bestand, damit es leicht sei, aus einer Art besseren Zigarrenkistenholzes. Wenn man seinen Tücken mit Glück, List und der Haut beigekommen war, war es jedesmal höchst überraschend, was für ein schlankrassiges Kajak es ergab. Das Aveckle baute seinen „Nanuk" zum ersten Male ohne alle männliche Hilfe auf. (Wenige Monate später wurde der Einer zum „Jonas 7", mit dem ich den obersten Amazonas befuhr.) Nachdem das ohne alle männliche Hilfe zu Werke gehende Aveckle fertig war, hatte es noch die Hälfte vom Gerippe übrig. Außerdem hatte es das Vorder- in das Hinterteil und das Hinter- in das Vorderteil der Haut gesteckt. Ich machte es so schonend wie möglich darauf aufmerksam. Es würdigte mich keines Blickes und begab sich mit fraulicher Grazie an den Abbau. Dann an den Wiederaufbau. Unter solch stimmungsfördernden Zwischenspielen entstanden unsere schönen Kajaks. Gleich edlen Reittieren lagen sie erwartungsfreudig auf dem Rasen, die Antlitze dem Wasser zugewandt, und unsere Augen schweiften wie kosend über sie dahin, während unsere Füße sich dem Orte zuwandten, um Nahrungsmittel einzukaufen.

In Regen war gerade Firmungstag und viel Betrieb. Auf dem budenumsäumten Marktplatz sahen wir, abseits der andern, ein Firmkind: weißes Kleid, Kränzchen im Haar und ein großes Lebkuchenherz umgehängt. Das kleine Mädchen weinte. Es hatte im Trubel seine Firmpatin verloren. Die Firmpatin hat an diesem wichtigen Tage die

Der Kapitän sieht beim Aufbau nicht immer anmutig aus (unten). Darüber freuen sich die einheimischen Zuschauer.
Fotos: H. Rittlinger

schöne Aufgabe, ihren Schützling auszuführen. Aber nun war die Firmpatin abhanden gekommen, das kleine Mädchen weinte, und das Aveckle wurde ganz mütterlich gerührt dabei. Die Patenstelle vertretend, nahmen wir das Firmkind bei der Hand, gingen in die nächste Konditorei, und dort kaufte ich dem kleinen und dem großen Mädchen Eis und süßes Met. Nach einer Stunde hatten wir die besorgte Originalpatin gefunden, es war alles wieder gut, und wir gingen in ein anderes Gasthaus.

Es war so heiß, daß einem schon beim kleinsten Gange die Kehle austrocknete. Bayerisches Bier schuf Abhilfe. Hin und wieder tranken wir einen Korn dazwischen. Gelegentlich wechselten wir auch das Gasthaus, und dazwischen gingen wir einkaufen. Als wir später auf der glühenden Straße zu unseren Booten zurückwandelten, bestand unser Provianteinkauf aus:

500 Gramm Rosinen,
1 Glas Füllfederhaltertinte,
1 Illustrierte,
3 Vierpfennigbriefmarken,
1 Kinderbilderbuch,
1 Flasche Hautöl,
1 Plakette,
1 Tüte Zuckerplätzchen,

die uns der Apotheker in heller Sportbegeisterung zugegeben hatte, sowie aus einem Exemplar des „Boten aus dem Bayrischen Wald". Wir fühlten dumpf, daß mit unserem Einkauf etwas nicht richtig war. Aber ich tröstete mich mit dem Gedanken, daß das Aveckle zum Paddeln ein für alle Male ungeeignet wäre, wenn es ihr nicht gelänge, aus einem Achtelkilo vergessenen Speck, drei Eßlöffeln Mehl mit Gummilösunggeschmack und ausgelaufenen Eiern kindskopfgroße Knödel zu verfertigen . . .

In der fünften Nachmittagsstunde fuhren wir los. Der

Fluß nahm uns auf seinen Rücken, und wir fanden ihn, unsere hübschen Boote und uns selbst großartig. Wir hatten kaum einen Kilometer zu fahren, da sausten die Boote schon über eine Wehrrutsche, über eine Floßgasse, und so etwas macht ja allerhand Spaß. Eine letzte Brücke, idyllisch dabei eine „Tafernwirtschaft" — dann verloren sich alle Wege an den Ufern, der Fluß machte den großen Bogen. Einige Kehren noch um fette Wiesen mit neugierig blickenden und melodisch glockenden Kühen darauf — dann floß er zügig zwischen dunkle Waldberge, und die Boote schnupperten sich wie mißtrauische Windhunde um schwach überronnene, tückische Felsen herum.

Wir sangen unsern Lieblingskanon:

Trommel auf dem Bauch
Du trägst ein' schweren Ranzen
Wirst du erst auf Stelzen gehn
Dann wirst du auch bald tanzen ...

Der dunkle Tann warf unsere Laute zurück. Das klare Wasser rauschte, und es gab keine anderen Geräusche weiter. Wir waren die Landsknechte des Wassers und ritten auf schlanken Kajaks in eine Welt hinein, die uns gehörte, und der man anders gar nicht beikommen konnte. Und wenn wir uns das auch alles nur vormachten, so waren wir doch glücklich. Der abendliche Tag lastete noch immer heiß auf den gleißenden Spitzen des Bergwaldes — aber im Tal war es kühl und ein wenig dämmrig, der Fluß war eine Sache für sich. Hier oben hatte man ihn noch nicht reguliert. Man hatte es vergessen, oder es lohnte sich nicht. Auf jeden Fall waren wir den Ingenieuren dankbar, die es gegebenenfalls vergessen hatten. Der Fluß war noch richtig, und der Kampf, den er uns aufzwang, ließ nicht lange auf sich warten.

An einer Kehre gab es eine baumbestandene Insel. Rechts war es breit und unangenehm flach und steinig.

Links brauste das Wasser in eine schmale Felsgasse. Man konnte sich vorsichtig heranpirschen — aber dann war das Boot kaum mehr zu halten. Mit äußerster Kraft in die richtige Lage, und — w h u m m m m — — sauste man zwischen zwei ein Meter voneinander abstehenden Felsen in ein weißgischtendes Loch, und weiter unten gab es abermals Felsen . . . Teufel, das kam etwas sehr plötzlich. Die Kajakfrau streifte, aber sie kam ebenfalls noch gut durch. Wir bekamen Respekt und spitzten die Ohren, und das Aveckle meinte, daß solches doch tunlichst auf den Vormittag zu verlegen sei, wegen des Umschmeißens und so.

Es war ein rechter Rat, und wir schlugen alsbald das Lager auf. Es war eine Stelle, die sich ebenso in den Rocky Mountains oder bei Karl May hätte finden können. Es war nur ein Irrtum, daß Winnetou und Old Shatterhand nicht dastanden und die Ankömmlinge mit Adlerblicken scharf, doch nicht unfreundlich musterten, um sie für die Friedenspfeife in Erwägung zu ziehen. Dafür stand ein wenig später ein Hütejunge da. Wir hörten ihn von ferne schon das enge, „Bärenloch" genannte Tal heraufziehen. Die Glocken seiner sieben jungen Stiere gaben den Ton an. Er war der einzige Mensch, der das einsame Lager während der zwei Tage, an denen es hier stand, besuchte. Er hatte ein kleines Strohhütchen auf und war der netteste Hütejunge, dem wir je begegneten. Wir schenkten ihm die Zuckerplätzchen des Apothekers. Er war erst ein wenig scheu wie seine sieben jungen Stiere, die verdutzt auf dem grünen Mattengrunde stehenblieben. Ihre kräftigen Körper hoben sich gegen das Wasser ab, auf dem noch lange das letzte Licht des Mittsommertags blieb. Es war ein Bild des Friedens, wie man es sich nicht schöner denken konnte. Und — Winnetou wurde plötzlich sehr unnötig und unsere Großstadtromantik schief: So konnte es eben nur in Deutschland sein, im Bayrischen Walde . . .

Dann lösten sich die sieben jungen Stiere aus ihrer Erstarrung und schnüffelten alles an: Boote, Gummibeutel, Schlafsäcke, Zelt. Sie gingen bedächtig zu Werke und sahen dabei verständnisvoll aus. Als Draufgabe gaben wir jedem eine Prise Salz zu lecken. Dann zogen sie weiter, einen wilden Waldsteig empor, dem fernen Dorfe zu. „Und vergelt's auch Gott!" rief der Hütejunge.

Wir waren allein in unserm Tal und in unserm Lager, dessen sachliche Annehmlichkeiten jetzt zu ihrem Rechte kamen. Das Aveckle hatte es fertiggebracht, eine Suppe sowie Makkaroni mit Schinken hervorzuzaubern. Das Lagerfeuer prasselte zu unserm Mahle. Es waren hübsche, saubere Makkaroni, und es war ein hübsches, sauberes Lager an diesem Abend.

Nach dem Essen gingen wir über die Matte zum Wasser hinunter, das klar, dunkel und rasch dahinströmte. Es war eine milde Nacht, und es war ein seltenes Vergnügen, in dieser Nacht und in diesem Wasser noch ein Bad zu nehmen. Man mußte fest mit den Füßen auf den glattpolierten Steinen des Grundes haften, damit man nicht fortgetragen wurde. Der Fluß rauschte über unsere Schultern. In unserer nymphen- und satyrgleichen Nacktheit waren wir auf eine unvergleichliche Weise einer großmütigen und duldsamen Natur verbunden. Das klare, weiche Wasser des Bayrischen Waldes strömte wohltuend vom Hals bis zu den Zehen, so lange, bis uns fröstelte. Da liefen wir zum Lager zurück und schürten das Feuer wieder auf.

LASST LUFT ANS FELL!

Die Sterne blinkten, und das Uhrwerk des nächtlichen Weltalls schritt unbeirrbar fort ... Die Sterne funkelten über dem Bayrischen Walde, über dem Tale des Schwarzen Regen — und da es ihnen gar nichts weiter ausmachte, über sonst noch etwas zu funkeln, taten sie dies auch über den kleinen grünen Matten am gluckernden Wasser, über der Tannengruppe, dem Zelt darunter und über unseren hübschen Faltbooten.

Dies ist reine Phantasie. Der Verfasser hat das nicht wahrnehmen können, weil er sich ja bald im Zelt befand und — nach Aussage der Kajakfrau — schnarchte. Vielleicht war dies aber auch Phantasie. Zu der ersteren jedenfalls ist zu sagen, daß sie einen netten und poetischen Ton in dieses Kapitel bringt. Lyrik entsteht auf diese Weise.

Als schließlich die oben angegebenen Sterne nicht mehr funkelten, sondern nur noch müde blinzelten, und der junge Tag schelmisch über die bewaldeten Bergrücken lugte, erwachte der Verfasser, d. h. also ich. Es hatte kein Wecker geklingelt. Dagegen war es mit meiner rechten Hüfte so, als käme sie bei der linken heraus. Sie tat sehr weh ...

Es soll schön sein, so ein Erwachen im Zelt. Du reißt die Tür auf. Bar aller nächtlichen Hüllen springst du ins taufrische Gras hinaus. Frisch wie der junge Morgenstrahl reckst du dich dem aufbrechenden Lichte entgegen. Es soll, wie gesagt, sehr schön sein.

Ich stieß das sanft neben mir schlummernde Aveckle an. Es grunzte unwirsch und drehte sich auf die andere Seite. Eine Drossel sang ihr Morgenlied. Es war noch dämmrig im Zelt. Die Taschenuhr zeigte auf fünf. Die Drossel sang bei jedem sechsten Ton falsch, und die Hüfte tat verdammt weh. Ich träumte anschließend vom Jahrmarkt und der Dame ohne Hüften. Ich bin noch nie im Zelt zeitig aufgestanden.

Von Südsee und Tropenhitze träumte ich auch. Das kam aber nur daher, daß die Sonne nun ihren Weg zur Tannengruppe gefunden hatte, unter der sich das Zelt befand. Sie prasselte mit Nachdruck auf die Stoffwand, und unsere schöne Behausung bekam Ähnlichkeit mit einer schweißtreibenden Schachtel. Als ich — schweißgebadet — zum zweiten Male erwachte, war es neun Uhr, und das Aveckle schimpfte. Es lag halbwegs an der frischen Luft, räkelte sich und schalt mich einen Müßiggänger.

Am Abend zuvor hatten wir uns fest vorgenommen, zeitig aufzustehen, um beizeiten den Kampf mit dem Fluß wieder aufnehmen zu können. Aber nun sahen wir das Tal wieder. Das Tal war jetzt ganz lichterfüllt. Die Sonne flutete über die kleinen Wiesenmatten und über den dunklen Tann, der sich die Berge diesseits und jenseits hinaufzog. Das Wasser des Regen glitzerte und rauschte. Bar jeglicher Hüllen und schwerer Gedanken bemächtigten wir uns des herrlichen, klaren Wassers des Bergflusses. Wir tollten herum und benahmen uns sehr wenig vernünftig in dem Wasser. Es erschien uns plötzlich als das Allererstrebenswerteste, den ganzen Tag lang noch, wie es uns gerade gelüstete, in diesem Wasser herumzutoben, an das keiner kam, um nachzusehen, ob wir nun eigentlich einen Badeanzug anhatten oder nicht. Wenn das Paradies je schön gewesen ist, mußte es wie dieses Tal gewesen sein, das wie aus der Welt herausgeschnitten war und uns sowie der bayerischen Forstverwaltung ganz allein gehörte. Hier konnte uns gar keiner! Die Wirtin nicht und nicht der Gerichtsvollzieher, und morgen war jedenfalls auch noch ein Tag zum Paddeln. Hier war unser schönes, sauberes Lager — Grüß Gott, Lager! Wir lassen dich so lange stehen, wie es uns gefällt! —, und hier bereitete das Aveckle mit Tee, Knäckebrot, Butter, Honig, Rosinen, Nüssen, Ameisen, Ohrenkriechern und Gras ein Frühstück, gegen das alle Hotelfrühstücke der Welt zu dünnen Schemen verblaßten! Man konnte sich beim Kauen auf dem weichen Moose langstrecken und den Himmel betrachten. Der Himmel war unwahrscheinlich blau. Ein einziges winziges weißes Wölkchen haftete verloren an der großen blauen Glocke. Es war unwahrscheinlich, daß diese Glocke jemals ein anderes, weniger liebenswürdigeres Aussehen gehabt haben sollte oder jemals haben könnte. Es tat nichts, daß das Licht, das die Glocke in verschwenderischer Laune ausschüttete, allgemach zu sengender Hitze ausartete. Hatte man nicht den kühlen Fluß nahebei? Ach, und es war angenehm im Schatten unter den Tannen. Das einzige weniger Angenehme waren nur die Schreckgespenster, von denen wir armen Menschen nie loskommen zu können glauben, und die beunruhigend in der flimmernden Luft hingen:

„Wann gedenken gnädige Frau das Geschirr aufzuwaschen?" Es war noch schmutzig vom Abend vorher.

„O mein Herr — nicht, ehe Sie die Stoppeln Ihres Antlitzes auf ein erträgliches Maß zurückgeführt haben werden!"

Es war schrecklich, an Tätigkeiten wie Abspülen oder Rasieren zu denken. Wir schoben diese Verhängnisse immer wieder hinaus und begaben uns lieber lesend an den Rand der Regionen Nietzsches. Aber die „Geburt der Tragödie" war doch nichts für einen Sommertag im Tale des Schwarzen Regen. Eher schon der geistreiche Spötter und Philosoph Georg Christoph Lichtenberg. Lichtenberg hatte im Jahre 1793 einen großartigen und vielbeachteten Aufsatz geschrieben: „Warum hat Deutschland noch kein großes öffentliches Seebad?" Ein Jahr später — 1794! — hatte er sich über das Luftbad ausgelassen. „Laßt Luft ans Fell!" schrieb er, die Entwicklung vorausahnend: „Zwischen F e l l und H e m d usw. muß sehr bald eine Luft entstehen, die für den Atmungsprozeß nicht mehr taugt, und die E r s t i c k u n g muß ihren Anfang nehmen, wenigstens zwischen F e l l und H e m d. Gesicht und Hände atmen indessen noch fort. Wer weiß, ob nicht bei dem s c h ö n e r n und w ä r m e r n Geschlecht, die die Grenzen der Nacktheit an Armen und Busen zuweilen etwas erweitert haben, ein dunkles Vorgefühl dieser neuen Wahrheit zum Grunde lag . . . und ob nicht aus eben diesem dunklen Vorgefühl der tiefe Ausschnitt am Busen und der h o h e A b s c h n i t t am Unterrock sich endlich einander auf halbem Wege begegnen und zum bloßen Feigenblatt unserer ersten Eltern zusammenschmelzen werden. So führt auch diese Theorie, sowie die neueste Politik, auf eine baldige Wiederkehr von paradiesischem Stand der Unschuld und Gleichheit." (Sperrungen von Lichtenberg.)

Sei gegrüßt, G. C. Lichtenberg, Professor der Naturwissenschaften aus Göttingen! Du blicktest deinem Jahrhundert voraus! Vielleicht wärst du auch ein ganz brauchbarer Kanute geworden!

Das Aveckle, das sommerlich getönte Weib, las unterdes den dritten Band der Bordbücherei: „Er ging in der Mitte des Zimmers auf und ab, als er plötzlich ein leises Geräusch hinter sich hörte. Als er sich halb umdrehte, fiel eine Schlinge um seinen Körper. Arme griffen im Dunkel nach seinen Füßen, und mit einem heftigen Ruck wurde er auf den Boden geschleudert . . ."

Das war der tapfere, immer unerschrockene Detektiv. „Huhh — —" schauderte das Aveckle zusammen. Ich warf ihr den Nietzsche an den Kopf, worauf es sich mit dem gefährdeten „Geheimnis der gelben Narzissen" schleunigst nach einer anderen schattigen Stelle in Sicherheit brachte und immer noch nicht aufwusch. Ich war viel zu faul, ihr nachzulaufen.

Erst am Nachmittag brachten wir die beiden Tätigkeiten mit Geschick und Geschrei hinter uns. Wir erledigten sie, weil wir beschlossen hatten, uns die Gegend anzusehen. Wir knöpften das Zelt zu und begaben uns auf jenen wilden Steig, der sich im Bergwalde verlor.

Es war dämmrig und kühl im Wald. Der Wald war kein „ordentlicher" Wald. Er wuchs wild und verknorrt durcheinander, und über den trotz der Sommerhitze modrigen Steig waren hier und dort Stämme hingestürzt. Dann gab es wieder kleine Wiesentäler, die sich und das Licht, das sich über sie ergoß, steil zum Fluß hinabzogen. Weiter oben stießen wir auf einen Burschen und zwei Pferde, die sich dampfend abmühten, einen großen Baumstamm durch den Schlamm des Waldweges zu ziehen.

Nach dreiviertel Stunden waren wir auf der Hochfläche. Wir sahen nun die dunklen und hellen Wellen des Bayrischen Waldes sich nach allen Seiten ausdehnen. Unter uns lag die tiefe Furche des Regentales. Vom Flusse selbst war nichts zu sehen. Vor uns dehnten sich wirre Feldwege zu einem Dorfe. Die Feldwege waren breit, zerfranst, vom Regen ausgewaschen. Sie hätten sich ebensogut in Rumänien befinden können, die Feldwege. Sie führten durch Felder, die steinig und sicherlich schwer zu bestellen waren. Ein Marterl: Ein Mädchen war von einem Baume erschlagen worden. — Dann erreichten wir das erste Gehöft. Stall, Tenne, Wohnung in einem Hause. Davor der Misthaufen und ein kleines, unglaublich stinkendes Wasser. Bei unserem Nahen gingen ganze Wolken großer und kleiner Schmeißfliegen mit Gebrumm in die Höhe. Es war gegen sechs Uhr abends. Niemand war zu sehen. Sie waren sicherlich alle noch auf dem Felde.

Im Dorf selbst gab es einige ganz stattliche Gehöfte. Es war eine Gegend, die der Sommerfrischler des Bayrischen Waldes im allgemeinen nicht sieht. Aus einem Fenster sahen uns Leute nach. Sie verzogen sich, als wir uns nach ihnen umwendeten. Einige Mädchen holten Wasser am Brunnen. Sie rannten weg, als wir auf sie zutraten.

In der „Tafernwirtschaft von Alois Knolb" brachte uns die freundliche Wirtin Wurst, Brot und Bier Das Bier war ausgezeichnet. Es war gemütlich in der Stube, die ein wenig nach Schmalzler roch, nach dem hinterwäldlerischen Schnupftabak. Vor dem Fenster sammelten sich die kleinen Jungen des Dorfes. „Sommerfruischla!" riefen sie verstohlen und winkten die anderen herbei. Dann wurden sie frecher und donnerten an die Scheiben. Es half nichts, daß die Wirtin schimpfte. Aber wenn wir uns gegen die Scheiben wendeten, rissen sie eine ganze Strecke weit aus und kamen erst zögernd wieder heran. Es war eine vergnügte Bande, die uns dann bis zum Dorfe hinaus das Geleit gab. Am letzten Gehöft blieben sie wie auf Kommando stehen. Im Dorf war die Sicherheit. Sie starrten uns noch eine Weile nach, und als wir weit genug waren, warfen sie mit Steinen. Wir warfen des Vergnügens halber auch mit Steinen. Als ich schließlich Miene machte, auf die Jungen zuzurennen, stoben sie in alle Winde davon.

Nun war es Abend über den Hügeln der Felder, und am dunklen Waldhorizont stand die Sonne, ein großer, roter, glühender Ball. Leute kamen von der Arbeit und grüßten. Pferdewiehern, Knarren von hölzernen Rädern. Hier und da klang ein fernes Lachen durch die klare Luft. Der Wald nahm uns auf, und wir stiegen in seinem dunklen Schlund hinunter. Da schimmerte der noch helle Fluß durch die Bäume, und da war unser Lager! Wir hatten nun die Welt gesehen, an die es grenzte, und die Weite über den Wellen der Felder und Wälder. Wir liebten diese Weite. Wir liebten aber auch das Tal, in dem unser Lager stand.

Die große Sandbank als einsamer Rastplatz. Ein schon längst für Energiegewinnung eingetauschtes Fabelland.
Foto: H. Rittlinger

WIE DER BAYRISCHE WALD VERWERTET WIRD

Wir hätten unser Lager gern noch viele Tage in jener begeisternden Einsamkeit stehengelassen — aber aus nicht weiter klaren Gründen packten wir es am nächsten Morgen doch zusammen, so ist nun einmal der Mensch. Die beiden Einer wurden fertiggemacht — ach, und es ist schön, so ein Kajak am Wasser liegen zu haben, bereit zum Sprung in ein ewig neues Abenteuer!

An diesem Tage hatten wir nicht eine einzige ereignislose Minute auf dem Fluß. Die aufregenden Augenblicke setzten wirklich sofort nach dem Start ein: die beiden Kajaks schossen in den ersten Schwall hinein, und da ließ sie der Fluß für lange Zeit einfach nicht mehr los. Sie schossen zwischen Gischt und Wirbel und Felsen dahin, und kaum war ein Schwall nur einigermaßen zu Ende, begann schon der nächste. Dieses einsame Urwaldtal des Schwarzen Regen erwies sich auch in sportlicher Hinsicht als ein wahres Paradies für den Wasserwanderer. Ein Paradies, das wenig bekannt ist, allerdings auf diesem Oberlauf zwischen Zwiesel und Viechtach nur bei ausgesprochen gutem Wasserstand — wie wir ihn hatten — und unter Aufbietung einiger Fahrgeschicklichkeit zu erschließen ist. Die Urwüchsigkeit des stattlichen Fels- und Waldflusses, die von ganz anderem Charakter war als die der Alpenflüsse, war ein Leckerbissen von einem Vergnügen! Von Zeit zu Zeit jauchzte ich dem hinterherfahrenden tapferen Weibe zu. Es juchheite etwas gepreßt zurück und ließ mit Ergebenheit die Nase ihres Nanuk in das nächste Gewirbel schießen. Es war ein erregendes Spiel. Man brauchte nur schief an einen Felsen geworfen zu werden, und der schönste Kleinholzsalat war fertig. Aber es ging alles wunderschön ab. Nach langer Zeit, nach unzähligen Windungen und Kehren des engen Tales liefen die Boote in ruhigem Wasser aus.

„Es wird doch Zeit, daß das wieder einmal aufhört!" sagte das Aveckle.

Jawohl, so eine Ruhepause war ja ganz nett—aber leider war die Welt (oder der Fluß) nun gleich richtig mit Brettern vernagelt . . .

Eine große Triftsperre und dahinter ein hohes Wehr versperrten uns den Weg. Eine Triftsperre hat die Aufgabe, die zu bestimmten Zeiten den Fluß hinunter getrifteten Baumstämme aufzufangen, damit sie ihrer Bestimmung zugeführt werden können. Das letzte Hochwasser hatte die Stämme wirr durcheinander und hoch an die starke Sperre aufgetürmt. Dem Flusse selbst versperrte das mächtige Wehr den Weg. Sein ganzes Wasser wurde rechtsseitig zusammengepreßt und schoß einen schmalen und tiefen Kanal entlang, dessen Ende noch nicht abzusehen war.

Was war mit unserem schönen Regen geschehen! . . .

Sein Bett war hinter dem Wehr eine einzige gewaltige Felsen- und Steinwirrnis, in der armselig und verloren die Rinnsale plätscherten, die das herrschsüchtige Wehr gerade noch hinüberließ.

Wir zogen die Boote heraus und waren mit unserem Latein zu Ende. Im Flußbett selbst war jede Weiterfahrt unmöglich, und auf einem schmalen, reißenden Kanal in Turbinen hineingezogen zu werden, war wenig erstrebenswert. Es sah alles nach einem riesigen Werk aus, das selbst aber noch nicht zu sehen war, und das sich wohl hinter der nächsten Talbiegung befinden mußte.

An unserem Ufer aber, den Kanal abwärts, zog sich der Bayrische Wald entlang — zerschnitten und geschichtet, sauber weiß, unabsehbar und großartig . . . Der Bayrische Wald wurde verwertet. Er lag stumm und leblos da in der Sonnenglut. Das Wasser seines Flusses schoß wirbelnd und glucksend und dienstbar gemacht an ihm entlang. Das Tal war ein einziger, ungeheurer Holzplatz geworden. Kein Mensch war zu sehen zwischen den kurzen, zerschnittenen und hochaufgeschichteten Stämmen, das Holz gab den Ton an. Es erfüllte das Tal mit seinem schönen, harzigen Geruch — ein anderer, stärkerer Geruch, als er je im Walde selbst wahrzunehmen wäre, wo das Holz wuchs.

Da war ein kleines Wärterhaus, und da war endlich doch jemand inmitten dieser geordneten, weißen Holzlandschaft: Die Frau des Wärters sagte, wir sollten im Werke unten eine Lori holen, darauf könnten wir die Boote laden und bis zum Wiedereinsetzen hinunterfahren.

An Feldbahngeleisen entlang gingen wir durch den geordneten Dschungel des Holzes. Wir hatten lange zu laufen, ehe wir das große Werk sahen, und von der Talbiegung ab brauchten wir noch zehn Minuten, ehe wir unten an einer großen Fabrikhalle anlangten. Ihre Tore waren weit geöffnet, dem lagernden Holze zu. Die Halle sah aus wie ein Maul, das noch den ganzen Bayrischen Wald verschlingen konnte.

Wir erregten nicht gelindes Aufsehen im Werk. Ein freundlicher Werkinspektor war da, der uns den Weg durch die ausgedehnte Fabrik freigab. Einige Feldbahnwagen wurden auf Nebengeleise geschoben, und uns wurde eine flache Lori gegeben, auf daß wir sie das Tal hinaufführen. Den letzten langen Teil konnten wir sie mit Anlauf und uns selbst darauf rollen lassen, und das war eine sehr vergnügliche Sache. An der Triftsperre packten wir die beiden schwerbeladenen Boote auf, und das Hinunterfahren war wieder ganz vergnüglich.

Im Werkhof empfing uns abermals der freundliche und maßgebende Inspektor und gab uns gute Ratschläge. Die Feldbahngeleise führten weiter hinunter zu einem noch über ein Kilometer entfernten Nebenwerk. Wir sollten nicht erst in den Fluß einsetzen, sondern am Ort Teisnach vorbei gleich dorthinrollen, dann hätten wir freie Bahn. Wir nahmen den Vorschlag sehr gern an. Wir waren selten so komisch „flußgewandert" ...

Die große Papierfabrik hier am Regen war ein sehr schönes Werk. Sie gefiel uns, obwohl wir eine arge Voreingenommenheit gegen solche Industrieunternehmungen hatten. Wir hatten einmal — vor dem Kriege — in einer ganz einsamen Gegend der östlichen Mark Brandenburg, jenseits der Oder, ein ebenso riesiges, Landschaft und Leute beherrschendes Werk kennengelernt, das in verschiedener Hinsicht das gerade Gegenteil des hiesigen war. Jenes Werk war in den Jahren des aufblühenden Industrialismus entstanden, und für die Leute, die in ihm arbeiten mußten, war es in dieser Zeit stehengeblieben. Die Fabrikgebäude waren groß, aber dumpf und bei aller Ausdehnung eng und unschön. Das Schlimmste aber waren die Arbeiterwohnhäuser. Zwei- und dreistöckig, aus roten Backsteinen erbaut, waren sie willkürlich und unübertroffen häßlich in die an sich reizvolle Landschaft hineingesetzt worden. Abgesehen von einigen neueren Beamtenhäusern bestand der ganze trostlose Ort nur aus ihnen. Es gab nicht einen ordentlichen Weg dazwischen. Schmutzige Kinder spielten im schwarzen Staube. Es war bedrückend, die Leute — bleiche Frauen, schwindsüchtige Männer und nur wenige kräftige Burschen — am Feierabend vor ihren überfüllten und engen Backsteinwohnhöhlen zu sehen. Es war wie in den dunkelsten Jahrzehnten des vorigen Jahrhunderts.

Sicher war das Werk Teisnach ebenfalls in der Gründerzeit entstanden, ein altes Stammgebäude erinnerte daran. Aber es war mit der Zeit mitgegangen. Lager- und Maschinenhallen waren hell, luftig und sauber, man konnte gut darin arbeiten. Ein besonderes Glanzstück war die Kantine mit schönen Aufenthalts- und Festräumen. Die Werksangehörigen wohnten auch nicht in häßlichen, jede Landschaft vergewaltigenden Backsteinkasernen, sondern in den ganz gewöhnlichen Häuschen des hübschen Ortes, der nicht erst des Werks wegen entstanden war, wenngleich er nun völlig von ihm abhing.

Wir sagten Herrn Knurrhahn — so hieß der Werkinspektor —, daß uns seine Fabrik gut gefiele, und so etwas ist natürlich Wasser auf die Mühle jedes richtigen Werkinspektors. Es kam hinzu, daß er aus dem Zschopau-Flöha-Tal stammte, also aus der sächsischen Papiermühlengegend, die wir gut kannten. Er ließ es sich nicht nehmen, uns das Werk Teisnach von oben bis unten ausführlich vorzuführen, und so etwas ist ja auch außerordentlich fesselnd.

Er zeigte uns, wie das Holz, das wir liegen gesehen hatten, zerhackt, zum Teil aber auch zersägt wird. Dann kommt es nicht weniger als acht Stunden lang in heißen Dampf, damit es vollkommen entrindet werde. Nun treten die großen Turbinen in Erscheinung, die vom gewaltig herabbrausenden Wasser unseres so nützlichen Flusses in Schwung gehalten werden. Die Turbinen greifen mit phantastischen Klauen in den Bayrischen Wald und zermalmen ihn zu einem weißlichen Brei. Herr Knurrhahn bezeichnete diesen Brei als „Stoff“. In großen Kesseln wird nun dem „Stoff“, dem Zellstoff — je nach Art und Güte des herzustellenden Papiers —, so viel Wasser entzogen, daß er beinahe wie Watte aussieht. Man setzt ihm aber wieder Wasser zu, und aus finsteren Gründen wird dieses Spiel einige

Male wiederholt, erst dann kommen solche Zusätze wie Leim und Stärke hinzu. Nun läuft die Zellulose über „Rüttler“ — die ihr die gröbsten Unreinlichkeiten entziehen und sie richtig ausbreiten — in die große Papiermaschine . . .

So eine große Papiermaschine ist eine fabelhafte Angelegenheit — ein Millionenobjekt. Das Werk Teisnach besaß vier solcher Ungeheuer. Es war nicht zu umgehen, daß wir uns alle Maschinen von oben bis unten anzuschauen hatten. Da ich ja sozusagen in der Papierbranche tätig bin, indem ich es, wie hier ersichtlich, vollschreibe, hatte ich mir schon früher einmal den Papierwerdegang angesehen. Aber ich fand die Sache immer wieder fesselnd und das Aveckle auch. Bei der zweiten Maschine allerdings vollführte das Aveckle eigenartige Bewegungen. Es kratzte sich am Hals und auf der Trainingsjacke am Rücken. Herr Knurrhahn indessen erklärte immer begeisterter, und wir hörten ihm dankbar zu. Aber an jeder Maschine stand auch noch ein Werkmeister, der jeweils Herrn Knurrhahns Worte mit schwierigen technischen Feinheiten ergänzte. Bei der zweiten Maschine dachten wir daran, daß wir nun schon über zwei Stunden besichtigten, Hunger hatten und einmal weiterfahren wollten. Außerdem vollführte das Aveckle immer eigenartigere Bewegungen, die nun schon bis zu den Waden gingen. Es lief dabei rot an. Bei der dritten Maschine lief es grün an. Mit Verbissenheit schüttelte es die Trainingshose an der Stelle gewisser Wölbungen — und ach! — ich konnte ihm nicht helfen, denn ich hatte ja ganz besonders dem freundlichen Herrn Knurrhahn zuzuhören . . . Aber bei dem „Rüttler“ der vierten Maschine griff sich das tapfere Weib blitzschnell an den Knöchel und zerdrückte aufatmend das Ungemach. Es war eine große Ameise gewesen, die sich unter dem Trainingsanzug sicher sehr wohl gefühlt hatte.

Diesen Zwischenfall hatten auch Herr Knurrhahn und

der Werkmeister der vierten riesigen Papiermaschine bemerkt. Aber nun war ja alles gut; wir lachten alle und konnten nun das „endlose Sieb“ bewundern.

Das „endlose Sieb“ der Papiermaschine kommt gleich nach dem „Rüttler“. Es läuft über Walzen, und seine Maschen führen den „Stoff“ mit sich, der auf ihm gleichmäßig verteilt und endgültig entwässert wird. Das Sieb und die Walzen werden durch kräftige mechanische Wässerung peinlich sauber gehalten. Nach dem Sieb kommen nun große Wolltücher an die Reihe, die ebenfalls über Walzen endlos laufen und den „Stoff“ pressen. Wenn er schließlich über eine Reihe solcher Tücher, von denen jedes allein eine Menge Geld kostet, gelaufen ist, ist der „Stoff“ schon ein zusammenhängendes, breites Band geworden, das nur noch getrocknet zu werden braucht. Dieses besorgen große, heiße, zylindrische Trommeln. Die Trommeln sind es eigentlich, die eine Papiermaschine so ungefügig machen. Zuletzt wird der dampfende „Stoff“ gekühlt — — und gerollt. Und da ist er plötzlich richtiges, gebrauchsfertiges Papier geworden. An der vierten Maschine war es ein eigenartiges, seidiges Papier: Das Werk Teisnach lieferte dieses Spezialpapier nach China — als Zeitungspapier!

Eine andere Maschine rollte wunderschönes Pergamentpapier auf. Liebevoll strich der Werkmeister darüber hin, im Nu einige Meter aus der laufenden Maschine für uns abreißend. „Darin können Sie Ihr Butterbrot stundenlang in der heißen Sonne liegenlassen — da geht nichts durch!“

Die Papierherstellung ist ein schönes Gewerbe.

Wir verabschiedeten uns von den Männern an den Maschinen und tranken mit dem netten Inspektor noch eine Maß Bier in der hübschen Kantine, ehe wir die Lori mit unseren Booten weiterrollten. Mit der eigenartigen Bootsbeförderung und dem Anschauen des Werks hatten wir den größten Teil des Tages verbracht. Keinen uninteressanten Tag, schien uns, wenn er auch mit „Flußwandern" nur wenig zu tun gehabt hatte.

Wir schoben die Boote zum Fabriktor hinaus und rollten am Regen entlang und am Ort Teisnach vorbei nach dem unteren Werk, bis zu dessen Wehr zu paddeln sich nicht erst gelohnt hätte.

Das untere Werk verarbeitete nur die Abfälle des oberen, die dort bereits zu rohen, feuchten Pappen gepreßt worden waren. Wie weiter oben die Holzstapel, so war hier diese Pappe längs der Geleise in riesigen Mengen aufgeschichtet. Die Materialverwandlung des Bayrischen Waldes war verblüffend . . .

Im unteren Werk konnten wir die Boote in einem Schuppen unterstellen. Dann gingen wir in den Ort, um heute das Zelt mit dem Gasthaus zu vertauschen.

Im Schwall des „Schwarzen Regen" Foto: H. Rittlinger

ABSTIEG IN DIE GOLDENEN AUEN

Am nächsten Tage schickten wir uns an, in die fruchtbaren und schönen Auen des Schwarzen Regen hinabzusteigen, die sich in und an die dunklen Berge schmiegen. „Hinabsteigen" ist wörtlich zu nehmen: Der Fluß — in der ersten Hälfte seines Waldlaufs so wild und ungezügelt durch Felsengassen brausend — war zu einer Art Treppe geworden. Man hatte ihm einige großartige Stufen verpaßt, und die Faltbootfahrer hatten zu sehen, wie sie sich damit abfanden. Der Fluß war, wie berichtet, ein sehr nützlicher Fluß geworden, „nicht für größere Urlaubsfahrt mit schwerbepacktem Boot geeignet", wie es unter den Kanuten heißt — aber zwischen den nützlichen Anlagen blieb er doch immer wieder sich selbst überlassen. Er schien sich über seine Fesseln zu ärgern und brauste noch einige Male ordentlich auf.

Die Schwierigkeiten begannen bereits beim Einsetzen hinter dem zweiten Werk. Das hohe Wehr preßte genau wie oben das gesamte Wasser durch ein Turbinenhaus hindurch und in einen langen Werkkanal hinein. Der Werkmeister riet uns, die schwerbepackten Boote treppauf und treppab durch das Turbinenhaus zu schaffen, um sie auf der jenseitigen Betonmauer des Kanals einen Kilometer spazieren zu tragen . . .

Wir waren nicht gewillt, diese Art des „Flußwanderns" zur Regel ausarten zu lassen. Wir zogen es vor, die beiden Einer am diesseitigen Ufer eine zehn Meter hohe, senkrechte Felswand hinunterzulassen. Zu Füßen dieser Wand schoß das Wasser — aus dem Turbinenhaus heraus — in großer Geschwindigkeit den drei bis vier Meter breiten Werkkanal entlang, und an einer Stelle gab es eine kleine Felsplatte, die zur Not als Startplatz dienen konnte.

Die tapfere Kajakfrau schrie Zeter und Mordio, als sie die steile Wand hinunter sollte.

„Wenn du hineinfällst, wirst du höchstens bis zum nächsten Wehr hinuntergespült!" tröstete ich sie. Diese Schlußfolgerung war zwingend. Das Aveckle ergab sich und turnte unter meiner Hilfsstellung hinunter. An verschiedenen unpraktischen Wölbungen wurde es dabei arg zerschunden, und am Abend waren Beine und Oberschenkel voller blauer Flecke. Am nächsten Tage waren die Flecke gelb und rot. Am übernächsten violett und resedagrün. Ich hätte es nie für möglich gehalten, daß eine Haut ein so wunderbares Farbenspiel hervorbringen kann. Begeistert teilte ich dem Aveckle mit, daß ich es nunmehr „Chamäleon" nennen wollte. Seltsamerweise bekam ich darauf einen gerade fertiggestellten Eierkuchen an den Kopf. Auf jeden Fall kam es ordentlich auf die Felsplatte hinunter, das Aveckle. Eine stumme — in diesem Augenblick stumme — Heldin, die kein Sportabzeichen dafür bekam!

Dann wurden die beiden Boote hinuntergelassen. Der Werkmeister aus der Fabrik und zwei Lehrlinge schoben sie vorsichtig über den Rand, bis ich sie einzeln an der steil nach unten gerichteten Nase zu fassen bekam — ich war nun selber hinuntergeturnt — und sie von oben an der Leine weiter hinuntergelassen werden konnten. Es bestand dabei die Möglichkeit, daß man sie in dieser unmöglichen Lage nicht mehr halten konnte, und daß sie samt allem Gepäck etwas voreilig ins Wasser kamen . . . Es war sehr spannend, aber wir schafften es. Wir schufteten wie orientalische Lastträger. Wir zerstießen uns die wenigen, bisher heilgebliebenen Knochen an Steinen und Süllrändern, wir quetschten uns die Finger blutig.

Faltbootfahren ist ein herrlicher Sport.

Na, ja — dann war es ja ganz schön, als wir die Boote endlich wieder bestiegen. Wir hatten kaum Zeit, die Spritzdecken zu schließen. Das zusammengepreßt dahinrasende Wasser riß uns fort, und gleich am Ende des Kanals stand ein ordentlicher Schwall, in dem höllisch aufzupassen war.

Der Fluß nahm uns in seine bergwaldumsäumten Arme. Wir schossen auf ihm dahin. Heiter ist die Kunst, doch ernst das Leben! Als das Wasser ruhiger wurde, war auch bereits wieder ein Werkkanal und die nächste Stufe in der „Treppe" da: das letzte Werk der großen, den Bayrischen Wald verarbeitenden Papierfabrik, die dritte und letzte so unangenehme Umtragstelle am ganzen Flußlauf überhaupt. Wir seufzten tief auf und begaben uns in die Obhut eines hageren, schwarzhaarigen, finster blickenden Mannes, der ein zerfranstes Jodlerhütchen aufhatte.

Der Mann stand am Werkkanal und rief: „Kimmt's do her!"

Als wir ausgestiegen waren, pfiff der prachtvolle Mann durch die Finger. Der Pfiff hallte weit durch die Sonnenglut der mittäglichen Einsamkeit. Es gab nichts in dem Tale weiter als die große, helle Fabrik, das durch die Turbinen gurgelnde Wasser und die dunklen Waldberge zu beiden Seiten. Durch die scheinbar ausgestorbene Fabrik bekam die Gegend einen phantastischen Anstrich.

Auf den Pfiff erschienen zwei weitere prachtvolle Männer in Jodlerhütchen. Die Männer nahmen den Jonas ohne Umschweife auf die Schultern und zogen damit ab. Es blieb mir nichts weiter übrig, als einfach hinterherzulaufen.

Sie stiegen auf der Wehrkrone eine schmale Betontreppe empor und verschwanden samt Boot in der Fabrik. Kreuz und quer ging es in engen Gängen an riesigen, dampfenden Bottichen vorbei, an denen belustigt grinsende Männer anscheinend aufpaßten, daß die Zellulose nicht überkochte. Dann gab es eine Halle mit lärmenden Maschinen, an deren Ende eine enge gewundene Treppe hinabführte. Der erste der Bootsträger schickte sich an, die Treppe hinunterzusteigen. Er nahm die Bugspitze des Jonas noch einmal fest in die Hand, stellte sie steil auf seine Schulter, und der zweite Mann stemmte das Boot von hinten senkrecht hoch, während der dritte aufpaßte, daß die ganze Geschichte nicht abging. Das bepackte Boot wog achtzig Kilo. Ich mimte Mittun — konnte aber vor Staunen schließlich nicht einmal mehr mimen. Es war ein brillanter schwerathletischer Akt im Varieté. Zwei Stockwerke hoch wurde das senkrecht in die Höhe gestellte Boot die steile und gewundene Treppe hinunterbugsiert. Es ächzte in allen Spanten. Es war eine wundervolle Vorstellung, und ich war noch nie so wunderbar Faltboot gefahren . . .

Der Nanuk wurde alsdann auf dieselbe Art befördert. Am Ende der Treppe ging es ins Freie, und wir sahen uns auf einer Betonbrücke. Fünf Meter weiter unten rauschte das Wasser aus den Turbinen hervor. Der Mann, der uns zuerst empfangen hatte, holte eine Leiter und zwei starke Seile. Zu Ostern wären Münchener Faltbootfahrer durchgekommen, sagte er, und daher hätten sie die Geschichte heraus.

Es war schön, daß die Männer die Geschichte heraushatten, und mit den paar Zigarren, die ich für solche Fälle gewöhnlich mithabe, konnte ihrer unaufgeforderten Hilfsbereitschaft nur recht armselig Erkenntlichkeit gezeigt werden. Als wir von der Leiter aus die an den Seilen heruntergelassenen Boote bestiegen hatten, winkten wir ihnen Abschiedsgrüße zu, während sie ihre Jodlerhütchen schwenkten. Dann hatten wir schon wieder scharf aufzupassen. Die Boote zischten durch Gischt und Wirbel und den „Gumpenrieder Schwall" — abgesehen von einigen hübschen Floßgassen weiter unten: die letzte natürliche Kraftanstrengung des wilden Flusses Regen im Bayrischen Walde. Dann ergab er sich und strömte gemessen in seinem Tal dahin, das sich beim Ort Viechtach, der Heimat des berühmten Doktor Eisenbart, zum ersten Male richtig öffnete und in die Breite ging.

Hinter dem Ort Viechtach begann der „Höllsee". Fast lautlos strichen die Boote über das dunkle Wasser des mehrere Kilometer langen Waldsees, der sich mit Würde und Schönheit in die wieder zusammengetretenen Berge bettet. Der See war schön — obwohl er künstlich entstanden war. Er verdankte sein Dasein der hohen Sperrmauer am „Höllstein", die das Tal abriegelte und die Wassermassen aufstaute. Die Talsperre vermochte es zwar nicht, die Fluren weiter unten vor den zeitweiligen Hochwasserfluten des Regengebiets zu schützen, aber ihr weißes Kraftwerk versorgte einen großen Teil der Oberpfalz mit elektrischem Licht.

Das Umtragen der Boote war hier sehr einfach, Schwierigkeiten dieser Art waren zu Ende. Zahlreiche Mühlen nutzten noch die Kraft des Regen aus. Aber fast jedes Wehr hatte seine eingebaute Floßgasse, so daß die Mühlen zur guten Abwechslung im sonst so ruhig gewordenen Flußlauf wurden.

Ehe der Regen in die große Niederung trat, mündete von rechts her der kleinere Bruder, der „Weiße Regen". Die Berge verebbten in der Ebene von Cham, die der Fluß in ausgedehnten Mäandern durchzog. Es war vorbei mit dem Abenteuer des wilden Wassers und vorbei mit dem einsamen Urwaldtal des Oberlaufs. Oben war die Welt — die Welt des Flußwanderers! — eng und abgeschlossen, aber nun pirschten sich die beiden schlanken Kajaks in eine sonnengleißende Weite hinein. Hier war es anders, aber nicht weniger schön. Es war bezaubernd, wenn der Sonnenball rot und unwahrscheinlich groß über den Auen stand. Die Glocken vom Chammünster klangen zart und rein durch den Abend. Es war ein einziges, gedämpftes Schwingen in der ganzen Landschaft, in dieser süddeutschen Landschaft — bis der Tag hinter der Silhouette der alten Stadt Cham versank und die Sterne vom Böhmerwald her aufzogen.

Es gab noch viele „Glanzpunkte" am Flusse Regen, von denen wir bisher nie etwas gehört hatten: Klöster, dann schöne alte Orte wie Nittenau, Roding, Raumspach oder Regenstauf. Hinter Roding traten nochmals Waldberge an den Fluß, die ihn schließlich zum entscheidenden Knick nach der Donau hin zwangen. Burgen und Schlösser gaben dem wieder enggewordenen stattlichen Flußtal das Gepräge — bis es endgültig in die Weite der großen Donauniederung auslief. Angesichts der Türme Regensburgs war unsere Fahrt auf dem Flusse des Bayrischen Waldes zu Ende.

WAS FÜR EIN MERKWÜRDIGES GEBILDE IST DOCH SO EIN FLUSS ...

Was für ein merkwürdiges Gebilde doch so ein Fluß sei, hatte die Kajakfrau einmal gemeint. Das war am Schwarzen Regen gewesen:

Wir saßen am Ufer, hatten eine kurze Brotzeit eingeschoben und Schokolade und Nüsse gekaut. Die Sonne brannte senkrecht in das Tal mit dem unbewegt kühlen Wald; der Fluß rauschte, und voraus stand ein ansehnlicher Schwall.

Das Lärmen der Stromschnelle klang in an- und abschwellenden Zwischenräumen zu uns herüber. Die im Sonnenglast glitzernden Kammlinien der Widerwellen hoben und senkten sich in anmutig spielerischer Bewegung, und in regelmäßigen Abständen stand hingewischt und leuchtend weiß ein Spritzer vor dem dunklen Hintergrunde des Tanns.

„Ich weiß", sagte das Aveckle, „daß dieser Fluß vom Böhmerwald herunterkommt und in die Donau fällt, und ich weiß auch noch, daß die Donau ins Schwarze Meer mündet. Aber weiß ich eigentlich, woher solch ein Fluß kommt, und wohin er geht? Warum kommt er woher, warum geht er eigentlich wohin? Und ist das Wasser der Fluß, oder ist das Flußbett der Fluß, oder ist beides zusammen allein ein Fluß — und was macht ein Fluß, wenn einmal, gesetzt den Fall, das Wasser ausbleibt? ...

„Einen Fluß ohne Wasser gibt es nicht!" erwiderte ich trostlos. Ich lag rücklings im Grase und hatte sanft in blaue Himmel gedöst. Nun waren meine Gedanken aufgescheucht, und ich dachte daran, daß ich in Westaustralien doch Flüsse ohne Wasser gesehen hatte. Es wäre mir gar nicht weiter aufgefallen, daß die merkwürdigen Brüche und Formationen im harten Wüstensande Flüsse sein konnten, wenn die Leute in Westaustralien sie nicht selbst ausdrücklich als Creek oder River bezeichnet hätten. Aber, weiß Gott, dort regnet es alle Jubeljahre einmal, und vielleicht mochte dann etwas in ihnen fließen. Es gab keine Faltbootfahrer dort, und ich war glücklich, daß ich kein Westaustralier war.

Ich teilte dies dem Aveckle mit. Dann erzählte ich ihm vom bedeutendsten Kräftekreislauf der Erde und so, und dann, daß das Wasser auf dem Lande – könnte jedes Kind sehen, aber auch hervorragende Wissenschaftler beschäftigen sich immer wieder mit dieser einfachen Tatsache – dem Gefälle folgend talabwärts fließe ... Es bewege sich dabei in einem Gerinne oder Bett, das eine Sohle aufweise, und das zu beiden Seiten vom Ufer begrenzt werde. Durch Quellen oder anderweitiges Zutagetreten von Grundwasser entstünden Bäche. Die Bäche schlössen sich zu Flüssen zusammen, die sich hinwieder, in der Fortsetzung des Systems, zu Strömen vereinigten. Die Ströme mündeten ins Meer oder endeten in manchen Fällen – als kontinentale Gewässer im Binnenlande, in große Seen etwa, wie die Wolga in den Kaspisee oder die großen Beckenflüsse im fernen Innerasien in den Lop-nor, den Sven Hedinschen „Wandernden See“. In trockenen, heißen Ländern gebe es auch große Flüsse, die es vorzögen, überhaupt nicht zu münden. Die versickerten einfach, weil ihre Kraft nicht ausreiche, die Abflußschwierigkeiten aus einer Beckenlandschaft zu überwinden.

Die Erdkundler unterschieden zwischen dem Oberlauf mit seiner Erosion — das heißt der A b t r a g u n g und Materialfortschaffung, der tiefen oder auch seitlichen (oder beides zusammen!) Einfressung ins Gebirge — und dem Unterlauf mit seiner A b l a g e r u n g , die beide der Mittellauf mit meist wechselnd erosiver und ablagernder Tätigkeit verbinde. Wie das Menschenleben, so sei nun der Fluß — mit der Ruhe und Stetigkeit des Unterlaufs und mit der überschäumenden, in Schwällen, Wasserfällen und Kaskaden sich Luft machenden Übermütigkeit des Oberlaufs: Eilfertigkeit der Jugend und Besonnenheit des Alters ... Natürlich gehe es nicht immer sehr regelmäßig ab. Es gebe zahlreiche Beispiele, daß Flüsse und Ströme — so auch der Rhein im Binger Loch — nach würdigem Gehaben bei Gebirgsdurchbrüchen noch einmal oder sogar mehrere Male zu kraftvollster Jugend erwachten, mit allen Merkmalen eines Ober- oder Mittellaufs.

Quelle und Mündung, Geburt und Tod ...

Ich fuhr weiter so fort, es war sehr schön. Aber das Aveckle schaute nur so. Sie wäre eine schlechte Naturfreundin, wenn sie nicht hinter simplen Gegebenheiten Kraft und Unerbittlichkeit des Logos sähe.

Zwei große Raubvögel kreisten unentwegt unter der glutklaren Glocke des Himmels über dem Urwald. Über dem Bayrischen Urwald. Das Leben ist ein Urwald, und das Leben ist auch wie ein Fluß. Philosophie für beschränkten Hausgebrauch. Mir fiel das ergreifende Lied ein:

An einem Bache steht ein Weidenstumpf,
An seinem Aste hängt ein wollner Strumpf
Und eine Eintagsfliege sitzt darauf —
Wie kurz ist doch des Menschen Lebenslauf.

Aber weit und breit waren weder Weidenstümpfe noch Eintagsfliegen zu bemerken. Wir hielten Mittagsrast, und die Sonne brannte heiß auf die zarten Wiesenmatten und auf das weiße Gestein am Fluß, über das Eidechsen huschten, verstört über unsere Anwesenheit. Aus dem Wald an der Flußbiegung trat ein Reh heraus. Auch dieses war ganz unbesorgt. Es trat dann noch ein Reh heraus. Auch dieses war ganz unbesorgt, und die beiden Raubvögel kreisten fortwährend. Da vorn war der Schwall, den wir bald in toller Lebensfreude, mit gespannten Muskeln und gestrafften Sehnen, wie es poetisch heißt, durchfahren würden. „Vielleicht wirfst du um!" sagte ich dem Aveckle. Das Umwerfen gehört zum Wildflußfahren wie die Butter zum Brot, man muß nur darauf vorbereitet sein, und man muß manchmal gut schwimmen können. Die Stromschnelle war von einer Felsbarre gebildet worden, die den Fluß verengte und ans rechte felsige und unterwaschene Steilufer warf. Unterhalb der Barre gab es zu seiten der Widerwellen im Stromstrich einen „Strudeltopf", und am Ausgang des kleinen Kessels, vor Kehre und Wald, waren schön angehäufte Geröllbänke. Zu allem Überfluß engte noch weiter unten, ehe sich der Fluß durch die S-Kehre endgültig unseren Blicken entzog, ein mächtiger umgestürzter Baum die Fahrbahn ein — ein Opfer des Flusses, der des Riesen Erdreich zwischen ursprünglichem Bett und Fels zernagt und hinweggespült hatte.

Die beiden Rehe sprangen in langen Sätzen in den Wald hinein, der sie wie einen schönen Traum schluckte.

Das Aveckle wollte nicht kentern.

„Wenn du es tätest, würdest du die lebendige Kraft des Wassers am eigenen Leibe spüren. Die ist, auf physikalische Formel gebracht: $K = (\frac{M y}{2})$, wobei M die Masse und y die Beschleunigung bedeutet. An Stelle dieses y könntest du natürlich auch den Wert für die Beschleunigung des Falls des Wassers setzen: $y = 2 g h$, wobei h die Höhe und 2 g der bekannte Wert für die Beschleunigung ist. So erhieltest du die Formel $K = M g h$, wobei du aber den Einfluß der Reibung nicht außer acht lassen dürftest ..."

Das Aveckle stöhnte, und dann fuhren wir ja bald los und kamen auch richtig hindurch, ohne weitere Formelkenntnisse. Die unausgesprochenen Fragen jedoch, die das Aveckle in einer Anwandlung von Tiefsinn aufwarf, irrten im Tal des Schwarzen Regen umher und weinten leis.

— — — — —

Der Schwarze Regen ist ein typischer Mittelgebirgsfluß in geologisch altem Tal. Das hauptsächlichste Merkmal aller Mittelgebirgsflüsse ist leider die im Hochsommer gewöhnlich herrschende Wasserarmut, die eine Befahrung ihrer steinigen, verblockten Oberläufe, die ja meist am reizvollsten sind, mehr zu mühseligem Wasser-„Wandern" als -Fahren, wenn nicht unmöglich macht. In unserm Fall war der ordentliche Wasserstand des Schwarzen Regen einer voraufgegangenen Regenzeit zu verdanken gewesen.

Die Alpenflüsse hingegen haben auch im Spätsommer gewöhnlich eine kräftigere Wasserführung. Sie werden zumeist aus tieferen Quellen gespeist, die regelmäßiger fließen; und wenn sie Gletscherflüsse sind oder Gletscherzuflüsse haben, erreichen sie ihren Höchstwasserstand oft erst in der glühendsten Sommerhitze, die ja eben reiches Gletscherschmelzwasser erzeugt.

Okeanos heiratet die Tethys; von ihnen stammen 3000 Flüsse ab. Acheloos ist der älteste von ihnen und am meisten geehrt. (Alte Ansicht)

PANKEN

Es gibt Flußklassifikationen mit wunderbaren wissenschaftlichen Bezeichnungen. Hier eine — nicht einmal allzu tiefschürfende — Flußkunde darzubieten, würde allein dieses Buch füllen. Erwähnt sei nur kurz jene flußmorphologische Binsenweisheit, nach der jeder Fluß nur zwei feste Punkte aufweist: Quelle und Mündung — und sogar die sind noch relativ! Denn wie auch die Quelle mehr oder minder erodiert, so verändert sich die Mündung durch Ablagerung. Zwischen diesen beiden Punkten strömt der Fluß, der im übrigen, auf lange Zeit gesehen, auch den größten künstlichen Eingriff mißachtet und sich immer und ewig selbst reguliert. Es geschieht nichts an einem dazwischenliegenden Punkt, das sich nicht an einer anderen Stelle seines Laufes in Form von Veränderungen oder gar Störungen bemerkbar macht.

Wissen Sie, daß man nach neueren Schätzungen annimmt, daß die Gesamtmenge des in der Erde umlaufenden Grund- und Sickerwassers ebenso groß ist wie der Inhalt des gesamten Weltmeeres? . . .

Man kann tiefsinnige Abhandlungen über dies und das schreiben — etwa darüber, was werden würde, wenn einmal kein Wasser mehr auf der Erde flösse . . . Die Tatsache jedenfalls, daß die gewaltigsten Gebirge der Erde zuerst ungegliederte Hochstülpungen waren, bis Witterungseinflüsse, Eis, vor allem aber Wasser ihr heutiges Antlitz modellierten, regt zu vielen Betrachtungen an.

Der aufmerksame Flußwanderer erhält einen seltenen geologischen Anschauungsunterricht. Man sollte Schulklassen in Flugzeugen über die Gebirge fliegen und sie darin anschließend nicht zu schwierige Flüsse hinabfahren lassen! In Faltbooten übrigens und nicht auf von andern gesteuerten Flößen, weil das erstens jedem richtigen Jungen noch mehr Spaß macht, und weil einem im Kajak, das kein Schiff, sondern ein körperbedingtes Gerät wie der Ski ist, am unmittelbarsten Stromstrich, Stau, Wirbel und dergleichen und überhaupt eine der großartigsten Naturkräfte unserer Erde eingeht.

— — — — —

Als ich diese Zeilen zu Hause niedergeschrieben hatte, entwickelte ich solche Gedankengänge auch dem Aveckle. Ich entwickelte dann immer weiter, wie es so geht, und ich blieb auch nicht ganz beim Thema. Das Aveckle aber entschlummerte. Es ist schwer, Wissenschaftliches mit Unterhaltsamkeit zu verbinden, und durch den Erfolg entmutigt, gab ich den Versuch auf. Ich stupste Kamerad Frau in die Seite. Es war spät, und sie war müde geworden und wollte sich zur Ruhe begeben.

„Sei wirsch!" rief ich. „Kennst du die Panke?"

Nein, sie kannte vielerlei, aber die Panke kannte sie nicht — und was überhaupt das nun wieder wäre?

Nun ja, die Panke — gehört hat man so etwas schon; aber auch in mein Bewußtsein wäre sie nie getreten, wenn ich nicht zufällig einmal einen inzwischen verschollenen, nicht schlechten Unterhaltungsroman gelesen hätte, in dem ganz beiläufig und ohne besonderen Belang auf die Handlung etwas über die Panke mit gesagt wurde. Ich hatte den Roman bei einem jener Lesehunger in die Finger bekommen, die beim Herumziehen fern der Heimat plötzlich auftreten. Jahre später erinnerte ich mich jener Romanstelle, und als ich in Berlin wieder einmal etwas zu tun hatte, sah ich mir in einer freien Stunde den Nordosten und vor allem die Pankegegend an.

Der Berliner Norden und auch der Osten sind Landschaften, die der Nichtberliner genau so wenig kennenlernt wie der Bewohner anderer Stadtteile — dieser in Glück und Unglück vitalsten Stadt der Erde. Endlose Straßen ziehen sich in dämmernde Fernen. Straßen mit erstaunlich vielen Läden, Lichtreklamen, Kinos, Kneipen und voll nicht weniger berstenden Lebens als der Kurfürstendamm oder die Leipziger Straße. Nur — ist das Leben hier vielleicht wärmer und weniger übertüncht als im Westen. Die Läden sind gemischter, die Gaststätten sind keine Kaffees und Bars, die sich konkurrenztüchtig an solider Ausstattung wie an Talmi-Eleganz übertreffen. Sie sind — oder waren früher — zumeist Schultheiß-Stampen, Inseln im Meer einer nicht nur betrieb-, sondern sehr arbeitsamen Bevölkerung. Dann gibt es wieder stillere Straßen mit unendlichen Zügen hoher grauer Mietshäuser, und an den hohen Mietshäusern hängen gleich Vogelkäfigen ganze Reihen sinnloser kleiner verwitterter Balkone. Man muß auf dem schwankenden Deck eines Omnibusses durch diese tausendgestaltige Straßen-, Industrie- und Wohnlandschaft fahren, um einen Eindruck von der Tatsache zu gewinnen, daß in dieser Landschaft über vier Millionen Menschen arbeiten, essen, sich vergnügen, geboren werden und sterben.

In einem Zeitschriftenaufsatz hieß es einmal treffend, in andere Landschaften fahren die meisten Leute, um nichts zu tun, aber nach Berlin fahre man meistens, weil man dort etwas zu erledigen habe ... Ich hatte wahrhaftig nichts in dem fraglichen Stadtteil „zu tun" — es war jedoch ein sonderbares und reizvolles Vergnügen, an einem dunklen Novembernachmittage in den Schluchten der

Häuser und Menschen nordöstlich des Weddings „spazieren“ zu gehen. Aus einer verkehrsüberfluteten, breiten Hauptstraße war ich in vom starken Fahrverkehr wohl weniger durchzogene, aber nicht weniger menschenerfüllte Nebenstraßen eingebogen. Kinder spielten auf Fahrdamm und Bürgersteigen. Halbwüchsige Burschen standen in den Torbögen. Frauen holten ein, alte Männer humpelten gemächlich an ihren Stöcken entlang. Ein großer Toreingang mit schreienden, obschon verblichenen Farben wies nach, daß sich hier ehedem eine „Lachbühne“ sowie die „Elida-Festsäle“ befunden hatten. Dann tauchte eine Drogerie „Zum Pankgrafen“ auf, und ich schritt einer stilleren, breiten Straße zu. In der Mitte der Fahrdamms ein tiefer Graben . . .

Die Fabriken und Werkstätten der Gegend hatten noch nicht ihre Tore geöffnet, hier waren wenig Menschen unterwegs. Die ersten Lampen flammten auf, und der fest ummauerte Graben mit dem barocken Eisengeländer sah ein bißchen unheimlich aus.

„Det is die Panke!“ sagte ein freundlicher Vorübergehender. Ich war ans Geländer getreten, und wirklich, da unten floß etwas Nasses.

„Een komischtet Ding, nich!“ sagte der stehengebliebene Vorübergänger — und das war seltsam, weil mich dies wieder an den Roman erinnerte, den ich irgendwo gelesen hatte. Darin war eine feine Dame, die sich sonst vorwiegend im Berliner Westen aufhielt, mit ihrem Schofför in diese Gegend verschlagen worden, und angesichts des Flusses Panke hatte der Schofför zu seiner feinen Dame ebenfalls so etwas Ähnliches wie: „Komisch, jnädjes Frollein, wat?“ gesagt. Dann hatte er ihr noch versichert, daß sie nun einmal da wäre und stänke (die Panke), „dagegen is nischt zu tun. Neunaugen solln auch drin sind — hat man jehört. Früher, als ich noch son Junge war, hab ick mir meine zwee Augen nach die neune ausjekiekt — aber zu sehn jekricht hab ick keen eenziges . . .“

Was ein richtiger Flußwanderer ist, der rennt bei einer Eisenbahnfahrt ans Fenster, wenn auch nur das unbedeutendste Flüßchen auftaucht, und wenn in Büchern von Flüssen die Rede ist, liest er doppelt aufmerksam. Natürlich hatte ich auch sonst von der Panke gehört — wenn auch nie in Verbindung mit Kajakfahren, natürlich nicht. Denn wenn das Gesäuse der Enns oder die Salzachöfen die oberste Grenze dieses Sports darstellen, so stellt die Panke in Berlin mindestens die unterste Grenze der Befahrbarkeit dar . . . — aber weiß man's? Richtige Paddler sind zu den tollsten Entdeckungsfahrten fähig!

Es gibt überhaupt viele Panken, fast jede Großstadt hat ihre. In London sind es Wandle und Ravensbourne River (die kein Londoner kennt); in Leipzig die „Parthe“ und die „Rietzschke“, ebenso merkwürdige wie unentwegte Rinnsale in trostlosester Stadt- und Industrieeinöde. In Berlin heißt so etwas Panke. Kein Mensch denkt darüber nach, wo dieses sonderbare schmale, dünne Gewässer zwischen den Häuserschluchten der Pankstraße herkommt und wo es hingeht . . . Man sollte denken, dem Zeitalter der Technik müßte es längst gelungen sein, ein so störendes Läufchen mit ein bißchen Erde zu ersticken. Aber das Zeitalter der Technik kommt nicht auf gegen das bißchen Naßfließende da unten. Es entspringt irgendwo, es läuft irgendwohin, es nötigt für sich Hochachtung ab. Man kann es zudecken, überbauen, überbrücken. Man kann es in lange finstere Röhren zwängen — unter den Bahnkörpern der Weltstadt, und Stadtbahn und die großen Züge donnern darüber hin. Aber man muß es auch wieder aus den Röhren herauslassen — man kann es nicht am Fließen hindern . . . Es gehört zu jener erstaunlichen Naturkraft, die an den Mündungen der Flüsse große Seen zuschüttet, und die mit unglaublicher Geschwindigkeit — das behaupten jedenfalls die Geologen, denen nichts langsam genug geht — aus Meer Land macht ... Es zwingt Straßen in seinen Rhythmus und verhindert Baumeister, so zu bauen, wie sie wollen. Es ist eben einfach da.

„Jaja", sagte ich, „— wenn's auch stinkt, es ist eben eine Okeanide ..."

Der freundliche Mann im Novemberdämmer sah mich mißtrauisch an und hob sich hinweg. Auch ich ging weiter, und ich brummelte angesichts der lächerlichen Panke dauernd „Okeaniden" vor mich hin, weiß der Teufel, wie ich auf den schönen Ausdruck kam. Die Okeaniden sind die Töchter und Söhne der Tethys und des Okeanos („Ozean"), sechstausend an der Zahl, und die dreitausend Söhne sind die Flüsse der Erde. „Acheloos ist der älteste von ihnen und am meisten geehrt ..." Die uralten Griechen mochten sich ein wenig in der Zahl geirrt haben. Und was den Acheloos anbetrifft, so heißt er heute Aspropotamos, ein zweihundert und einige Kilometer langer Fluß in Griechenland, mit dem aber auch ganz und gar kein Staat weiter zu machen* und der bestimmt nur bei gutem Wasserstande faltbootfähig ist. Aber Okeanos selbst, Titan und Sohn des Uranos (des Himmels) und der breitbrüstigen Urmutter Gaia (der Erde), war nach ältester griechischer Auffassung — vor der Geburtsstunde der überragenden, wirklichen griechischen Philosophie — ein mächtiger, die ganze Welt umschließender Strom, der Urquell aller Dinge, sogar der Götter ...

Sagte ich nicht, daß fließendes Wasser das Primäre wäre und nicht das Meer? Und vielleicht ist es gar kein so weiter, dreitausendjähriger Weg von der personifizierten Natur und vom lokalbestimmten Okeanos zu Thales – der die Angelegenheit mit dem Urquell einige Jahrhunderte später zum ersten Male klar, völlig unmystisch und rein naturwissenschaftlich formulierte – und von Thales also zu allem Wasser und von allem Wasser zu allem Sein überhaupt.

Da wäre ich beinahe unters Auto gekommen.
Ich flüchtete mich auf die andere Straßenseite und hatte Appetit auf Neunaugen.
Was für ein merkwürdiges Gebilde ist doch so ein Fluß ...

ANMERKUNG

Irrtum! Ganz großer: Der 1961 erstbefahrene Aspropótamos im Pindos-Gebirge ist mit 17 Schluchten und Klammen ein abgelegener – und der herrlichste Wildfluß Griechenlands! Seit 1967 leider auch schon im schönsten Teil durch ein Kraftwerk mit 40 km langem Stausee verschandelt.

ZWISCHENKAPITEL VON DEN BESESSENEN

Merkwürdig ist ein Fluß – merkwürdiger noch müssen gewöhnlichen Menschen die Paddler erscheinen. Natürlich nicht alle, sondern ich meine die „richtigen", die besessenen Kajakleute. Was sagen Sie zum Beispiel, wenn sich da einer mit Boot und Seil und Hilfsmannschaft auf einen bis dato als unbefahrbar geltenden Wildfluß begibt und in drei tollen Tagen ganze elf Kilometer bewältigt – eine Strecke, die er bequemer in anderthalb Stunden hätte abwandern können ... So geschehen auf der Lieser, einem Wildfluß, der an der Ostflanke des Hafnerecks entspringt und bei Spittal im Lande Kärnten in die Drau mündet. Laut Faltbootführer gilt diese Lieser als bei „keinem Wasserstande durchwegs fahrbar, die trotz ihrer großen landschaftlichen Schönheit nur Faltbootkünstlern zum Lösen fahrtechnischer Probleme empfohlen werden kann". Zum Lösen und zum Training fahrtechnischer Kniffe, die dann vielleicht bei den ganz großen Problemen notwendig sind, wie sie die – schon befahrenen – Salzachöfen und die klassische, nie völlig befahrene und überhaupt zu befahrende Gesäusestrecke der Enns darstellen.

Es lockt der Kampf, und Wildflußfahren ist die Hochform des Wasserwanderns, die Paradiese erschließt, von denen Sie sich noch nie etwas haben träumen lassen. Unsere größeren Ströme und Flüsse kennt jeder zumindest dem Namen nach – aber haben Sie schon einmal etwas von der Ammer, der tief eingeklüfteten Achen, der Breitach, dem oberen Rißbach, der Imster Schlucht des Inn gehört? Oder von der Alm, der Bregenzer Ache, der Rosanna und Sanna am Arlberg, der Erlauf, Gail, Isel, Malta, Möll, der steyrischen Salza, Steyr, dem (dem!) Ziller — und dergleichen sonst wenig beachteten Gewässern? Von allen diesen landschaftlich zum überwiegenden Teile schönen und oft bizarren Gebirgswässern sind von Kameraden — ruhmlos und fern dem Beifall der Menge und ganz allein um der Sache willen — ähnliche Husarenstückchen wie das oben angeführte gemeldet worden.

Der Müchner Kamerad Theo Bock schrieb einmal über diese einzigartigen Paradiese: „Der Begriff ‚fahrbar' ist allerdings nicht für jeden Faltbootfahrer dasselbe. Manche Wildflüsse bleiben zur Befahrung nur äußerst trainierten Sportlern vorbehalten. Und trotzdem muß sich von diesen manchmal der eine oder andere der harten Gewalt stürzender Wasser beugen. Schwere Wildwasserkenterungen gelten noch als glimpflich verlaufen, wenn Wirbel, Schwälle und Brecher nach einem Umschmiß wenigstens den Fahrer loslassen und es lediglich bei der Vernichtung des schmucken Bootes bleibt. Eine beachtliche Gruppe zäher, verbissener Gesellen verbringt Jahr für Jahr ihren Urlaub im schwersten Wildwasser. Sie kämpfen um noch nie oder äußerst selten befahrene Wasser. Sie wissen mit Felskatarakten, Blockstrecken und Floßgassen fertig zu werden. Mit dem Boot verwachsen und unerschrocken, mit einer Paddeltechnik gerüstet, die sich von Jahr zu Jahr steigert, kämpfen sie gegen die rohe Gewalt ungebändigter Naturkräfte. Jahr für Jahr werden Erstbefahrungen gemeldet, früher unmögliche Probleme sind heute schon vielfach Sonntagstouren geworden."

Leider sind diese „Sonntagstouren" im wörtlichen Sinne nicht immer über Sonntag zu erreichen, so man ferne solch faltbootseligen Gefilden wohnt. Aber bei einiger

Phantasie kann man entdecken, daß das Gute oft überraschend nahe liegt. Die vielen unbekannten kleineren Alpenwässer sind mit wahrhaftem Forscherdrang entdeckt worden. (Der, übrigens, seit dem Aufkommen der Polyesterkajaks — wie überhaupt der Wildwassersport — einen neuen Aufschwung genommen hat: Die Jungen gehen immer höher und entdecken immer neue Perlen — die nur Kajakkünstlern zugänglich sind.)

Ich selbst richtete schon als kaum halbwüchsiger Bursche, als ich nach allerlei schwierigen Umständen in den Besitz meines ersten Bootes gekommen war, meine Augen mit Phantasie und Beben auf die Wässer des uns Sachsen zuständigen Erzgebirges, des Vogtlands und des Thüringer Waldes. Die schwierigen Hochwasserfahrten auf der oberen Weißen Elster, im Felsblocklabyrinth der Rentsch- und Barthmühle, auf der damals noch unverbauten und einsamen oberen Saale von Hof bis Eichicht, auf der romantischen Zwickauer Mulde, der Chemnitz und der trotz ihrer zwanzig Wehre auf dreißig Kilometer herrlichen, wilden Flöha im tiefen Waldtal ergaben einsame Lorbeeren, wie sie in den Alpen nicht besser grünen können.

Die typischen Mittelgebirgsflüsse sind durchweg überaus schön, aber guter Wasserstand, im Sommer oft rar, ist die unumgängliche Grundlage des Vergnügens auf ihnen.

Womit wir dieses kleine Zwischenkapitel schwungvoll abschließen.

Der wieder ganz anders geartete Glanz der Hochgebirgsflüsse lockt. Blättern wir das Album um und begeben wir uns auf einen der schönsten Wildströme Österreichs und der Alpen überhaupt . . .

Frisch soll'n sie sein, keine faden Nocken. Zimperliesen sollen zu Hause hocken. (Cil.)

DREI MÄDCHEN UND EIN MANN

... ich meine die D r a u.

Auch sagte ich Wildstrom, weil das machtvolle Südostalpengewässer wirklich einer ist.

Über den Geschmack läßt sich natürlich hier wie in jedem Falle streiten, und möglicherweise sind nun einige Fachleute erbittert über meine kühne Behauptung und anscheinend einseitige Parteinahme mit den letzten Worten des vorhergehenden Kapitels. Wer den Akzent auf Sport legt, wird die Krone vielleicht immer noch der Enns als schönstem Wildfluß der Alpen reichen. Ich selbst bin ein alter Ennsanhänger. Urwüchsig ist auch noch der obere — aber heute nur noch der obere, österreichische Lech. Schön ist der Tiroler Inn und schön und schwer die Salzach und andere Wildflüsse. Aber rein umweltmäßig, oder „flußweltmäßig" möchte ich lieber sagen, räume ich der Drau von den Lienzer Dolomiten bis ins Slowenische jenseits des alten Marburg mit ihren großartigen Gebirgen, herrlichen Aulandbildern, unberührt einsamen Waldschluchten, anmutigen Städten in den Talbecken und mit ihrem unerhörten Wechsel von allem diesen doch gern einen kleinen Vorzug ein. Welch verheißungsvolle Musik liegt schon in der Bezeichnung der einzelnen Täler, die die Drau durchfließt, als da sind: Pustertal, Rosental, Jauntal ... Dazu noch ist sie sportlich nicht zu verachten. Anfangs zwar glatt, aber außerordentlich reißend, steigert sie sich, ehe sie das Flachland erreicht, in beachtliche Schwierigkeiten hinein. — Welch zauberische Lockung!

Die, wie es so geht, mitten im Karibischen Meer mein Herz rührte.

Ich tanzte mit einer jungen Dame aus Südamerika und dachte zu den Klängen eines Tangos tief darüber nach, wie seltsam es doch mit solchen Lockungen wäre. Auf dem Meer leuchtete es um das Schiff herum wie glühende Perlen auf, ein Hauch warmen Fahrtwinds strich über das hellerleuchtete Schiff. Es war ein Schiff voller Schönheit und unbeschwerten Lebens, und die junge Dame war wie eine zarte, südliche Blume, wenn ich das so poetisch sagen darf — in einem Abendkleid aus Brüsseler Spitze, mit rotlackierten Fingernägeln und schwarzglänzendem, kunstvoll zu einem Tiziankopf aufgestecktem und lackiertem Haar. Wir scherzten und unterhielten uns ausgezeichnet — das heißt, bis eben zu jenem Zeitpunkte, an dem ich in das erwähnte tiefe Nachdenken geriet.

Ich dachte eigentlich zum ersten Male ganz festumrissen an die Drau — als nächstes Fahrtenziel.

Ich kannte den Fluß noch nicht. Aber ich war darauf gekommen, weil erst vor meiner Abreise Wiener Kameraden ihn mir herzlichst gelobt hatten.

Die Kapelle spielte immer noch ihren erschütternden Tango. Das Aveckle wird mir schon treubleiben, dachte ich und wurde ganz gerührt dabei. Und ich blieb weiter gerührt, als ich an die voraussichtliche Schönheit des Flusses Drau dachte. Aber dann mußte ich wieder ein bißchen aufmerksamer werden und mich dem näherliegenden Exotischen zuwenden, von dem die junge südamerikanische Dame einen Hauch ahnen ließ. Dann dachte ich auch nicht mehr an die Drau.

In der ganzen nächsten Zeit dachte ich kaum mehr daran. Ich fuhr ja zum obersten Amazonenstrom, und das war eine so großartige Sache, daß sie einen schon völlig absorbieren darf.

Ein Jahr später kehrte ich zurück. Dann heiratete ich ja nun auch bald das Aveckle, und auf die nächste große Überseereise sollte es schon als tüchtiger Partner mitkommen . . . Aber bis dahin konnte noch einiges vergehen, und für die dazwischenliegende Zeit wälzten wir während eines langen, arbeitsreichen Winters näherliegende Pläne — Pläne deutschen sommerlichen Glanzes. Wir dachten nicht einmal so ausgesprochen an Kajakfahrten, man kann seinen Urlaub ja auch auf andere Weise verbringen. Wir dachten sogar ausdrücklich daran, einmal die Boote in Ruhe zu lassen und mit Freunden und Wagen ein bißchen herumzufahren. Ich hatte viel Arbeit vorliegen und gar keine Zeit, mich um Boote und so Zeugs zu kümmern, aber weiß der Teufel, der Flußwanderbazillus läßt einen nicht los — wenigstens, wenn man sich noch ein bißchen Gefühl und Verbindung mit der Natur bewahrt. Schließlich tauchten wieder Begriffe wie Drau, Enns und dergleichen auf, und da war es aus mit Nichtfaltbootfahrten. Als der Frühling ausbrach und die Arbeit sich einigermaßen einem Abschluß zuneigte, nahm der Plan Gestalt an.

— — — — —

Zwei bis drei Monate lang wollten wir uns auf einigen Wildflüssen der Alpen tummeln, und ausgiebige „Land"-Ausflüge und Bergwanderungen sollten das Flußerlebnis umrahmen.

Wir hatten vor, das Angenehme mit dem Nützlichen zu verbinden. Nur wenige Menschen dürfen ungestraft unter Palmen wandeln oder sich drei Monate lang auf den schönsten Wildflüssen Europas herumtreiben . . . Wir mußten dabei auf unsere Art arbeiten. Aber wir wollten das gerne tun, denn es war eine sehr schöne Arbeit: Wir wollten viel und gut photographieren, und die Frucht dieser Bemühungen sollten Bildberichte für die Zeitschriften und Illustrierten sein.

Ich sah das Frühsonnenlicht über den zarten Nebelschleiern der reißenden Flüsse ... Die Nebel zerreißen, silberner Fels zieht sich in die Höhen ewigen Firns, und die Flüsse singen ihr ewiges Lied. Der Tau der Morgenfrische perlt auf Bäumen, Gräsern und den Zelten der Wildflußfahrer.

Ich sah die Flüsse kristallklar und funkelnd unterm Azur der Mittagshitze brausen. Die Kammlinien der Berge sind wie zerschmolzen im Sonnenglast, und dunkel stent der Tann um die schimmernden, gefährlichen Flüsse, mit denen in unbändiger Lust die sonnenbraunen Kameraden in ihren schlanken Kajaks kämpfen.

Die Flammen des Lagerfeuers lodern, und schön sind die Lagerfeuer an den Abenden, und schön ist das Leben der Kajakleute.

Und schöner ist die Aufgabe, den Leuten in der Enge der großen grauen Städte das Naturhafte, Romantische und Gefährliche im Leben der Kajakleute zu zeigen. Und schön ist es, den vielen Kameraden, denen alles dies vertraut ist, wieder die Schönheit unserer Heimat und die wilde Großartigkeit unseres so leicht erreichbaren Paradieses zu zeigen.

Vielleicht auch ergab dieses Thema sogar ein Buch ...

Neben dieser Aufgabe blieb noch immer genügend Zeit zum Faulenzen unterwegs.

Womit wir wieder zur Prosa zurückkehren.

Es gab ein paar Schwierigkeiten zu überwinden. Einigen hochachtbaren Schriftleitungen war klarzumachen, daß ihre Leser geradezu versessen darauf wären, Rittlingersche Bildberichte vorgesetzt zu bekommen. Die hochachtbaren Schriftleitungen bewiesen Güte und gaben Vorschuß. Die andere Schwierigkeit bestand darin, einige zünftige Kameraden für die zeitlich immerhin ausgedehnte Fahrt aufzutreiben. Wir wollten diesmal nicht allein fahren, weil es erstens immer schön ist, etwas mit gleichgesinnten Kameraden zu schauen und zu erleben, zweitens brauchte ich ja „Photomodelle". Wenn ich — neben den Bildern rein landschaftlicher Art — immer nur das Aveckle von vorn und hinten und von der Seite photographierte, würden das die Leute — bei aller Anmut der Gattin — schließlich langweilig finden. Die Schwierigkeit wurde durch Friedrich und Corinna behoben, die hiermit auftauchen.

Corinna ist blauäugig, lang, blond, hübsch, geboren im fernen Tasmanien. Sie ist trotzdem keine australische oder Südsee-Eingeborene, sondern Leipziger Geblüts.

Friedrich ist ebenfalls weiblichen Geschlechts, denn im bürgerlichen Leben heißt sie schlicht Friederike. Ihre Kennzeichen sind honigfarbene Augen, duftig-braunes Haar und der Charme, den sie besitzt. Sie ist die Schwester Corinnas, geboren zu New York oder einer jener großen Siedlungen, die Familie war amtlich viel herumgekommen. (Es gibt, nebenbei bemerkt, keinen Bogen, den Sachsen nicht zu umspannen vermag. Es sei nur an Richard Wagner, Karl May und Nietzsche erinnert, an Winnetou, Zarathustra und Tristan.)

Beide waren alte und wohlgekannte Freunde von uns. Rein äußerlich wiesen beide jenes Format auf, das sie geradezu zu Photomodellen prädestinierte. Beide waren sehr sportlich, keine Zimperliesen, um ein Wort C. I. Luthers hier anzuführen. Aber eine bedenkliche Schwierigkeit bestand darin, daß Friedrich wohl schon gelegentlich auf Zahmwasser Faltboot gefahren war, Corinna jedoch ein derartiges Gerät noch niemals aus der Nähe gesehen hatte ... Dagegen war sie im Besitze eines Führerscheins und eines Fahrzeugs, das ein eleganter Sportwagen war, wenn man ihn aus der Ferne betrachtete. Sie war eine tüchtige Sekretärin, die gerade im Ausland eine Stellung aufgegeben hatte. Bis zum Antritt einer neuen war sie mit Begeisterung bereit, sich der Wonne eines Sommers in die Arme zu werfen, zumal beider finanzieller Bedenken zufolge der obenerwähnten Güte nicht weiter Raum gegeben zu werden brauchte.

Friedrich hingegen war eine junge Frau, die nichts mehr verdrießen konnte, als wenn die Leute „Fräulein" zu ihr sagten. Sie hatte soeben erst geheiratet. Ihr Mann war Filmzeichner in Berlin, der netteste Junge, den Sie sich vorstellen können. Wir waren alte Sportskameraden auf anderem Gebiet und waren uns früher als Gedrängehalbs in die Haare geraten, denn wir spielten in verschiedenen Klubs Rugby. Rugby ist das härteste und ritterlichste Kampfspiel der Männer, das es gibt. Wenn Sie sagen, daß Rugby ein rohes Spiel sei, ziehen Sie sich die abgrundtiefe Verachtung eines jeden aufrechten Rugbyspielers ebenso zu, als wenn Sie einen Wildflußfahrer fragen würden, ob er die Enns stromauf führe.

So wäre also fürs erste die Mannschaft beieinander: drei Mädchen und ein Mann . . .

Wenn das nur gut geht.

Ich hatte Corinna und Friedrich die Gefahren des Wildflusses in den düstersten Farben ausgemalt. Ich hatte ihnen die Schrecken eines Umschmisses in verblockten Schwallstrecken und mit Hingabe die erstickende Wucht eiskalten Wassers geschildert, und ich hatte in beredten Worten verkündet, daß man in wüsten Strudeltöpfen hinuntergezogen werden kann, und daß dann nur der Teufel es weiß, ob man da jemals wieder herauskommt . . . Aber das machte gar keinen Eindruck auf sie. Ehe mir ihrer Unerfahrenheit auf wildem Wasser halber solche Bedenken kamen, hatte ich leider leichtfertig die Reize einer Wildflußfahrt in ganz anderen Akkorden angeschlagen ... Nun hatten sie keinen sehnlicheren Wunsch, als einen Sommer lang Wildflüsse hinabzufahren und Bergwanderungen zu unternehmen. Sie beteuerten, daß ihnen so eine richtige Kenterung einen Hochgenuß bereiten würde, da sie ausgezeichnete Schwimmerinnen und auch sonst nicht wasserscheu wären. „Aber das mit dem Kentern laßt lieber bleiben", sagte ich. „Ich will Jonas heißen, wenn ich euch heil durch die Drau bringe."

Zuerst also sollte die Drau befahren werden, von Lienz im alten Osttirol durch Kärnten bis zur südlichsten Grenze Österreichs oder gar bis Marburg. Friedrich und das Aveckle sollten die beiden Einer fahren, während ich mit Corinna auf alle Fälle den Zweier fahren wollte. Daneben wollten wir natürlich auf alle die schönen Kärntner Seen beiderseits der Drau, die nur leider alle nicht mit ihr in Verbindung stehen, einen Blick werfen. Dann hatten es uns die Karawanken angetan, jenes geheimnisvolle Gebirge, dessen Zinnen wir wohl gut bewältigen könnten, um in die einsamen Täler hineinzusehen, die sich schon im slowenischen Unterland Kärntens befinden.

Wir wurden ganz wild vor Freude bei der Vorbereitung der Fahrt.

Nach Abbruch der Draufahrt, in Marburg oder an der Grenze, gedachten wir alsdann mit den verpackten Booten und zu Bahn einen größeren Sprung nach Norden zu tun, in ein landschaftlich ganz anderes Gebiet: ins Salzkammergut ... Wir stellten es uns herrlich vor, das klassische Salzkammergut mit seinen felsumklüfteten Gebirgsseen im Boot zu durchstreifen! Corinna sollte uns übrigens am Ende der Draufahrt wohl oder übel verlassen müssen, worüber sie jetzt schon heftige Zähren weinte. Aber am Hallstätter See wollte K l a u s zu uns stoßen und ihren Bootsplatz einnehmen. Klaus ist der Friedrichmann, der oben beschriebene. Er konnte erst fünf Wochen später Urlaub nehmen. Nach diesem Personentausche wären wir zwei Mädchen und zwei junge Männer. Oder auch zwei Ehepaare, falls das seriöser klingt. Daß dann noch ein starker Knabe dabei wäre, würde sehr von Vorteil sein. Erstens der Abwechslung in den Bildern halber, und dann würden sich ja die Fahrten technisch steigern, erst einmal auf den Floßgassen der Traun — und natürlich wollten wir zum Schluß noch auf die Enns... Aber allzuviel kann ich ja nicht gleich verraten.

Die Mädchen verfertigten sich, natürlich, mit Eifer entzückende Sommer- und fahrtenpraktische Kleider, die gut in der Enge des wasserdicht vergummibeutelten Faltbootgepäcks unterzubringen waren, und in denen sie gleichzeitig so hübsch aussahen, daß ich anfangs nur immer zehn Schritte hinter ihnen herzugehen wagte. Aus Furcht, daß der berechtigte blanke Neid sämtlicher Mitbürger über so einen armen, gesegneten Mann hereinbräche.

Eines Tages war es schließlich so weit. Vor dem Bootshaus wurde ein kleiner Wagen mit drei verpackten Booten beladen, deren Stabtaschen hoch aufragten. Dazu kamen in den seltsamsten Verrenkungen vier Insassen. Das Auto hing unter der Last in der Mitte durch wie ein ausgedientes Faltboot. Es torkelte auch ziemlich und schnaufte, aber es brachte uns doch richtig bis zum Bahnhof, wo wir das Bootsgepäck aufgaben. Wir bummelten dann alle noch einmal durch die Stadt, denn der Zug fuhr erst am Abend. Aber wir waren bereits gar nicht mehr in der Stadt, in unserer Stadt. Wir waren bereits im Paradiese und waren frohen Gemüts, noch ehe der Zug anrollte. Auf vernünftige Leute mußten wir wohl einen sehr merkwürdigen Eindruck gemacht haben.

FESTLICHER AUFTAKT

Die Nacht brach über uns herein und das Donnern des dahinfahrenden Zugs. Wir hatten ein Abteil für uns mit Beschlag belegen können, die Reisezeit war noch nicht angebrochen, der große Zug wenig besetzt. Keine Wonnegondel eines phantastischen allegorischen Traumluftschiffes — man findet dergleichen romantische Darstellungen häufig auf alten Stichen — konnte unserem schönpolierten und lackduftenden Abteil gleichen, das uns geradewegs in den Gefilden Arkadiens landen würde. Jeder unverbildete Ferienreisende wird das Gefühl in dieser oder jener Form kennen. Ernst und Tragik des Lebens hatten sich aufs vollkommenste verflüchtigt. Wir waren, um mit Schopenhauer zu reden, sehr dafür, daß es durchaus töricht wäre, eine gute gegenwärtige Stunde von sich zu stoßen oder sie sich mutwillig zu verderben, aus Verdruß über das Vergangene oder Besorgnis wegen des Kommenden. In der Folge erwies sich, daß unsere ganze Reise nur aus guten, gegenwärtigen Stunden bestand.

Wir erwachten aus vor Aufregung nur vagem Schlummer, und dann wurden bald die Konturen der Berge im Morgenglanz sichtbar. Die Berge leuchteten zart und blaßgolden, wahrhaftig, aus dem lichtdurchfluteten Frühdunst heraus, der überm Voralpenland lag, und der Zug eilte dem Felsengebirge zu. Davor noch lag Salzburg.

Es gibt nichts Schöneres, als bei anbrechender Nacht im Herzen Deutschlands sich einem der großen Züge anzuvertrauen, um sich am neuen Morgen in Salzburg zu befinden — in jener herrlichen Stadt der Sonne und der Musik, der Töne und Bauten.

Wir sahen uns einem Aufenthalt von wenig mehr als zwei Stunden gegenüber, ehe uns der Anschlußzug übers Gebirge tragen sollte. Wir hatten bezüglich Salzburgs und dieses Aufenthalts mit nichts anderem gerechnet, als höchstens einem reizvollen Frühstück, das aus duftendem Kaffee, etwas Blätterteig, knusprigen Kipfeln mit Butter, Honig und Konfitüre und Eiern im Glas bestehen mochte. Aber nun hatten wir uns dieses Vergnügen in ähnlicher Form bereits im Speisewagen vorweggenommen. Wir hatten jene zwei Stunden Zeit, und in zwei Stunden brach wirklich unvermutet Salzburg über uns herein. Wir liefen froh und etwas benommen durch die engen Gassen der türmereichen Altstadt mit ihren hohen Renaissance-Zinshäusern und an den geistlichen Palästen vorbei. Und natürlich liefen wir ohne viele Umwege zur Salzach hinunter, deren grünweißes Gletscherwasser in breitem Kiesbett durch die Stadt rauschte.

Der Fluß war uns die erste Offenbarung der kommenden Herrlichkeiten. Die Sonne strömte durch das Laubwerk der schönen alten Bäume am Salzachufer, der reißende Fluß selbst glitzerte in kaum faßbarer Verheißung. Die Salzach wollten wir ja nun nicht befahren, man kann nicht alle schönen Flüsse auf einmal bereisen wollen — aber sie gehörte in Charakter und Typ völlig zu jenen Flüssen, deren Erlebnis vor uns lag. Im übrigen waren wir noch gar nicht richtig „da", der Wechsel war zu schnell vor sich gegangen. Wir mußten uns auf die Schultern klopfen und vor Freude sonst noch Wunderliches tun, um immer wieder festzustellen, daß es nun wirklich losging. Aber Salzburg ansonst ansehen konnten wir ja nun nicht weiter, das ginge nicht einmal in zwei Tagen, wie ich aus der Erfahrung früherer Besuche wußte, geschweige denn in zwei Stunden.

Die schönste Stadt Europas — und Europas kleinste mit weltstädtischem Zuschnitt — war uns ein unvermutet festlicher Auftakt. An jenem Morgen am Salzachufer bot sie sich uns in berückender Schönheit dar — nicht nur ein Traum, sondern die Verkörperung einer südlicheren Welt, so schien uns. Vielleicht aber wird der kritische Leser die Stirn runzeln ob meiner lobenden Auslassungen, und vielleicht wird er sich außer an duftige Nockerln noch an den berüchtigten Salzburger „Schnürl"-Regen erinnern, der als Dämpfer aller Pracht und Sehnsucht oft hier herniedergeht ... Schubert schrieb 1825 an seinen Bruder:

„Lauter Häuser von vier bis fünf Stockwerken erfüllen die ziemlich breiten Gassen, und an dem wunderlich verzierten Haus des Theophrastus Paracelsus vorbei geht es über die Brücke der Salzach, die trüb und dunkel mächtig vorüberbraust. Die Stadt selbst machte einen etwas düstern Eindruck auf mich, in dem ein trübes Wetter die alten Gebäude noch mehr verfinsterte, und überdies die Festung, die auf dem höchsten Gipfel des Mönchberges liegt, in allen Gassen der Stadt ihren Geistergruß herabwinkt. Da leider gleich nach unserer Ankunft Regen eintrat, welches hier sehr oft der Fall ist, so konnten wir außer den vielen Palästen und den herrlichen Kirchen, deren wir im Vorbeifahren ansichtig wurden, wenig zu sehen bekommen."

Womit wir das Bild Salzburgs von zwei Seiten betrachtet haben und unsere unvollkommene persönliche Schilderung getrost auf sich beruhen lassen können. Im Kapitel „Das Herz deutscher Landschaft" sagte ich von Passau, daß es wie ein atemberaubender, südlicher Gruß auf uns wirkte. Ich darf hinzufügen, daß in Passau ein erster Gruß Salzburgs herüberweht ... Passau ist eigenartig und in seiner Art einmalig. In verstärktem Maße könnte man die treffliche Stimmungsschilderung Schuberts auf die Dreiflüssestadt beziehen. Salzburg ist eleganter und beschwingter. „Die Stadt Mozarts" — so steht es in jedem Reiseführer. Es steht nicht in den Reiseführern, daß eine klatschsüchtige Bürgerschaft und ein übelwollender Fürstbischof ihn schmählich behandelt und als schlechtbezahlten Konzertmeister und Hoforganisten in ein kleinbürgerliches Joch zu spannen versucht hatten, als er kein verwöhntes „Wunderkind", dafür aber das weit von Rokoko-„Tändelei" entfernte Genie geworden war, das die ganze Herrlichkeit und Traurigkeit der Welt in manchmal drei, vier nur scheinbar sorglos hingestreuten Nebentakten verschwendet. Der Brotherr des Vaters Leopold und Wolfgang Amadeus Mozart, der Erzbischof Hieronymus Colloredo, konnte so „engstirnig" aber gar nicht gewesen sein: Verehrer Rousseaus und Voltaires, war er erfüllt von den Reformideen der Zeit — und den Salzburgern selbst verhaßt. Sein Konflikt mit der Familie Mozart hat Weltberühmtheit und historische Bedeutung erlangt. Er hat sich über die Schlamperei und Anmaßung der Mozarts aufgeregt und natürlich ihre Bedeutung nicht erkannt. Aber „die Waagschale der Gerechtigkeit schwankt", wie Alfred Einstein in seinem grundlegenden, großartigen Buch über Mozart schreibt: „Die Schuld liegt durchaus nicht ganz auf seiten der Autorität und des Erzbischofs."

Es ist schwer, Salzburg, diese unheimlich lebendige Barockstadt mit ihrem ganzen szenischen, theatralischen und doch einzigartig-echten Hintergrund nicht zu lieben. Aber Wolfgang hat sich über seine Vaterstadt schon früh lustig gemacht und sie später aus tiefster Seele gehaßt.

Wir gingen zum Bahnhof zurück, und alsbald rollten wir weiter, ins sonnenüberflutete Salzburger Tal hinein.

Bezüglich dieses Tals sei erlaubt, den Schluß jenes 1825 geschriebenen Briefes Schuberts anzuführen:

„Dir die Lieblichkeit dieses Tals zu beschreiben, ist beinahe unmöglich. Denke Dir einen Garten, der mehrere Meilen im Umfang hat, in diesem unzählige Schlösser und Güter, die aus den Bäumen heraus- oder durchschauen, denke Dir einen Fluß, der sich auf die mannigfältigste Weise durchschlängelt, denke Dir Wiesen und Äcker, wie ebenso viele Teppiche von den schönsten Farben, dann die herrlichen Matten, die sich wie Bänder um sie herumschlingen, und endlich stundenlange Alleen von ungeheuren Bäumen, dieses alles von einer unabsehbaren Reihe von den höchsten Bergen umschlossen, als wären sie die Wächter dieses himmlischen Tals, denke Dir, dieses, so hast Du einen schwachen Begriff von seiner unaussprechlichen Schönheit ..."

Die Bahn, die heute durch dieses Tal führt, ist die Anfahrtsstrecke der Tauernbahn, die in kühnen Anlagen die Hauptkette der Tauern durchdringt und Süddeutschland und Österreich direkt mit Triest verbindet. Wir hingen an den Fenstern und schauten nur so. Kurz hinter Salzburg gaben Sekundenteile den Blick auf eine wilde Klamm und den schäumenden Fluß frei — die Salzachöfen, die bisher nur von ganz wenigen, auserwählten Wildflußfahrern gemeistert wurden! Später trat die Bahn ins Gasteiner Tal mit seinen Hotelpalästen ein. Nach dem langen Tauerntunnel brauste der Zug das Tal eines Flusses hinab, der bereits nach Süden eilte. Es war die Möll, die als Gletscherbach der Pasterze am Großglockner entspringt und der Drau zufließt. Nun hatte die Sonne bereits den Zenit überschritten, und wir konnten mit Berechtigung müde sein von der langen Fahrt — aber die Ansicht des prächtigen Mölltals mit seinen romantischen Burgen auf schmalem Fels verscheuchte die Müdigkeit immer wieder.

Ich war schon auf vielen berühmten Gebirgsbahnen der Erde gefahren — aber heute kann ich mir keine landschaftlich reizvollere Fahrt mehr vorstellen als die auf der Tauernbahn.

So hoch oben vom Zug sah die tief im Tal sich dahinschlängelnde Möll anmutig aus, unschwer für unsern Sport. Aber der Eindruck trügt sehr. Eine gewaltige Bergwelt ist die Wiege der Möll. Gebirge begleiten ihren Lauf bis zur Mündung — und da sollte sich der Fluß nicht entsprechend aufführen? Katarakte und Stromschnellen bis zum Zusammenfluß mit der Drau, die von hoch oben aus nett und spielerisch aussahen, machen ihn zu einem der schwersten und prächtigsten Wildflüsse der Ostalpen, dessen Befahrung beste alpine Kajaktechnik erfordert. Bei Niedrigwasser mögen die Schwierigkeiten vielfach einen mittleren Schwierigkeitsgrad nicht übersteigen, aber bei hohem Wasser nach Regenfällen oder an heißen Juni-Juli-Tagen, wenn das Keeswasser des Glockners in verstärktem Maße herunterbraust, werden „Latzendorfer Wasserrann", „Tauchenschwall" und „Klausenkofel" zu Problemen. Der Faltbootführer, dem wir diese Angaben entnehmen, von österreichischen Kameraden mit hingebender Geduld und Liebe gemacht, weist den Fluß schon zweieinhalb Kilometer unterhalb Heiligenbluts für befahrbar aus. Eine kurze Anmerkung sagt noch: „Gute Zeltplätze, freundliche Bevölkerung."

Das Tal der Möll war der zauberhafte Gruß des Sonnenlands Kärnten, in das die Bahn nun hinabstieg. Wo sie die Talsohle erreicht, bei Möllbrücke, trifft sie auch schon auf die Drau, unterhalb der Mündung des Nebenflusses. Bei der Schilderung der Fahrt zum Schwarzen Regen sagte ich schon, wie aufregend es für jeden Faltbootfahrer ist, zum ersten Male einen verheißungsvollen Fluß zu Gesicht zu bekommen. Die Drau strömte mächtig und graugrün in ihrem Tal dahin. Es wird sehr langweilig, wenn ich dem Leser immer wieder versichere, was für Gefühle uns bei den verschiedensten Anblicken durchwogten. Wir waren außerdem gleich in Spittal. Dort verließen wir den Tauernzug und stiegen auf die kleine Lokalbahn um, die uns drauaufwärts nach Lienz brachte, und während dieser Fahrt hatten wir noch öfters Gelegenheit, bald näher und bald ferner die Drau in ihrem herrlichen Bergtal zu bewundern.

Am späten Nachmittag waren wir in Lienz; der kleine Zug fuhr weiter, das Pustertal hinauf ins Italienische hinein. Wir ließen das Faltbootgepäck auf dem Bahnhof und begaben uns als vorerst noch völlig Zivilisierte in den Ort, von dem wir nur Gutes vermelden können. Die hübsche kleine Stadt liegt an der Mündung der Isel in die Drau, malerisch von den zerklüfteten Wänden der „Unholde", der Lienzer Dolomiten, überragt. Wir fanden Unterkunft in einem netten Hotel, und vor dem Abendessen gingen wir natürlich gleich einmal zu unserm Fluß hinunter.

Oberhalb der Mündung der Isel ist die Drau viel kleiner als ihr Nebenfluß. Dafür stürmt sie in ihrem engen Bett mit einem Schuß dahin, dessen unwiderstehlicher Eindruck uns vor Freude den Atem benahm. Auch den des Faltbootneulings Corinna und ihrer zumindest solchen Wassers nicht gewohnten Schwester. Sie waren übermütig, weil sie die Kraft des Flusses noch nicht völlig zu fassen vermochten. Das Aveckle sah mich im Hinblick auf die beiden bedenklich an, und ich kann nicht verhehlen, daß meine Freude mit einigem Beben gemischt war. Ich war schließlich der verantwortliche Reiseleiter, sozusagen.

Hoffen wir das Beste!

Unsere Zimmer lagen in einem idyllischen Gartenhaus, von dem man auf die Isel schaute. Die Isel kommt aus den Gletschern der Venedigergruppe und ist bei Lienz dreimal stärker als die Drau. Sie ist ab Matrei einunddreißig Kilometer lang befahrbar, landschaftlich wohl aber nicht in dem Maße lohnend wie die Drau.

In der Nacht waren eine Menge Leute mit Fackeln an der Isel. Wir wunderten uns, was der abenteuerliche Aufzug sollte. Der halbe Ort schien am Fluß zu sein. Die Fackeln warfen ihr wildes Licht auf die bärtigen und markigen Gesichter der Männer, die gestikulierend und erregt an seltsamem Werk waren. Vielleicht fischten sie nach einer Leiche, dachten wir, nach einer armen, verlorenen Seele. Aber sie fischten nicht nach Leichen, höchstens nach Baumleichen: sie fischten nach Holz, das der brausende Fluß mit sich führte. Am anderen Morgen sahen wir eine Tafel am Fluß: HOLZFISCHEN VERBOTEN! Aber der phantastische nächtliche Aufzug war allgemein gewesen. Warum sollten auch die Leute nicht das Holz herausfischen, wenn es sonst niemand herausfischt. Es würde nur ins Schwarze Meer hinuntertreiben und verfaulen, so schönes Holz. Die Tiroler sind ein liebenswürdiges und skeptisches Geschlecht.

Wir schliefen mit dem wilden Bild im Sinn und mit dem Brausen des Flusses in den Ohren ein. Ich träumte von wilden Kenterungen, Bootsverlusten und herausgefischten Wasserleichen. Ich gehe nie wieder mit so blutigen Anfängerinnen — das Aveckle als Zünftige natürlich ausgenommen — auf Fahrt, dachte ich. Doch dachte ich das halt nur im Traum.

— — — — —

Aber mitten in diesen wilden Traum drang es wie der Klang der silbernen Glocken des jungen Sommers in mein Gemüt.

Ich sah auf die Uhr. Es war fünf, und die Glocken klangen hell und klar, und ich drehte mich auf die andere Seite, wir wollen erst einmal gründlich ausschlafen. Die

Glocken verstummten. Aber nach einer Viertelstunde oder so huben sie abermals lieblich zu läuten an, und ich konnte nicht weiterschlafen. Das Aveckle erwachte auch, das Geläut verstummte. Aber es kam alle Viertelstunden oder so wieder, und wir dachten dann nicht mehr schön von den Glocken. Später war jedoch die Sonne richtig über die Kammlinien der Berge gekommen, die durchs offene Fenster hereinschauten und richtig mit im Zimmer waren. Die Sonne kam ins Drautal, und die mattsilbrigen Nebel der Niederungen gerieten in sanfte Bewegungen. Das schneebedeckte Haupt des Spitzkogls sah herein, und da litt es uns nicht mehr im Bett. Das Rauschen beider Flüsse klang kühl herauf, auch die Glocken jubilierten wieder, hell sangen die Vöglein, und in die Schönheit des leuchtenden Sommermorgens mischten sich zarte Knabenstimmen. Eine Prozession zog an der Isel entlang.

„Hoffentlich haben die Läden auf", sagte ich, als ich die Prozession sah.

Das Aveckle nahm eine Maß Wasser, ich die Signalpfeife. Wir gingen ins andere Zimmer und zogen Friedrich und Corinna die Decken weg, weil sie noch fauler waren als wir. Dann waren wir richtig wach und fröhlich, und dann gingen wir erst einmal ein bißchen im Sommermorgen herum, ehe wir fein frühstückten.

Aber die Läden hatten nicht offen. Es war Fronleichnam und Feiertag. Für die Fahrt und das bevorstehende Wildwestleben brauchten wir genügend Proviant, und bei vier Mann, oder vielmehr drei Frauen und einem Mann, wird das Einkaufen schon zu einer beachtlichen Organisation erfordernden Tätigkeit, wie das Aveckle sich ausdrückte. Jawohl, wir konnten zwar durch die Haustüren gehen und Bitteschön zu den Ladeninhabern sagen, aber das war nicht das Richtige. Na schön, die Läden hatten zu, aber dafür hatte der Morgen mit festlichem Geläut begonnen.

Lienz war uns sehr sympathisch, und da blieben wir eben noch; es kam immer neues Wasser vom Gebirge herunter, sie floß nicht fort, die Drau. Die Berge trugen noch dichte weiße Kappen, und da hinauf könnten wir doch eben einmal gehen, meinte Friedrich — bis dorthin, wo gerade der Schnee anfängt, so weit kann das doch nicht sein! Aber es war sehr weit, ganz klar! Es genügte uns, in halber Höhe auf blumigen Matten in den azurnen Junihimmel zu träumen, und rechts und links fielen die schroffen Wände von den weißen Höhen in die leuchtenden Täler der Drau und Isel hinab.

Die Täler waren uralte Durchzugs- und Kulturlandschaften. Hatte sich nicht doch wahrhaftig wenig östlich des heutigen Lienz eine jener römischen Siedlungen befunden? Jawohl, wir entdeckten ein kleines Museum, das die Ausgrabungen und Überreste aus der Römerzeit aufbewahrte: Münzen, Grabsteine, Reliefs, Säulen und andere Fragmente. Aguntum war der Name der Siedlung gewesen. Ein römischer Wehrpaß war auch da, die Schrift wie ziseliert, sauber in Stein gehauen — aber immerhin im Taschenformat. Auf einer Bildtafel war in Lebensgröße ein gepflegtes Mädchen zu sehen, einen Fächer in der erhobenen Rechten, in der Linken einen schön geformten Tonkrug. Aber noch mehr fesselte uns die in ihrer Blütezeit tausend Jahre jüngere osttirolische Kultur; die Römer waren ja nur Kolonisten gewesen. Was es da alles zu sehen gab! Wunderbar geschnitztes Hausgerät, jahrhundertealte Schränke mit Intarsien, kostbare breite Gürtel in prächtigster Federkielstickerei (wie sie — o Wunder! — noch heute in Lienz getragen werden . . .), uralte Holzmodel für die geschmackvollen, bodenständigen Handstoffdrucke und dergleichen mehr. Auf der Haube einer Postmeisterin war eine ganze Postkutsche mit sechs Pferden zu bewundern. Friedrich und das Aveckle, Zeichnerinnen und akademisch belastete Mädchen, waren von diesem und jenem gar nicht fortzubringen. Das Aveckle hatte sich einmal auf der Kunstgewerbeschule in Federkielstickerei versucht, die jedoch nie gelungen war. Nun wollte es so einen Gürtel haben. Die freundliche junge Lehrerin, die uns in berechtigtem Stolz auf unsere Fragen hin viel erklärte, sagte, daß leider schon allzuviel an kunstsinnigen Gegenständen aus diesen Tälern hinausgegangen wäre. Ich glaube, es war bei so einer Gelegenheit, daß sie beiläufig sagte: „Gebirgler sind ja immer arm!"

Das sei aber durchaus nicht die Regel, erwiderte ich.

Ich hatte schon viele arme Landschaften gesehen, in ganz konkretem Sinne „arme" Gebiete. Diese Landschaft mochte sehr viele Wirren und schlimme Zeiten mit ihren unvermeidbaren Verelendungen der betroffenen Menschen erlebt haben, Morgensterne und andere mittelalterliche Mordwerkzeuge, und einige Bilder des Malers Albin Egger-Lienz gaben Kunde davon — aber diese osttirolischen Täler waren und sind bei allem eine äußerlich wie innerlich unerhört reiche Landschaft! Sicherlich kann das ein Fremder zuweilen besser beurteilen als eine junge und freundliche Bodenständige — und das ist ganz in der Ordnung. Die Gegenstände, die wir in dem kleinen, in der Schule untergebrachten Museum sahen, waren schön, weil sie, wie die Menschen, die sie verfertigt hatten, aus der Landschaft herausgewachsen waren, selbstverständlich. Und sie waren schön, weil sie müßige Werke waren, „überflüssig" wie alle Werte wirklicher Kultur.

Wir hatten schon viel an Eigenart und altüberliefert Schönem in Deutschland erlebt, von der pommerschen und ostpreußischen Küste bis in die Südalpen. Hier in Lienz fühlten wir so manches Verwandte anklingen, und unwillkürlich fielen mir einige schöne Worte ein, die Hugo von Hofmannsthal im Jahre 1912 der bezauberndsten und rundesten Geschichtensammlung unserer Sprache, seiner wahrhaft unvergänglichen und seither immer wieder neu aufgelegten Sammlung „Deutsche Erzähler", im Insel-Verlag, vorausgegeben hat: „Hält man diese beiden, Gotthelf und die Droste, nebeneinander, so fühlt man, wie groß Deutschland ist. Es ist, als hörte man, zu Bremen auf der Weser fahrend, in den Salzhauch der Nordsee das Läuten von Kühen herein, die in Tirol von der Alpe gehen: aber innerlich ist ein noch weiteres Land."

Ja — das weitere gehört eigentlich nicht recht hierher, nach Lienz und Tirol. Aber es ist ein großes Stück deutscher Prosa, das Hofmannsthal im Jahre 1912 geschrieben hat, und er beschließt es:

„Unser Volk hat ein schlaffes Gedächtnis und eine träumende Seele, trotz allem; was es besitzt, verliert es immer wieder, aber es ruft sich nachts zurück, was es am Tage verloren hat. Den Reichtum, der ihm eignet, zählt es nicht und ist fähig, seiner Krongüter zu vergessen, aber zuzeiten sehnt es sich nach sich selber, und niemals ist es reiner und stärker als in solchen Zeiten."

Das Paradies ist verriegelt und der Cherub hinter uns; wir müssen die Reise um die Welt machen und sehen, ob es vielleicht von hinten irgendwo wieder offen ist.
(Kleist, im Aufsatz „Über das Marionettentheater".)

GLOBETROTTELEI IN LIENZ

Wir hatten Bekanntschaft mit der Kultur einer jener Landschaften geschlossen, die wir nun auf ganz andere Weise erleben wollten. Es war Mittag geworden, als wir am andern Tage endlich zum Bahnhof zogen, um unser berädertes Bootsgepäck herauszuholen, um es seiner Bestimmung entgegenzuführen.

Wir scheuchten den Gepäckmeister roh aus einem Mittagsschläfchen auf. Er war aber hilfreich und gut und entließ uns mit vielen Segenswünschen. Wir zogen die sackbepackten Zweiradwagen einen staubigen Weg neben dem Bahngelände entlang. In der blendend-hellen Hitze lag der Weg wie weißgepudert vor uns, und alles war wie ausgestorben. Nur Irrsinnige konnten in der prallen Mittagsglut unterwegs sein. Es war eine Glut, wie sie südlichen Hochgebirgstälern eigen ist, in die kein Lüftchen hineinweht. Zum Wildflußfahren war es das schönste Wetter, und vor uns lockten die kühlen Wellen der Drau. Doch galt es zuerst die Faltboote aufzubauen. Friedrich war noch ein recht ahnungsloser Anfänger, von Corinna ganz zu schweigen. Vor der Abreise hatte die Zeit zu Auf- und Abbauübungen gefehlt — zur Übung jener Tätigkeiten, ohne deren Notwendigkeit der Faltbootsport nur gewinnen könnte. Na, schön — das Aveckle wird seinen Mann stehen, aber ich war Hauptleidtragender. Es wird Schweiß kosten, und der größte Teil des Nachmittags wird draufgehen. Aber dann nichts wie in die Boote, ein Stück Drau hinuntergejubelt und einen schönen Zeltplatz ausfindig gemacht! Wenn erst die Zelte stehen, werde ich mich auf die Wiese legen, in den dämmernden Himmel schauen und ins Nirwana der Mutter Natur gleiten, während mir die Frauen mit gegrillten Hammelsteaks mit zarten Brechbohnen, deutschem Käse mit Butter und Tee mit Honig Huldigungen bereiten . . .

Ob ich bereits jetzt einen Sonnenstich hätte? fragte Corinna. — Ich mußte laut gesprochen haben.

„Aber nein!" erwiderte ich. Sie könnte jedoch inzwischen die Resteinkäufe im Ort erledigen und möchte nicht die Bohnen vergessen, es müßte doch jetzt ganz zarte, junge geben, und ich würde Friedrich allein in die Geheimnisse der Faltbootaufbaukunst und — was noch schwieriger wäre — in die Geheimnisse wasserdichter und sinnfälliger Verpackerei unserer vielen Gegenstände einführen.

Am Ende des wie weiß bepuderten Wegs war unterdes ein Mann sichtbar geworden, der sich uns näherte.

Aber übrigens, so laßt uns doch eine Aufnahme machen! Eine Aufnahme von anmutigen Frauen, die sackbepackte Zweiradwagen ziehen, und die Berge drumherum schauen zu . . .

Als ich vor den Frauen im Staube lag, des besseren Bildwinkels halber, war der Mann da. Der Mann zögerte, blieb stehen und getraute sich nicht weiter. Es wäre ihr Charme gewesen, behaupteten die Mädchen hinterher, der ihn gefesselt hätte. Aber das kann jede sagen. Jedem andern wäre in solcher Lage, in toller Junihitze auf einem weißstaubigen Wege, ebenfalls der Mut abhanden gekommen, weiterzugehen.

„Bitte lassen Sie sich nicht stören!" sagte das Aveckle, „wir machen nur eine Aufnahme, gehen Sie ruhig weiter!"

Der Mann dankte, ging weiter, zögerte, blieb stehen und wandte sich wieder den Mädchen zu.

Als ich vor den Frauen im Staube kniete
Die Mädchen haben sich feingemacht zum Landgang
Fotos: H. Rittlinger

„I see“, sagte der Mann, „bauen sie auff?“

Er war lang, hager, trug einen Sportanzug, hatte einen weißen Bart und sah genau wie Bernard Shaw aus.

„Ja“, staunte das Aveckle. Es ist eine Frau mit einer ungewöhnlich raschen Auffassungsgabe. Wenn es mit mir gelegentlich verschiedener Meinung ist, was bekanntlich in den besten Ehen vorkommt, behaupte ich zwar immer das Gegenteil und noch Schlimmeres — aber Männer sind bei solchen Gelegenheiten ja stets roh. Jedenfalls kombinierte das Aveckle sofort, daß ein Mensch, der von „Aufbauen“ redet, unzweifelhaft etwas von Faltbooten verstehen oder gar selbst Faltbootfahrer sein müßte. Es hatte außerdem den eigenartigen Akzent in der Sprache des Fremden wahrgenommen, und durch den Anblick des weißen Bartes, der in Wirklichkeit jedoch hellblond war, völlig aus der Fassung gebracht, durchschoß es nur ein Gedanke: das ist Bernard Shaw! Es liebte sehr die nicht nur „witzige“, sondern merkwürdig „aktuell“ gebliebene Satire in den Stücken des irischen Dramatikers. Automatisch aber fragte es:

„Fahren Sie auch Faltboot, Mister Shaw —?“

„Ja —“, erwiderte Bernard Shaw. „Ich haben mir einen Führer aus Klagenfurt kommen lassen, und morgen gehen wir abwärts die schöne Drau!“

Ich hockte unbeteiligt am Straßenrand, wechselte den Film und ahnte von nichts. Die Mädchen waren von der Begegnung begeistert.

„Ich habe schon auf vielen Flüssen der Erde gewesen“, erzählte Bernard Shaw weiter, „auf dem Mississippi, auf dem Nil, auf dem Irrawaddy.“

Dies konnte das Aveckle nicht einfach so hinnehmen. Es war in diesem Augenblick nicht über den Dingen stehender Kamerad, sondern eine etwas törichte Ehefrau, die ihren Mann herausstreichen wollte.

„Dieses Boot dort“, sagte das Aveckle, und es fügte noch einmal ganz im Eifer „Mr. Shaw“ hinzu, obwohl sich bald herausstellte, daß wir es wohl mit einem genau so merkwürdigen Iren, aber durchaus nicht mit G. B. S., der auch berühmt war, weil er 100 Jahre alt werden wollte (erreicht hat er aber „nur“ 94), sondern mit einem viel jüngeren zu tun hatten, „— dieses Boot ist schon auf dem Amazonas gewesen!“

Diese gesteigerte Angabe zeitigte einen verblüffenden Effekt. Der seltsame Sportskamerad erwiderte:

„Hm. Dann heißt dieses Boot ‚Jonas‘, und Ihr Mann heißt Rittlinger, und ich werde Ihnen — warten Sie einen Moment — ganz genau sagen, was er auf seiner letzten Reise getan hat . . .“ Und dann erzählte er genau, wie es mir vor kurzem am obersten Amazonas ergangen war.

In diesem Augenblick trat ich ahnungslos hinzu. Ich wurde begrüßt mit: „I'm very, very glad to meet you, Mr. Rittlinger!“ und wunderte mich baß. Es ist schön und aufregend, an einem fremden Ort als alter Bekannter begrüßt zu werden.

„Wieso habe ich die Ehre —“, stammelte ich. Die Sonne sandte ihre sengenden Strahlen von der dunklen Glocke des Himmels auf den Weg herunter, der wie weiß bepudert wirkte. Es war niemand anderes da als wir und der Mann, der wie Bernard Shaw aussah, und die Berge jenseits der Drau schauten ungerührt zu.

„My name is Raven-Hart“, sagte der Mann mit dem Bart, und dann sagte er in ausgezeichnetem Deutsch weiter: „Major Raven-Hart. Ich kenne alle ihre Bücher, auch die ‚Südseefahrt‘, obwohl sie nicht von Canoeing handelt. Ich fahre auf allen Flüssen der Welt und schreibe Bücher und Artikel für das ‚National Geographic Magazine‘ in Amerika, die ‚New York Times‘ und englische und irische Blätter.“

Ich kenne ziemlich viel amerikanische und englische Bücher, aber ich mußte zu meiner Schande gestehen, daß ich Raven-Harts drei „Canoe-Errants", was soviel wie „Kanu-Vagant" heißt, nicht kannte. Erst kurze Zeit nach der Begegnung mußte ich mich von österreichischen Sportskameraden belehren lassen, daß diese Bücher in den USA und englischen Ländern auf ihre Art für unseren Sport bahnbrechend waren. Raven-Hart war Lebenskünstler mit einem besonderen, liebenswürdigen Tick, ein wahrer Flüsse-Odysseus — im blühenden Alter von dreiundfünfzig Jahren. Nur sein (vorexistentialistischer) Bart machte ihn so „shawmäßig". Er fuhr ein deutsches Zweierfaltboot und kannte alle angängigen deutschen Gewässer, zu denen er immer wieder zurückkehrte, und über die er schon manches Schöne veröffentlicht hatte. Er bekannte offen, daß er einen großen Bogen um die schweren Wildflüsse mache. Die Drau, die er nur bis zur Höhe des Wörther Sees befahren wollte, war ihm schon zu hart, und deswegen wollte er sie mit einem Führer befahren, den die Klagenfurter Kajak-Vereinigung stellte. Er reiste ohne Zelt und den vielen Krimskrams, der dazu gehört, und zog die Übernachtung in Gasthäusern vor. Er erzählte, daß in Amerika und England deutsche Faltboote ein erstaunlicher Importartikel geworden seien, und daß in New York und London viele Boote — leider oft widerrechtlich — nach deutschen Patenten gebaut werden. In diesen und anderen Ländern hatte um etwa 1938 das bisher nur mit dem nicht ganz so vielseitigen, kanadischen Stechpaddel-Kanu ausgeübte *Canoeing* durch die Einführung des Faltboots einen ähnlichen Aufschwung erfahren, wie es bei uns in den goldenen zwanziger Jahren der Fall gewesen war. Durch den zweiten Weltkrieg war das vorübergehend unterbrochen worden.

Es war seltsam: Da standen wir auf dem staubigen

Wege in dem heißen Gebirgstal von Lienz. Wir waren um diese Stunde die einzigen Menschen weit und breit — und schließlich erzählten wir uns in einer fremden Sprache vom Mississippi natürlich, vom Amazonenstrom und vom Irrawaddy im fernen Burma, in dem es auch nicht schöner und heißer sein konnte, als es in diesem Augenblick in Lienz war. In meinem ersten Buch habe ich eine Fahrt auf der schönen Goldenen Bistritz in den Ostkarpaten Rumäniens und die Fortsetzung der Reise auf dem Euphrat geschildert. Die Goldene Bistritz hatte ich als erster, und den Euphrat hatte ich als erster, der davon lebend zurückkam, befahren. „Ihre Goldene Bistritz", versicherte mir Raven-Hart, „ist auf Grund Ihrer Anregung heute der beliebteste Sportfluß der Rumänen und Ungarn geworden . . ."

Das ist natürlich eine schöne Sache, zu hören, daß ein Fluß, ein stattlicher Wildfluß zudem, den man als erster befahren hat, und zu dem man eine nie versiegende, stille Liebe hegt, ein so lockendes Ziel der südöstlichen Sportskameraden geworden ist. Ich wurde wirklich ganz gerührt.

Wir nahmen dann unsere beräderten Päckchen wieder auf, zogen zum Fluß hinunter, und Raven-Hart begleitete uns. Wir wollten oberhalb der Iselmündung aufbauen, da strömte die Drau in engem Bett in jenem wahnwitzigen Schuß dahin, der sich erst nach der Vereinigung mit der Isel etwas minderte. Angesichts dieser herrlichen Tatsache und der Berge ringsum — redeten wir immer noch vom Amazonas, dem Mississippi und dem Irrawaddy im fernen Burma. Aber es wurde bald ein bißchen gegenstandslos. Wir waren in Osttirol und an der Drau. Amazonas und Irrawaddy sind noch lange keine Drau, und auch umgekehrt, natürlich . . . Aber die Welt, die vor uns lag, konnte sich mit jeder Flußwelt messen. Und sie war nicht nur großartig — sie war wie eine Heimat des Herzens für mich, und ihre Flüsse waren wie eine große Mutter, zu der man immer wieder zurückkehrt.

Wir fachsimpelten noch allgemein, und dann empfahl sich Mr. Raven-Hart, er wollte selbst weiter unten am anderen Ufer sein Boot noch heute aufbauen und es während der Nacht unterstellen.

Es war eine nette und verrückte Begegnung gewesen: Ich hoffe, daß Mr. Raven-Hart auch dieses Buch in die Hände bekommt und derselben Meinung ist. Wir hatten beide, dem Wort Heinrich von Kleists gemäß, wiederholt die Reise um die Welt gemacht, um zu sehen, ob das Paradies nicht vielleicht von hinten irgendwo wieder offen ist. Vielleicht, dachte ich beim Faltbootaufbau, müssen wir aber nur die Reise um unsere innere Welt machen.

Vielleicht, dachte ich weiter, kann man es doch ganz wörtlich nehmen mit der Reise um die Welt. Aber wenn man es ganz wörtlich nimmt, kann es auch erlaubt sein, die Sache zu profanieren. Zu Füßen leuchtender Berge, an den Ufern des Wildstroms Drau von Amazonas und Irrawaddy zu reden, ist abwegig. Und das wußte ich bereits bei diesem Faltbootaufbau, und ich wurde ganz froh darüber:

Wir müssen nicht die Reise um die Welt machen!

Denn noch ist unser Paradies nicht verriegelt...

Alsbald begaben wir uns an den Aufbau der drei Boote und den Trimm des Gepäcks — oder vielmehr an die Vorbereitungen des Trimms des Gepäcks. Nach zwei Stunden kehrte der bärtige Paddler aus Irland zurück, um unserem Start beizuwohnen. Aber da waren wir noch nicht halb fertig, und Herr Raven-Hart verließ uns gleich wieder — eine Tatsache, die von hohem Feingefühl zeugte. Ein schwitzender Kajakmann beim Aufbau ist wirren Gemüts und höchstens für taktlose Unbeteiligte ein erfreulicher Anblick. Das Aveckle war in ähnlicher Verfassung, und wir warfen sogar scheele Blicke, als Friedrich und Corinna von Einkauf und Eisessen schon zurückkamen. Dann fehlte ein Paddel, und wir dachten sehr schlecht von Herrn Engel. Herr Engel war der Fabrikant der Boote, die wir fuhren. Diese Erwähnung ist auch an dieser Stelle keine verkappte Werbung für Herrn Engel, denn leider hat er sich umgestellt, und bei allem guten Zureden stellt er seine ehedem bekannt vorzüglichen Faltboote nicht mehr her. Mit Glück und vielen Worten hatten wir vermocht, ihm noch die Fertigstellung eines Einers zu entlocken (ohne die Rechnung sofort bezahlen zu müssen. Doch das gehört nicht weiter hierher). Diesem neuen Einer, dem Boot fürs Aveckle, das aber vorläufig Friedrich fahren sollte, hatten wir den stolzen Namen „Huallaga" aufgemalt. Der Huallaga ist ein großer Quellfluß des Amazonenstroms, den ich herabgefahren war. Der Huallaga — das Boot, nicht der

Strom — war im letzten Augenblick fertig geworden, wie das so geht, und nun entdeckten wir, daß Herr Engel das Paddel beizupacken vergessen hatte. Ein Paddel ist ein wichtiges Gerät, das der Fortbewegung des Paddelbootes auf dem Wasser dient. Ein Paddelboot ohne Paddel ist wie ein Auto ohne Räder. Wir waren Herrn Engel gram, weil er ein alter Faltbootpionier und Sportskamerad ist, der diese Tatsache besonders gut wissen mußte.

Wir starrten trostlos in Flimmerhitze und Drau. Dann wurde Friedrich in den Ort geschickt, um ein Paddel aufzutreiben. Lienz erschien uns nicht so, als ob es mit Paddeln handeln würde. Das Aveckle setzte ein Telegramm auf, und ich strich und ersetzte verschiedene Worte des Textes des Telegramms an Herrn Engel, weil sie nicht kräftig genug waren, und dann wurde Corinna losgeschickt, das Telegramm aufzugeben, und wir hatten recht daran getan, denn es war in ganz Lienz kein Paddel aufzutreiben. Die Bewohner des Ortes standen dem Faltbootsport freundlich und gelassen gegenüber und kamen im allgemeinen ohne Paddel durchs Leben. Na, schön — bis Spittal mußte sich Corinna eben ohne Paddel behelfen, sozusagen als Passagier im Vorderluk des von mir gesteuerten Zweiers. Nach Sport wird das allerdings kaum aussehen, meine Dame, so etwas ist Gondelei! Aber in Spittal werden wir ja wohl nun das telegraphisch angeforderte Gerät in Empfang nehmen und unsere Meinung über unsern Freund Engel einer wohlwollenden Prüfung unterziehen können, schon wegen der Rechnung. Im übrigen ist die fünfte Nachmittagsstunde bereits überschritten ...

O seht doch, wie schön und erwartungsfreudig sich unsere schlanken Boote ins Gras schmiegen! Aber seht ihr auch, wie die Sonne sich verfinstert, ein zögernder Windstoß weiteres ahnen läßt und die Drau plötzlich einen

Ton dunkler rauscht? Eine schwarze Wand steht über dem Tal der Isel, und ferner Donner grollt ...

Wir drehten die fertigen Boote herum.

Ein alter Mann kam des Weges daher. Wir fragten ihn, ob wir die Boote hier liegenlassen könnten, und wir waren nicht sehr weise. „In Tirol würd nix gestohln", sagte der alte Mann, „da könnt's alles aussi lassn!" Darauf blickte er uns alle der Reihe nach tieftraurig an und entschwand. Wir begaben uns in die zivilisatorische Sicherheit des Gasthauses zurück. Draußen brach ein tolles Hitzegewitter los.

— — — — —

Am nächsten Morgen war das Wetter herrlich wie nur je. Mit allen Fasern vor Morgenkühle und Erwartung bebend, standen wir wieder am reißenden Fluß, der mehr Wasser als sonst führte und mächtig daherbrauste. Von Raven-Hart und dem Klagenfurter Sportskameraden, seinem Führer, war nichts zu sehen, und wir bekamen sie auch nicht mehr zu Gesicht. Sie waren vermutlich noch früher losgefahren als wir.

Die Boote waren nun schnell fertiggemacht. Sie lagen stromaufgewandt auf den Steinen am Steilufer, zur Hälfte bereits vom lärmenden Wasser umspült. Dann ging alles ziemlich schnell, und wir kamen erst einige Kilometer weiter unten richtig zur Besinnung.

Als erste wurde das Aveckle, als bewährtes Wildflußmädchen, im Jonas auf die Reise geschickt. Sie stieß ab, wurde herumgerissen, sauste durch die Brücke und trieb wie ein Kork auf- und niederhüpfend und immer kleiner werdend im tobenden Gewoge den geraden Kanal hinunter, den hier die Drau bis zur Iselmündung bildet.

Es war keine leichte Sache für Friedrich, die in dem neuen Einer als zweite startete, und die noch nie auf so schwerem Wasser gewesen war. Sie mußte ihr Boot sofort herumbringen, um die Wellen in dem engen Flußbett gut abreiten zu können. An der Iselmündung durfte sie sich nicht von der gegen die Drau anstürmenden Isel auf eine Geröllbank werfen lassen, sondern hatte unter allen Umständen den Fluß gleich nach links zu queren. Dann mußte sie aber auch gleich wieder — was ich ihr besonders einschärfte — in die Flußmitte, um nicht in die Schrägströmung unter einer der üblichen hölzernen Brücken zu geraten. Es gibt nichts Schlimmeres, als sich in einem sonst vielleicht ganz harmlosen Wildfluß durch einen mächtigen Schrägstrom an so einen hölzernen Pfeiler quetschen zu lassen. In einem solchen — durchaus nicht selten vorkommenden — Fall bleibt einem nichts weiter übrig, als „Ade, du schönes Boot!" zu sagen. Je nach der Art des Zusammentreffens wird es entweder wie ein Taschenmesser zusammengeklappt, oder es wird innerhalb weniger Sekunden von der Gewalt des Wassers wie ein feuchter Lappen um den Pfeiler gewickelt. Es ist dabei dringend geboten, sich so unverzüglich als möglich aus dem Boot zu begeben — damit es wenigstens beim Bootsverlust bleibt. An der Wandauer Brücke der Enns (der alten, gemütlichen! Sie ist schon seit 1933 durch ein wenig schönes, dafür praktischeres Betonbauwerk ersetzt worden), an der alten Wandauer Brücke also, habe ich einmal einen vorausfahrenden Kameraden plötzlich wie einen schockierten Frosch auf dem Eisbrecher kleben sehen — während von seinem Boot nicht die Spur mehr zu erblicken war . . .

Der Freund hieß Theodor, und weil er als Student mit Spaten und Hacke an germanischen Ausgrabungen beteiligt war, nannten wir ihn „Den König der Ostgoten". Ich habe jedenfalls noch niemals einen Menschen mit einem so verblüfften Gesichtsausdruck gesehen wie seinerzeit den König der Ostgoten, der ein Meter über den reißenden Fluten des tückischen Flusses angstvoll am Pfeiler der

Wandauer Brücke klebte. Als wir nach stundenlanger Kleinarbeit die Reste seines Faltbootes nur unvollkommen geborgen hatten, erzählte ich ihm, wie lustig es ausgesehen habe, als er am Pfeiler klebte, und daß er hervorragende Anlagen zu einem Klammeraffen habe, haha! Aber da hätten Sie einmal einen sehen können! Er sagte, es sei unverschämt, sich über das Unglück eines Menschen auch noch lustig zu machen, er hatte leider gar keinen Humor. Aber später, als einmal mein Boot ohne mein Zutun und ganz allein sich vom Ufer löste und einer Stromschnelle zutrieb, war er es, der sich die Seiten vor Lachen hielt. Ich rannte am Ufer hin und fiel der Länge nach in ein großes Brennesselgestrüpp. Dann mußte ich über scharfes Gestein ins eiskalte Wasser, und dabei schlug ich mir die Knie blutig und verrenkte mir den Arm, während er einfach ein Stück weiterlief und das Boot mit dem Paddel vom Lande aus erwischte und sicherstellte. Ich kroch heraus, meine Glieder bluteten, und das Gesicht ging wie blühender Klatschmohn auf von den Brennesseln. Aber da lachte der König der Ostgoten nur noch mehr, und ich schrie ihn an, daß ich diesmal aber wirklich nichts Humoristisches in der Lage fände, und ich war ganz erbost. Er sagte mir, ich hätte mich wie eine wildgewordene Henne benommen, und ob ich schon einmal eine aufgeregte Henne gesehen hätte? Aber ich strafte ihn mit Verachtung, und seitdem weichen unsere Auffassungen über das Humoristische stark voneinander ab.

Kehren wir jedoch zu unsern Geschehnissen zurück: Es war nicht wenig, was von Friedrich gleich am Anfang verlangt wurde. Aber sie war eine ebenso neugierige wie tapfere junge Frau, und sie hatte nicht im geringsten Angst, obwohl ich auch ihr die Sache mit der Wandauer Brücke erzählt hatte. Sie stieß ab, und dann blieb Corinna und mir ein bißchen der Atem stehen, weil Friedrich das Boot nicht schnell genug herumbekam. Sie schien eine Ewigkeit lang quer in den Wellen auf- und abzuhüpfen. Ganz instinktiv kam sie jedoch auf den rettenden Gegenschlag mit der Hebelwirkung und dadurch mit dem Bug voraus. Sie stemmte darauf kurz mit beiden Händen das Paddel in die Höhe, und wir ahnten ihren Juchzer, obwohl wir ihn nicht hören konnten. Dann stießen auch wir ab. Es war eine tolle Schußfahrt, und die paddellose Corinna vorn bekam allerhand Wasser ins Gesicht, und sie schrie vor Begeisterung. Wir wurden in das breite Bett der um die Isel stark vergrößerten Drau förmlich hinausgespuckt. Die fast völlig überspülte Sandbank und die erwähnte Brücke waren keine bedeutenden Hindernisse weiter, die beiden Mädchen hatten den Anfang ordentlich bewältigt. Dann wurde es gleich ruhiger, und da sahen wir sie auch schon mit gewendeten Booten unterm Ufer auf uns warten, und sie jauchzten uns in tollem Übermut zu. Wir waren uns darüber einig, daß wir recht getan hatten, nicht „weiter unten" einzusetzen, und daß uns die Drau mit der tollen Schußfahrt des Anfangs einen würdigen Empfang bereitete.

Im eigentlichen „Drautal" bis Spittal bietet der Fluß überhaupt keine Schwierigkeiten. Er war reißend, aber immer zügig-glatt. Ungestüm und graugrün wälzt sich sein Gletscherwasser dahin — fast zu schnell, um die Fahrer die großartige Berglandschaft beidseits in gebührender Ruhe würdigen zu lassen. Aber wir konnten die Spritzdecken öffnen und es uns bequem in den eilig dahintreibenden Booten machen. Der Berg Isel linkerhand und drüben die grausilbernen Spitzen der „Unholde" stießen ans Firmament des glutenden Junihimmels, der über dem Tal mit seinen Matten und kleinen Auwäldern und dem unbegreiflich leuchtenden Band des Flusses darin zu explodieren schien. Aber wir waren nun nicht mehr der

Hitze des Bodens, sondern wir waren dem Atem des Flusses verfallen, der die wohlige Kühle der Schneeberge ausströmte, und wir trieben in einem Rausch von Sonne und Schönheit dahin. Irgendwo mochten Bahn und Straße den Weg des Flusses in diesem Tal teilen, aber sie waren nicht sichtbar, und wir schienen die einzigen Menschen in dieser Landschaft von Licht und Größe zu sein.

Steil stürzte eine riesige Wand zum Bergstrom herab. Es war die Hochstadl-Nordwand, eine der größten der Ostalpen — aber ich vergaß ganz und gar das Photographieren, wahrhaftig. Wir glitten einfach weiter und schauten nur so. Dann kam auch mit Gefauche die Bahn aus kleinem Erlwalddunkel an den Fluß, und wir griffen zu den Paddeln. Wir hielten eine ganze Strecke mit dem Zuge mit. Zugführer und Heizer winkten, und fröhliche Wechselrede ging hin und wider, bis die kleine Bahn sich mit jäher Wendung vom Fluß verlor.

Brücken, deren starkes Holz sich der Gewalt der gleißenden Wasser entgegenbäumte, tauchten auf und versanken schnell hinter uns. Landleute, Händewinken, ein herübergeworfener Gruß — vorbei. Die Dörfer lagen nicht am Fluß, sondern geborgen im Winkel der Talwände. Immer wieder blieben wir uns selbst überlassen, und unsere Juchzer verstummten schließlich. In unseren schlanken Kajaks trieben wir auf dem silbernen Fluß durchs Gebirge wie durch eine mittägliche Zauberwelt, in der Pan regierte.

Das große Erlebnis hatte uns in seinen Bann geschlagen. Längst hatten wir die alte Grenze zwischen Tirol und Kärnten überschritten. Wer weiß, wie lange wir noch an diesem ersten Tag gefahren wären, wenn in den Nachmittagsstunden der Himmel sich nicht wie am Tage zuvor verfinstert hätte. Ein Wärmegewitter zog sich zusammen, und plötzlich hatte sich das große Gebirgstal, aus dem wir gekommen waren, in einen finsteren Schlund verwandelt.

Der Himmel explodierte wirklich, das Firmament stieß mit grellen Blitzen in die Flußwelt hinter uns. Aber vor uns war das Tal noch licht. Wir drehten hinter einer Brücke bei, und als wir die Boote festgemacht und mit der Spritzdecke gesichert hatten, klatschten schwer ein paar Tropfen hernieder.

Wir zogen die Trainingsanzüge über, und bald war ein Gasthaus gefunden, in dem sachliche Genüsse zu ihrem Rechte kommen konnten. Über die Brücke führte eine wichtige Straße ins Gailtal hinüber, und des damit verbundenen regeren Zuspruchs halber war in dem Gasthaus an Straße und Brücke eine treffliche Auswahl jener nachmittagspassender Sachen vorzufinden, die wir vorzufinden gehofft hatten. Mit Kaffee und Schlagobers, Sachertorte mit „Schlag" und Wiener Nußgebäck begaben wir uns an die erste einer beträchtlichen Anzahl von Jausen, die — bei aller Besorgnis um die „Linie" — nicht nur bei jeder Frau helles Entzücken auslösen müssen, sondern in die sich auch jeder aufrechte Kajakmann zufrieden vertiefen kann. Noch nie hat mir auf einer Autofahrt eine Jause dieser Art so gut geschmeckt wie jeweils irgendeine im Trainingsanzug auf irgendeiner Flußwanderung. Weiß der Teufel — es hängt mit der Luft, der körperlichen Ausarbeitung, dem vermehrten Kohlehydratbedarf und überhaupt jenem arg gesteigerten Appetit zusammen, der einen unter Umständen eine in Bouillon gekochte Schuhsohle schmekken und verdauen läßt.

Nie habe ich allerdings geglaubt, daß Frauen soviel essen können — und dabei war es doch nur eine Jause! Meine Mannschaft verleugnete jegliche Besorgnis über Magenverstimmung, schlanke Linie und so — ja, diese jungen Frauen schienen noch nie etwas von diesen Dingen gehört zu haben. Wir hatten reichlich gefrühstückt und „Marschverpflegung", Nüsse, Schokolade, Obst und dergleichen, zur Genüge während der Fahrt gehabt. Der Ober wankte nach der dritten gemeinschaftlichen Nachbestellung fassungslos hinaus.

Er war der erste einer Reihe fassungsloser Ober.

Das Gewitter aber war gar nicht so schlimm. Es war ein Wärmegewitter, das in diesem Teil des Tals nicht richtig zum Ausbruch kam und sich im späteren Nachmittag auflöste. Unter den Strahlen der wieder durchbrechenden Sonne, die aus dunklem Gewölk hervor ihre Flammenbündel verschwenderisch über Berge und Täler warf, ließen wir uns vom breiten Rücken des Flusses noch ein Stück hinabtragen, ehe wir das erste Lager an der Drau aufschlugen.

Es ist kein Mangel an schönen Zeltplätzen längs der ganzen Drau. Es war trotzdem auch hier aufregend, nach geeigneten Flecken an beiden Ufern auszuschauen. Unter „geeignetem Fleck" ist ein Uferstück mit einesteils möglichst viel sachlichen, andernteils aber nicht zu wenig romantischen Voraussetzungen zu einem rechten Lagerleben zu verstehen. Die sachlichen Annehmlichkeiten eines Zeltplatzes sind: gute Landemöglichkeit, guter Untergrund, Trinkwasser in der Nähe, möglichst Quelle, wetter- und vor neugierigen Umwohnern geschützte Lage („Gemischtwarenhandlung" mit umfassender Auswahl aller Art von Waren, vom Klavier bis zur Straßburger Gänseleberpastete, trotzdem nicht weiter als eine halbe Stunde entfernt!) ordentlicher und ungestörter Badeplatz. Die mehr romantischen Beigaben sind: Schönheit der Lage, Einsamkeit, die Möglichkeit ein Lagerfeuer zu entfachen (was im Brachland der Flüsse fast immer ungestraft erlaubt ist. Am Rande eines Forstes wird es jeder Vernünftige auch ohne Verbotsschild von selbst lassen).

Als ich einen besonders trefflichen Platz dieser Art — ein ganzes Stück voraus — entdeckt zu haben glaubte, gab

Urlaubsanfang

Eine Flußschleife der Oberen Drau		Fotos: H. Rittlinger

ich das Zeichen zum Anlanden. Ich riß den Zweier herum und kam mit Corinna genau an die bezeichnete Stelle. Wenn man sich auf den Fluten eines reißenden Stromes hinabtreiben läßt, unterschätzt man nur zu leicht die Kraft des Wassers. Friedrich und das Aveckle hinter uns waren noch weit drüben, als wir uns bereits am Ufer befanden. Sie hatten ihre Boote nicht schnell genug gestoppt und herumgerissen. Mächtig gegen den Strom arbeitend, wurden sie zu ihrer größten Verblüffung an uns vorbeigetrieben, erst viel weiter unten erreichten sie das Ufer. In den kleinen Kehrwasserstreifen und im Schutze der in den hochgehenden Strom hineinreichenden Sträucher und Baumwurzeln arbeiteten sie sich wieder stromauf, und prustend und aufgelöst kamen sie schließlich bei uns an.

Wir zogen die Boote an Land, und bald waren ein Stück einwärts die beiden Zelte erstanden. Wir hatten noch viel Muße und Frieden, ehe der Juniabend über dem Gebirge verglühte und über dem einsamen Auland der Drau.

MITTSOMMERNACHT

Am nächsten Tage blieben wir noch einen Tag, und am übernächsten Tage blieben wir einen weiteren Tag.

Am nächsten Tage blieben wir noch einen Tag, weil das Wetter so herrlich und unser Fleck mit den Zelten, fern dem unruhevollen Getriebe der Welt, so schön war. Am übernächsten Tage blieben wir, weil es erbärmlich regnete, und weil es nicht schön ist, ein triefendes Zelt und einige feuchte Sachen im Regen zusammenzupacken und dann noch Wildfluß zu fahren.

An jenem „nächsten Tage" aber kosteten wir den ersten Tag Freiluftleben an der Drau aus. Vom Licht geweckt, das auf die Zeltwände prasselte, krochen wir geblendet hinaus. Das Aveckle rannte zum Fluß, die andern hinterher, und auf einem kleinen Stück feinen Ufersandes tollten sie wie junge Fohlen umher. Dann rannten wir alle zusammen ein ganzes Stück flußaufwärts, um uns in die sich wild daherwälzende Drau zu stürzen. Sie war eiskalt, diese Gletscherdrau, unsere Häute zogen sich zusammen und wurden wie mit tausend Nadeln gestochen. Wir blieben auch nur fünf Minuten darin und krochen nach einem halben Kilometer Talfahrt, so schnell geht es, eilig wieder heraus. Dann rannten wir in der Sonne zurück, um wieder warm zu werden, und dabei hatten wir überhaupt keine Badeanzüge an, weil uns ja nun nicht leicht jemand zusehen konnte, und weil Badeanzüge in solcher Umgebung überhaupt Unsinn sind. Das Aveckle und ich sind Freiluftmenschen,

Freies Leben in freier, unzerstörter Natur Fotos: H. Rittlinger

wir haben da einen gewaltigen Tick, und damit hatten wir Corinna und Friedrich bald angesteckt. Wenn wir einmal in einem hübschen Haus im Grünen wohnen werden, pflege ich öfters dem Aveckle zu erklären, werde ich den ganzen Sommer mit nichts als einer Schusterschürze bekleidet, und das auch nur gelegentlicher Leute wegen, herumrennen — genau wie Olaf Gulbransson, den wir einmal so photographiert gesehen haben.

Die Drau war so eiskalt gewesen, daß es uns in der Frühsonne nicht gleich wieder warm wurde. Aber als wir in die Trainingsanzüge geschlüpft waren, wurde uns richtig wohlig. So ein Morgenbad ist ein unvergleichlicher Jungbrunnen, nach dem man im übrigen ein grundsolides Frühstück vertragen kann.

Was nun so ein Freiluftfrühstück anbelangt, so ist es schon schön, wenn das eigene Weib mit von der Partie ist, ich habe das ja schon beschrieben. D r e i Frauen jedoch zauberten nachgerade einen Sommermorgen-Frühstückstraum hervor.

Sie überboten sich schier — nicht nur in dem, was Menge und Güte des Gebotenen, sondern auch was die geschmackliche Herrichtung desselben anbetraf. Da gab es hübsche Teller und Tassen und bunte Mundtücher, und ich ging heimlich zum Wasser, um mein altes braves Buschmesser mit Flußsand blankzuwetzen, damit es nicht so abstach. Dann lag ich im Grase, während der Vorbereitung des Frühstücks, und ich staunte nur so. Ich erinnere mich nur noch, daß das Aveckle, das unvergleichliche Weib, aus irgendeiner finsteren Ecke ein Gefäß anbrachte und den Kaffee mit Schlagobers versah . . .

Auf Faltbootfahrt pflegen wir eisern nur zwei Mahlzeiten einzuhalten, Frühstück und Hauptmahlzeit, die letztere nicht zu spät am Abend. Der Zwischenraum wird je nach Gelegenheit durch eine der erwähnten „Jausen" überbrückt oder auch nicht. Diese Einteilung ist einleuchtend praktisch. Sie hat bei uns nur den Nachteil, daß wir die Frühstücke oft so hervorragend ausgestalteten, daß wir, gemäß dem Worte vom plenus venter, hinterher oft genug nur mehr wenig Neigung verspürten, uns alsbald jenen körperlichen Handlungen hinzugeben, wie sie Abbau der Zelte, Verstauen des Gepäcks und Kajakfahren mit sich bringen ... Wir kamen aus purer Faulheit lange nicht in die Boote (der bisher unerfüllte Traum des Aveckle ist es, einmal vor Sonnenaufgang auf dem Wasser zu sein ...), und es bedurfte, wenn die Umgebung nur recht schön war, oft nur eines geringen Anstoßes, um einfach noch „einen Tag zu bleiben".

So geschah es auch an diesem ersten Lager an der Drau. Wir faulenzten, schwammen wieder, als die Hitze zunahm, spielten Ball. Es gibt allerhand wunderliche Tätigkeiten an so einem Sommertag: für die Mädchen Geschirrspülen, Feuerholzsammeln, während ich etwa eine Kleinigkeit an den Booten reparieren könnte. Dann wird die Gegend ausgedehnt erkundet, während am Nachmittag vielleicht ein Buch gelesen oder die ganz große Siesta eingelegt wird.

Am Nachmittag kam wie die beiden Tage zuvor ein mächtiges Gewitter das große Tal herabgerollt, und es ging wieder nicht los, das Gewitter. Der Himmel löste sich unter ähnlichen Sensationen auf wie an den Tagen zuvor. Zum Abend aßen wir überm Lagerfeuer gegrillte Hammelsteaks mit Pommes frites und grünen Bohnen, es war gemütlich am Lagerfeuer vor den beiden Zelten. Aber dann wurde es etwas zeitiger finster als gestern, und es hatte sich durchaus nicht empfohlen, das Gewitter. Es hatte sich herangeschlichen, den Himmel wieder überzogen, nun grollte es ganz leise, und in der Ferne wetterleuchtete es.

Große Wäsche – hausfrauliche Emsigkeit, die nur der Boß für übertrieben hält
Foto: H. Rittlinger

Die Wäsche – und sich selbst – in die Sonne gelegt
Foto: H. Rittlinger

Das Lagerfeuer prasselte, und ich wollte eine Geschichte vorlesen. Als ich jugendbewegt war, haben wir auch immer Geschichten am Lagerfeuer gelesen, und das Schaurigste war für die Jungen gerade das Richtigste.

Natürlich sind Jungen für so etwas die netteste und begeistertste Zuhörerschaft, die man sich wünschen kann. Ich bedauerte lebhaft, daß die Mädchen keine Jungen waren, und ich sagte ihnen, daß ich es bedauerte. Aber ich wollte ihnen trotzdem eine schaurige Geschichte vorlesen, natürlich eine gute, etwa Edgar Allan Poes phantastischen „Doppelmord in der Rue Morgue", worauf das Aveckle sagte, daß ich schrecklich und absurd wäre. Aber ich glaube, es hatte in der Eile nur einen falschen Ausdruck erwischt. Das Aveckle ist ein Mensch, der mit beiden Beinen fest auf der Erde steht, der das Schöne und Gute liebt und sich mit besonders analytischen Dingen oder gar metaphysischen Hintergründen am liebsten gar nicht befaßt. Auch so ein Ausdruck wie „Doppelmord" störte sie sehr. Ich erklärte ihr, daß Poe ein Klassiker sei, wenn auch ein amerikanischer, daß ferner die Geschichte bei allem Schauder literarisch hohen Wert habe, und daß darin vor allem eine verblüffende Analyse meisterhaft durchgeführt werde.

Eine Grille zirpte ziemlich laut, es blitzte ferne. Die Mädchen hatten jetzt schon Gänsehäute, und Friedrich sagte: „Mönsch — bloß los!"

Aber ich war kaum über jene Anfangszeilen gekommen, in denen der Autor die analytischen Fähigkeiten vergleicht, die man beim Schach und beim Whist aufzubringen vermag, als Friedrich plötzlich auffuhr und: „Ein Tier! . . ." schrie.

Ich leuchtete mit der Taschenlampe, und Friedrich sagte, daß das Tier aus einem Loch neben ihr gekommen und wieder darin verschwunden sei. Im Schein des Feuers habe sie das ganz genau gesehen.

Die Grille in der Nähe irgendwo zirpte immer noch sehr laut. Als ich in das saubere kleine Bodenloch hineinleuchtete, kam eilig und kampflustig ein mehrere Zentimeter großer, schwarzglänzender Käfer heraus und funkelte ins Licht. Die geheimnisvolle Grille hatte aufgehört zu zirpen. Wir bestaunten den großen Käfer, und es war überhaupt die Grille, ich wußte es plötzlich, obwohl ich vorher noch niemals eine Grille mit Bewußtsein gesehen hatte. Es ist unglaublich, wie unwissend wir zuweilen den bekanntesten Erscheinungsformen der Natur gegenüberstehen. Die Mädchen hatten auch noch niemals eine Grille gesehen, und wir wunderten uns alle, daß eine Grille so aussehen sollte. Als ich die Lampe wegnahm, verschwand sie blitzschnell wieder in ihrem langen Loch, und sie kam nun auch nicht mehr herausgestürzt, ich konnte leuchten, soviel ich wollte. Man konnte sie aber am Ende ihres Erdloches einfach dasitzen und bös funkeln sehen. Erst als ich mit einem langen Grashalm hineinfuhr, kam sie mutig und kampfbereit sofort wieder heraus, um ebenso schnell wieder zu verschwinden. Wir ließen das bewundernswerte Tier dann in Ruhe. Sie fing wieder an zu zirpen, was Grillen angeblich mit den Hinterbeinen machen, und es klang mächtig laut.

Der dunkle Himmel grollte. Das Gewitter kam zögernd über die Gebirge in den fernen, von den Blitzen nur für Sekundenteile ihrer Finsternis entrissenen Gründen des Tals. Ich nahm den Faden meiner Geschichte wieder auf und las weiter. Ich las im Flackerschein des Feuers. Es war eine tolle Geschichte, und die Mädchen hingen gebannt an meinem Mund. Kurz vor dem Ende der langen Erzählung schrie Friedrich abermals bebend: „Ein Tier . . .“ Aber das bezog sich nun auf das Geschehnis der Erzählung, und sie meinte, daß nur ein Vieh, ein Monstrum den gräßlichen Doppelmord verübt haben könne . . . Dann krachte es, daß

Schwemmholz für das Lagerfeuer
Foto: H. Rittlinger

wir zusammenfuhren. Ein langer Blitz erleuchtete das ganze höllische Firmament, und da war ich auch schon fertig mit Vorlesen und ganz heiser.

Corinna zitterte wahrhaftig, und auch die beiden andern waren ganz aufgeregt.

Einige aufgescheuchte große Vögel kamen mit schrillem Schrei über uns hinweg. Zwei Käuzchen schrien, die Grille zirpte wie toll. Sie übertönte noch das Rauschen des Flusses, das im aufkommenden Wind an- und abschwoll.

Große Tropfen klatschen hernieder. Wir krochen in die Zelte und waren wunderbar vor allem geborgen. Jeder verkroch sich ganz in seinen Schlafsack, und es war hübsch, in das draußen losbrechende Toben zu lauschen, ehe die Augen zufielen.

— — — — —

Das Nachtgewitter war in einen soliden Landregen übergegangen. Der Landregen trommelte an die Zeltwände. Wir drehten uns auf die andere Seite und sahen lieber erst gar nicht hinaus. Als wir zum zweiten Mal erwachten, rief ich zum andern Zelt hinüber. Corinna und Friedrich waren munter, und ich verkündete ihnen die Neuigkeit mit dem Regen.

Es sah grau und unschön draußen aus, alle Sonnenherrlichkeit war dahin. Wenn man nicht unbedingt weiter mußte, war es besser, zu bleiben und den Regen abzuwarten; und wir mußten ja nicht unbedingt heute weiter. Wir öffneten die Zelte und idyllisierten in der Geborgenheit so dahin. Gelegentlich ließ die Heftigkeit des Regens nach. Immer neue Wolken kamen über die Felswände der Berge und blieben unterm dunkleren Grau als große weiße Fetzen in den schwarzen Wäldern hängen, die sich hoch hinaufzogen. Der Fluß rauschte und stieg.

Ich hatte am Abend einen Stock als „Pegel“ abgesteckt. Der Stock war jetzt völlig im Wasser verschwunden, und das Steigen des Flusses erfüllte mich mit Besorgnis. Unser Lager stand wohl dreißig Meter landeinwärts, aber es befand sich nun kaum mehr als zwei Meter über dem Spiegel. Ich steckte einen neuen Pegel ab. Wir befanden uns auf einer großen, von Altwässern umgebenen und durchzogenen Insel mit malerischen Baumgruppen und einzelnen Tannendickichten. In der Ferne weideten einige Kühe, die beruhigend wirkten. Wenn die Drau öfters überraschend stiege, ließen die Bauern das Vieh nicht einfach draußen.

Am Nachmittag ließ der Regen nach. Noch immer zogen große Wolkenfetzen durch die Senken des dunklen Bergwalds. Es war richtig feuchtwarm, wie in den Tropen, und wir beschlossen, spazierenzugehen und nach einer Jause Ausschau zu halten. Die Mädchen zogen bunte Blusen zu den Trainingshosen an, damit man im Gasthaus ein bißchen nett aussah, und das Regenüberzeug nahmen wir auch mit. Die Drau war seit dem Morgen nur mehr einige Zentimeter gestiegen. Wir knöpften die Zelte zu, und ich ließ das Lager beruhigt stehen.

Es war nicht leicht, auf festes Land und an den Rand des Bergwaldes zu kommen, dem wir flußabwärts nachgehen wollten. Wir mußten Bogen schlagen und mußten gelegentlich die Trainingshosen tüchtig hochstreifen und die Bootsschuhe ausziehen, um Wasserläufe und Altwässer zu durchwaten. Schließlich gelangten wir auf einen Waldweg, der flußabwärts zu einer größeren Brücke führen mußte, wie die Karte auswies. Vorher führte der Weg im tiefsten Tann auf einer bemoosten alten Steinbrücke über einen sich hier verengenden Altwasserarm hinweg. Das Altwasser zu Füßen des nun steil ansteigenden Waldhangs war wie ein richtiger, tiefer Waldweiher. Er war sicherlich drei Meter tief, der geheimnisvolle Weiher, und vielleicht wurde er von Bergquellen gespeist. Sein Spiegel jedoch lag klar und völlig unbewegt da, und, so tief er war: man konnte bis auf den Grund hinabsehen.

Dort waren nun bemooste Felsgrotten von ganz wunderlichen und bizarren Formen und von verschiedener Höhe. Sie erinnerten mich an Korallenbildungen, die ich in der Südsee gesehen hatte. Da waren weiterhin Wasserpflanzen von unbeschreiblicher Schönheit — üppige und auch ganz zarte in den bezauberndsten Formen und Farbabstufungen. In den bemoosten Felsgrotten standen Forellen, deutlich an ihrem rotbepunkteten Kleid zu erkennen — und dort strich eine ganz langsam, wie vor uns sichernd, dahin! Einen jungen, unbeweglich stehenden Hecht entdeckten wir auch noch tief und deutlich im grünen Pflanzengewirr ... Es war ein Blick wie in ein Märchenland. Wie in ein deutsches Märchenland, es war nicht wie in der Südsee. Es war ein ganz unglaublicher Blick, wie ihn auch das großartigste Aquarium der Welt nicht darbieten konnte — obwohl wir diesen heimlichen, wie von Nixen und Wassermännern umwobenen Weiher sofort recht unglücklich „Aquarium“ nannten. Wir lagen auf dem Nadelboden des Waldes und hingen unsere Köpfe über den ungetrübten Spiegel. Wir bewegten uns sehr leise, und die Fische ließen sich nicht stören. Ja, wir warfen nicht einmal ein kleines Steinchen auf den ellbogenlangen, jungen Hecht, obwohl dies ja nun verlockend genug war. Wir entfernten uns, im Gegenteil, wieder ganz heimlich.

Der Waldweg führte nun leicht aufwärts und mündete in einen größeren Weg ein. Als wir den größeren Weg ein Stück verfolgt hatten, begegneten wir plötzlich zwei kleinen Mädchen. Die zwei kleinen Mädchen hatten „Regenflecke“ aus braunem Kärntner Loden um, sie trugen rote Käppchen auf dem Kopfe und sahen allerliebst aus. Die beiden kleinen Mädchen lächelten ganz schüchtern, und sie wollten sich schleunigst an uns vorbeidrücken. Aber ach! Sie hatten nicht mit drei jungen Frauen gerechnet, die sich sofort beglückt auf sie stürzten, und von denen jede den beiden kleinen verängstigten Rotkäppchen zu gleicher Zeit etwas Liebes sagen und sie etwas fragen wollte. Die beiden Kleinen standen schüchtern da, es war entzückend, und sie waren der erwachsenen Übermacht hilflos anheimgegeben. „Kommt nur weiter!" rief ich den Meinen zu. Sie hatten schnell einige Bonbons hervorgekramt und den Kindern geschenkt, die sie starr in den halberhobenen Händchen hielten. Es fehlte nicht viel, und sie fingen an zu weinen. Schließlich rissen sich die großen Mädchen von dem lieblichen Bild los. Die kleineren liefen an den Händen gefaßt stolpernd weiter, und am Ende rannten sie, als wäre die Hölle hinter ihnen her, und ich lachte die großen Mädchen aus. Aber da wurden sie ganz wütend und schmähten mich, und dann mußte ich ausrennen vor ihrem Zorn, in dem sie mir Tannzapfen an den Kopf werfen wollten.

Der größere Waldweg führte schließlich an der Drau entlang, die hier in großem Bogen an den Hang trat, und bald hörten wir kräftigen Donner. Aber es war dies kein Donner von einem Gewitter — es war ein Auto, das über die hölzerne Brücke rollte, und die Brücke führte zum Ort Greifenburg hinüber.

Vor der Brücke war ein Dorf, jenseits ein Gasthaus. Der Ort Greifenburg selbst lag etwas vom Fluß ab. Über die Brücke gingen wir also ins Gasthaus, aber das Gasthaus konnte nicht mit so elegantem Gebäck aufwarten wie das vorige, es wurde eine mehr solide Jause. Nach der Jause gingen die Mädchen nach Greifenburg, um in einer passenden Gemischtwarenhandlung einzukaufen und die Vorräte zu ergänzen. Sie kamen bald wieder, und es war sehr gemütlich in der Gaststube.

In der Ofenecke am großen Stammtisch saßen einige Einheimische, die sich lebhaft etwas in einem unverständlichen Dialekt erzählten und sich gar nicht um uns kümmerten. Ich habe schon viel Dialekte gehört, aber so etwas an Dialekt doch noch nicht. Aber er klang sehr hübsch, und mit der Zeit konnte man sich aus dem Dialekt auch einzelne verständliche Worte herausklauben. Es kamen dann immer mehr Einheimische dazu, die sich nicht um uns kümmerten, und die viel Tiroler Roten tranken und aufgeregt redeten. Draußen war es grau, und es fing wieder an zu regnen. Dann setzte sich einer der Einheimischen ans Klavier und spielte einen Marsch. Als er den Marsch unter großem Beifall seiner Kameraden beendet hatte, spielte er einen zweiten Marsch, und es gab eine große Überraschung.

Ein langer, prachtvoller Bursche in grünem Jodlerhütl stand plötzlich vor Friedrich und sagte kein Wort.

Friedrich staunte ihn groß an. Aber wie die Mädchen nun einmal sind: nach der ersten Schrecksekunde begriff sie sofort — eher als ich jedenfalls, der blöd lächelnd glotzte — und erhob sich. Es war eine Aufforderung zum Tanz gewesen, und es kam auch ein zweiter Prachtknabe zu Corinna, und dann tanzten sie los. Nur das Aveckle blieb sitzen. „Du hast keine Schangsen!" sagte ich ihr. „Außerdem ist es so, daß sie sich nicht an dich trauen, weil sie Angst vor mir haben . . ." Aber da hohnlachte das treulose Weib einfach und sagte: „Warte nur, balde . . ."

Der Klavierspieler spielte lauter Märsche, „Hoch Heidecksburg" und „Unter dem Grillenbanner" und dergleichen. Er spielte nicht schön, das konnte man nicht sagen, aber er spielte laut und rhythmisch. Friedrich konnte sehr gut tanzen, sie war so eine, die schon Turniere gewonnen hatte. Aber Esplanade und Kurfürstendamm waren weit weg, und nach dem dritten urwüchsigen Tanz sagten

Friedrich und Corinna mit roten Köpfen: „Ganz groß!" Die Burschen waren nett, und dann kam ein weiterer netter Bursche und fragte mich, ob er mit dem Aveckle tanzen könne, und ich konnte nicht nein sagen, weil er doch so ein riesig netter Bursche war. Das Aveckle tanzte nun auch nach den fürchterlichen Märschen, und es hohnlachte mir obendrein noch zu, das Weib!

Dann standen plötzlich zwei Liter Roter auf dem Tische. Da sagte ich auch nicht nein, und dann sollten wir an ihren Tisch kommen, was wir taten. Es wurde urgemütlich, und ich tanzte der Reihe nach mit allen meinen Mädchen. Die Burschen waren weiterhin alle riesig nett, und vorher waren sie nur aus kärntnerischem Anstand so zurückhaltend gewesen.

Es wurde urgemütlich und ein ganz großer Erfolg. Draußen regnete es, aber trotz des Regens schauten Leute zu den Fenstern herein, und es drängten sich immer mehr Leute an den Fenstern. Unser Aufzug mußte sich in allen Orten der Umgebung rasch herumgesprochen haben, anders konnte ich es mir nicht denken. Wir wurden alle sehr fröhlich und mußten dann ja nun auch bald gehen. Es ging auf sieben Uhr, es regnete unentwegt, und sicherlich stieg die Drau. Ich fürchtete für unser Lager, trotz des Weins. „Ich bin der verantwortliche Reiseleiter, meine Herren!" sagte ich, und dann mußten wir ihnen ganz genau erklären, wo wir die Zelte stehen hatten. Da der Platz so schwer zu erreichen war, trug ich keine Bedenken, ihnen das zu erklären. Sie drohten uns an, uns zu besuchen, aber wir lachten sie glatt aus, und dann sollten wir unbedingt noch bleiben, und sie ließen immer neuen Wein anfahren. Sie konnten sich nicht vorstellen, daß wir bei so einem Wetter im Freien schlafen könnten, ohne körperlichen Schaden fürs ganze Leben zu nehmen. Ein dicker Mann, der Fuhrunternehmer war, bot sich ernsthaft an, einen Anderthalbtonner aus der Garage zu holen und so weit wie möglich an unser Lager heranzufahren und den ganzen Krempel aufzupacken und ins Gasthaus zu bringen. Es war ein beachtenswerter Vorschlag.

Ich sah abermals hinaus. Es regnete Bindfäden. Der Vorschlag war sachlich und verlockend, aber er war undurchführbar. Er wäre mit dem Wagen höchstens bis dorthin gekommen, wo der kleine Weg abzweigt, und nicht weiter. Es hatte gar keinen Sinn. Wenn uns das Hochwasser auf der Insel überraschte, mußten wir eben auf Teufelkommraus in die Boote und in der Dunkelheit bis zur Brücke zu gelangen trachten. Nachts auf einem hochwassergehenden, unbekannten Wildfluß zu fahren, ist auch für den Abgebrühten ein gefährliches Spiel, und es war nicht ganz geheuer, wenn ich an Corinna und Friedrich dachte, ich fühlte mich gar nicht wohl bei der Sache.

Ich gab trotz allen Protestes der netten Kärntner den strikten Befehl zum Aufbruch. Einer schwur, Kameraden zusammenzutrommeln, um unser Zeug von der Insel über die Altwässer zum Auto zu bringen — aber ich erwiderte ihm, daß die Drau sicherlich nicht so hoch steige, und ich hatte ja nun auch wirklich diese Hoffnung. Die Hoffnung, die von den Realitäten des Lebens hinwegführt.

Es war zwischen sieben und acht Uhr geworden und schon dämmrig, trotz des Mittsommers, als wir hinaustraten. Drinnen war es gemütlich gewesen, und ein richtiges Bett war eine verlockende Aussicht. Es regnete, was vom Himmel herunterkommen konnte, und Gasthaus und Leute versanken wie eine freundliche, wenn auch leicht veralkoholisierte Insel.

Der Anblick der Drau von der Brücke aus war nicht ermutigend. Der Fluß war jetzt über die Ufer getreten und brauste als braunverfärbter Strom dahin, der Holz in Mengen und ganze Stämme mit sich führte. Jenseits der

Brücke mußten wir bereits zum ersten Male durch Wasser waten, und ich glaube, der dicke Fuhrunternehmer wäre schon hier mit seinem Anderthalbtonner steckengeblieben. Angesichts der hochgehenden Drau ergriff mich grimmiger Galgenhumor. Die Boote waren an feste Stämme angebunden und lagen nicht umgedreht, sondern fürsorglich mit dem Deck und regendicht verschlossener Spritzdecke nach oben. Sie konnten beim besten Willen nicht abschwimmen. Nur die Zelte konnten unter Wasser stehen, und da waren natürlich die schönen Daunenschlafsäcke und alles Zeug darin, und wir hätten uns im vornherein einen höhergelegenen Zeltplatz und nicht diese Insel aussuchen müssen ... Aber vielleicht klappte es gerade noch, laßt uns sehen ...

Die Mädchen waren unbeschwert und voll des süßen Weins. Sie sangen laut, es störte sie kein Regen. Der Regen ließ nach. Wind erhob sich, als wir im dämmrigen Wald gingen. Es war der Wind, der noch das Wasser von den Bäumen regnete, es war ein hübscher, warmer Föhnwind.

Wir zogen das Regenzeug, unter dem es uns zu warm war, aus, obwohl es noch so von den Bäumen tropfte. Nach einer halben Stunde waren wir am „Aquarium", und dann waren wir bald an jenem Waldstück, von dem aus wir rechts senkrecht zu unserem Lager abbiegen mußten.

Das Gewölk riß auf, die rote Scheibe des tiefen Monds kam einen Augenblick lang zum Vorschein. Es war weder hell noch dunkel, es herrschte ein ganz eigentümliches Licht. Wir stolperten über Baumstämme und Wurzeln, und Friedrich fiel in ein kleines Wasser. Sie erhob sich wieder und war von oben bis unten naß. Wir waren trotzdem guter Dinge, aber das Singen gaben wir nun auf. Friedrich, die von oben bis unten naß war, zog die Bluse und die Trainingshose aus, und dann zog sie noch das bißchen aus, was sie darunter hatte, weil das doch auch naß war. Sie wickelte die Sachen in ihre Regenjacke, die sie mir gab, und lief nur mit den Bootsschuhen bekleidet weiter, worüber sie sich diebisch freute.

Ein Kauz schrie. Farne und wunderliche Pflanzen griffen mit feuchten Armen nach uns, und die Molche schlichen durchs Gesträuch. Kleine Nebel brauten über den Wassern, es war eine phantastische Landschaft.

Der erste Altwasserarm, den wir zu queren hatten, strömte schwach dahin und war tief. Wir fanden die flache Stelle nicht mehr, an der wir ihn am zeitigen Nachmittage durchwatet hatten. Dort war uns das Wasser bis knapp über die Knie gegangen. Aber nun fanden wir die Stelle nicht mehr, und das Wasser war gestiegen. Wir schickten Friedrich voraus, das nackte Mädchen, einen Durchgang zu erkunden, und ich half ihr das Röhrichtufer hinunter. Das Wasser reichte ihr sofort bis zur Brust, aber sie tastete sich trotzdem mutig weiter, bis sie plötzlich eilig umkehrte und am Ufer triefend herauskroch. Der Grund sei schlammig und voller Pflanzen, sagte sie. Sie sei auf etwas getreten, was ihr unheimlich vorkomme, und es sei überhaupt nicht schön in dem nachtdunklen Wasser. Schon als Kind habe sie von Wassermännern gelesen, die nächtlich Badende in die Tiefe zögen. Und wenn es auch nicht gerade ein Wassermann sei, so könnte es vielleicht ein großer Wels oder Salamander oder so etwas sein. Vor Schreck habe sie nun ihren einen Bootsschuh verloren, und mit kläglicher Gebärde wies sie eins ihrer langen Glieder mit dem unbeschuhten Fuß vor.

Ich warf meine Kleider ab und tauchte nach dem Schuh. Es ist wirklich nicht schön, nachts in einem geheimnisvollen Gewässer zu tauchen. Das mit dem Wassermann und dem Wels war natürlich Unsinn, aber es war trotzdem nicht ganz geheuer. Überall stiegen Blasen hoch zum dunklen Spiegel, über dem die kleinen Nebel brauten. Schlingpflanzen wickelten sich um meine Füße, und ich war froh, als ich den Schuh hatte und wieder herauskonnte.

Aber hinüber mußten wir ja nun, da war nichts zu ändern. Ich machte eine andere Stelle ausfindig, die geeigneter schien. Corinna und das Aveckle mußten sich nun auch ausziehen, und wir schnürten die Sachen fest mit dem Regenzeug zusammen. Am Himmel zog lautlos die wilde Jagd der Wolken dahin. Die Mädchen sahen wie junge Hexen aus, es war ein toller Aufzug. Wenn uns unsere Freunde aus dem Gasthause so sähen, dachte ich, riefen sie wohl umgehend die nächste Landesheilanstalt an. Aber es half ja alles nichts, wir mußten hindurch, und das Wasser ging uns bis an den Hals. Ich hob unsere Kleider hoch über den Kopf und warf sie drüben Friedrich und Corinna zu, die sich gegenseitig herausgeholfen hatten. Dann half ich dem Aveckle heraus. Aber es glitt mir fischglatt unter den Händen hinweg und am glatten Ufer ab und verschwand glucksend in der schwarzen Tiefe neben dem Röhricht. Es tauchte prustend wieder auf, die Haare waren nun auch ganz naß, und ich lachte. Die Hände vorm Schoß und mit zusammengezogenen Schultern stand es oben und war schmutzig und roch nach Schlamm. Der Mond kam ab und zu hervor, und überall zwischen dünnen Erlen und Röhricht stiegen die kleinen weißen Nebel auf. Die Mädchen sahen schön aus. Ihre kräftigen Körper leuchteten gegen den ungewissen Himmel, das Mondlicht troff über ihre Glieder. Sie sahen wie Nymphen aus, wie ganz geheimnisvolle Wesen. Vermeer van Delft hat die Nymphen als flämische Mädchen gemalt, dachte ich. Vielleicht kommt auch einmal ein großer Maler, dachte ich, und malt die Nymphen als Kajakfrauen.

Wir mußten noch zwei Wässer auf diese Weise queren. Es war überall tiefer als am Nachmittag; aber nirgendwo war die große Insel völlig überflutet, das war tröstlich. Wir gerieten auf Sandbänke am Ufer der wild dahingurgelnden Drau und kamen an einer ganz anderen Stelle am Fluß heraus, als wo wir hätten herauskommen sollen. Aber nun schlugen wir uns einfach längs des Stroms durch die nächtliche Wildnis, und da war auch schon das Lager.

Der Fluß umspülte bereits das Heck der Boote, aber das Lager stand noch ordentlich im Trocknen. Wir zogen die Boote höher herauf, überprüften ihre Vertäuung und bereiteten alles für eine eilige Flucht vor dem Hochwasser vor. Der Pegel vom Morgen stand ein ganzes Stück im Wasser draußen.

Auf das Lagerfeuer hatte ich einen mächtigen, angetriebenen Klotz gelegt und es gut „verpackt". Es war bei allem Regen nicht ausgegangen und war bald tüchtig wieder angefacht. Das Feuer war hochwillkommen, denn nun froren wir von all der vielen nächtlichen Feuchte, und es schien kälter zu werden. Wir säuberten uns im eiskalten Strome, trockneten uns ab und hockten uns nackt, wie wir waren, ans Lagerfeuer. Das Feuer knisterte und gab eine tolle Hitze ab, und die Kleider an den schnell errichteten Trockengestellen dampften. Mit dem Lagerfeuer war die Helle der Mittsommernacht verschwunden. Die Umrisse der bizarren Bäume der Flußwildnis waren nur mehr schwarze Schemen, der Mond war bedeutungslos geworden. Spät krochen wir in die Schlafsäcke, und es war wunderbar mollig und trocken in den Zelten, in ihnen war es gemütlicher als in jedem Gasthausbett. Der Fluß brauste und gurgelte und war unserer Haustür bedenklich nahe gekommen. Ich konnte lange nicht einschlafen und lief immer wieder einmal hinaus, um zu sehen, wie hoch er nun war. Aber er stieg in der Nacht nicht mehr allzuviel an. Am nächsten Morgen war es trübe und ziemlich kalt, aber es regnete nicht oder noch nicht. Wir frühstückten schnell und packten bald die Zelte zusammen und machten, daß wir von dem unsicheren Lagerplatz fortkamen.

Ausschnitt aus der Vielfalt der Uferlandschaft
Foto: H. Rittlinger

Die Witterung offenbart sich uns, insofern wir handelnde, wirkende Menschen sind, vorzüglich durch Wärme und Kälte, durch Feuchte und Trockne, durch Maß und Übermaß solcher Zustände, und das alles empfinden wir unmittelbar, ohne weiteres Nachdenken und Untersuchen. (Goethe)

DAS WIRTSHAUS AM WALDE

Der Fluß stürmte braun und gurgelnd dahin, es war eine Lust. Aber dann fing es wieder an zu regnen, und es war kalt. Dann fing es fürchterlich an zu regnen, und es war kälter, und wir empfanden das Übermaß unmittelbar, ohne weiteres Nachdenken und Untersuchen.

Vielerorts grüßten malerische Schlösser und Ruinen von den Höhen. Als einmal ein besonders malerisches Schloß über einem Ort auftauchte, gingen wir aber nicht deswegen an Land, sondern wir gingen an Land, um ein warmes Gasthaus aufzusuchen. Dort nahmen wir eine Jause ein und vertrieben uns stundenlang die Zeit, bis der Regen wieder etwas nachgelassen hatte. Die Jause hatte uns nicht verweichlicht, wir fuhren den reißenden Strom weiter hinab und sangen im kalten Tröpfeln. Das Singen kam vom Roten. Wir waren heroische Faltbootsportler und wollten an diesem Nachmittag noch nach Sachsenburg.

Dann und wann barst der Regen wie aus Röhren hernieder, und es sah aus, als sollten wir von oben ersäuft werden. Vor jedem Regenguß wehte eine geheimnisvolle Dämmerung herab, als flöge ein Schatten über die Berge und grauen Wolken. Dann wurde es wieder ein bißchen hell, und es war nur schön, daß wir keine Wehre zu umtragen hatten. Von Tirol bis zur fernen Grenze hatte die Drau — zur Zeit — noch kein Wehr, sie war eine stolze Tochter der Berge. Horrido! du stolze Tochter! Sachsenburg hat noch guterhaltene alte Befestigungen, „insbesondere eine interessante Ringmauer" stand in unserm Führer. Unser Sinn stand jedoch weniger nach alten Ringmauern als vielmehr nach den heimelig bergenden eines Gasthofs; so weit kann es mit einem kommen.

Vor der großen Brücke von Sachsenburg rissen wir die Boote herum und landeten. Dies erforderte so viel Kraft, daß wir wieder richtig warm wurden. Die Drau rannte in der großen S-Kurve um den Ort sichtbar bergab, das Tal war wieder ganz eng geworden.

Corinna und das Aveckle blieben bei den Booten, während ich mit Friedrich in den Ort hineinstieg, um eine gerechte Bleibe auszumachen. Aber ach! Der ganze Ort war bis zum letzten Bett belegt ... Und der Nachbarort „Möllbrücke" sei es auch und überhaupt alle Orte in der Umgebung. Auch in Spittal bekämen wir todsicher keinen Platz mehr, erklärte uns eine muntere Pauschalreisende aus Köln. Sie lehnte aus dem Fenster einer warmen Wirtsstube heraus, und sie war mir von allem Anfang an unsympathisch, die Kölsche, und wir schlichen betrübt von dannen.

Corinna und das Aveckle waren auch betrübt, als wir mit der wenig erfreulichen Nachricht zurückkehrten. Aber es nützte alles nichts, wir waren einsame Flußfahrer, allein einer feindseligen Natur anheimgegeben. Es war gegen sieben Uhr und seltsam dämmrig, obwohl es doch Juni war, und wir stiegen wieder in die Boote. Viele Touristen hatten sich auf Grund Friedrichs und meines Auftauchens im Ort bei den Booten eingefunden (wir waren merkwürdige Erscheinungen und sahen in den schmutzig gewordenen Trainingsanzügen und dem nassen Überzeug wie die Räuber aus), und eine bunte Menge sah von der Brücke aus unserem Tun unter Regenschirmen und Ölmänteln zu. Wir waren ihnen eine willkommene Abwechselung an diesem Tage, und ich glaube, sie schüttelten alle die Köpfe angesichts des tobenden Hochwasserflusses und des Wetters. Sie winkten alle und wir auch, und das Aveckle schimpfte und sagte, ich sollte nicht immer bloß den hübschen Mädchen zuwinken, wo ich doch drei hätte. Aber da hatte uns schon das dunkle Waldtal geschluckt, und es wurde eine ganz fabelhafte Fahrt an diesem Abend.

Wir wollten nun bis zur Brücke bei Spittal, eine noch ganz ordentliche Strecke. Spittal selbst liegt zwar abseits der Drau, aber: „Rechts hinter dieser Brücke ist ein Wirtshaus, das jedoch keine günstige Anlegestelle besitzt. Der Zugang muß also über die Brücke genommen werden", stand in unserm Flußführer, den landkundige Kameraden gemacht hatten.

Bis über die Einmündung der Möll war das Tal eng und wuchtig. Düster und steil fiel der Wald zum Fluß herab, oft von eigentümlichen Felsformationen durchbrochen. Der brausende Fluß, die Felsen, die finsteren Tannen — und dies alles in einer fahlen Beleuchtung, die die schnell wechselnden Bilder mit einer wilden Patina sondergleichen versah, ergaben phantastische Eindrücke. Es waren tolle Landschaften, die sich vor uns öffneten und hinter uns wieder schlossen. In ihrer Intimität und Wildheit zugleich in dieser seltsamen Stunde sahen sie aus wie von abenteuerlichen Romantikern der dreißiger bis sechziger Jahre gemalt.

Dann kam die Mündung der Möll. Ein kurzer Blick gab für Sekunden das letzte Stück ihres jetzt düster verhangenen Tales frei. Sie schüttete uns einen kräftigen Schwall entgegen, die gute Möll. Bald danach traten die Berge wieder zurück. Der Himmel stand wie ein riesiger zerrissener Fetzen über dem breiten Fluß, der wie irrsinnig zwischen Sand- und Schotterbänken hierhin und dorthin strömte.

Nach einer Stunde rascher Fahrt kam die Brücke in Sicht, und wir legten also links an. Das Gasthaus jenseits der alten starken Holzbrücke klebte weiß an einem Felsen zwischen dunklem Wald und Fluß. Es sah ziemlich romantisch aus, und ich mußte an Hauffs düsteres „Wirtshaus im Spessart" denken. Aber wir waren nicht im Spessart, wir waren in Kärnten, und es regnete kalt. Wir waren nicht für die Fortsetzung wildromantischer Eindrücke, wir waren vielmehr für sachliche Annehmlichkeiten und sehnten uns nach einer guten Herberge.

Diese zu ermitteln, schickte ich Friedrich und das Aveckle aus. Ich reizte sie, indem ich sagte, daß sie das sowieso nicht könnten, eine gute Herberge beschaffen (das Gasthaus sah n u r romantisch aus, nicht vertrauenerweckend). Das forderte ihren Stolz heraus, und das Aveckle zog mit Friedrich ab. Ich bin gern ein bißchen feig in solchen Fällen.

Mit dem Aveckle habe ich schon manches Mal das Zelt in strömendem Regen aufgebaut. Wenn man damit fertig ist, wird es bei aller äußeren Nässe innen gemütlicher, als man sich das meistens vorstellt. Unserem Sport Fernstehende können sich das überhaupt nie vorstellen. In einem ähnlichen Fall hatten wir einmal etwas Schönes an der großen Hochwasser führenden Elbe erlebt.

Dort wollten wir gerade wieder in See stechen, um ans weit überschwemmte andere Ufer hinüberzuwechseln, als ein Schiffer zu uns trat und sagte, daß wir dies nicht tun sollten. Es war abends und kalt, und die Wiesen drüben seien doch alle noch so naß vom Hochwasser, meinte er. Ja, sie seien viele Kilometer weit noch naß, und wir sollten in sein Haus kommen, da könnten wir auf dem Heuboden schön geborgen schlafen. Es ist immer ein Entschluß, ein Zelt im Regen aufzubauen. In Barby regnete es jedoch gerade nicht, es war nur kalt, und die Wiesen waren feucht. Wir hätten ja auch in ein Gasthaus gehen können, aber daran dachte der aufrechte Mann, der uns einlud, überhaupt nicht. Wir waren arme Wesen, die in einem kleinen Fahrzeug aufs Wasser gehen mußten, und wir konnten die freundliche Einladung einfach nicht ablehnen. Wir gingen in sein Haus, und die ganze Schifferfamilie, Großmutter, Mutter und Kinder, empfing uns freundlich. Die Frau tischte uns Abendbrot auf, und wir mußten tüchtig mit zulangen. Nicht nur die Kinder, sondern auch die Großen sagten „Onkel" und „Tante" zu uns, das war anscheinend dort so üblich. Dann wollten sie alle, sogar die alte Großmutter, wissen, wie weit es mit dem Seitenarm des Mittellandkanals nach Leipzig wäre, daran wurde gerade gebaut, und ob die Schleusen auch wirklich für Tausendtonnenschiffe passierbar gemacht würden. Das interessierte sie alle brennend. Wir luden den Schiffer und seine nette Frau mitsamt der Großmutter und den Kindern ein, uns auch einmal zu Hause zu besuchen; aber das nahmen sie wohl nicht recht ernst. Wir waren die Saale heruntergekommen, und wir waren arme Paddler — dazu verdammt, weite Flußreisen in gebrechlichen Fahrzeugen zu unternehmen und in kalten Zelten schlafen und Rheumatismus bekommen zu müssen. Es war reizend, und es war die herzlichste Gastfreundschaft, die wir je in Mitteldeutschland genossen hatten. Dabei hatte ich in dieser Hinsicht von den Mitteldeutschen gar nicht so viel gehalten. Wir waren zwar selbst alte Mitteldeutsche, aber dies war uns eine schöne neue Offenbarung, die wir so am Rande einer Flußreise erfuhren.

Ich erzählte dies alles Corinna, während wir die bockenden Boote krampfhaft am Ufer der dahinstürmenden Drau festhielten. Nach einer Weile kamen die beiden Kundschafter wieder auf der Brücke zum Vorschein, wir waren sehr gespannt. Sie winkten, und das Aveckle lachte mächtig.

Sie hatten eine Bleibe aufgetan. Wie zu erwarten war, war das Gasthaus allerdings überhaupt nicht auf Übernachtung eingerichtet. Aber die Frau sei „furchtbar nett“, und ihr Mann sei gerade nicht da, und da könne sie uns zwei Betten in der guten Stube zurechtmachen ...

„Zwei nebeneinanderstehende Betten!“ rief das Aveckle. „Und wir alle vier darin!“ schrie Friedrich vor Vergnügen ...

Ich hatte plötzlich Sehnsucht nach meinem bequemen Daunenschlafsack. Aber es goß und wurde dunkel, und sie wollten nicht mehr — wenn einem so etwas geboten wurde.

Wir zogen die Boote heraus, beluden uns mit allem Nötigen und den Sachen, die zu trocknen waren, und gingen über die einsame Brücke. Das Wirtshaus war ein urwüchsiges Wirtshaus, es lag sehr abseits. In der dickummauerten kahlen Gaststube mit fast mittelalterlichen Fensteröffnungen saßen ein paar wild aussehende Flößer, die bereits voll des sauren Roten waren. Die freundliche Wirtin führte uns gleich hinauf, und die Betten waren ja nun wirklich schön und frisch überzogen. Aber die Aussicht, mein wohlverdientes Lager mit drei Frauen teilen zu müssen, ließ mich erbeben. Sie ließ mich nicht aus moralischen oder sittlichen Gründen erbeben — in einer Ski- oder Schutzhütte schläft auch alles durcheinander, dort ist es durchaus „Sitte“, und wenn da einer etwas einwenden wollte, so würde er höchstens als besonders komischer Vogel oder gar als Wollüstling hinausgeworfen, nein, ich bebte, weil ich im Bett gern etwas Platz habe und mich nicht gerne zur Seite quetschen lasse. Na, ja — und sie waren ja auch in der Überzahl, und sie fanden die Lage höchst spaßig.

„Das können wir doch unseren Lieben daheim niemals erzählen!“ sagte Corinna, sie war in dieser Hinsicht ängst-

Brücke Drauwirt
Foto: H. Rittlinger

licher als Friedrich, die: „Aber klar, Mönsch —" dröhnend erwiderte, „das geben wir zu Silvester zum besten!"

Erst gingen wir jedoch noch einmal hinunter, denn die freundliche Wirtin hatte unterdes eine Waschschüssel herrlichen, saftigen und zarten grünen Salates zurechtgemacht und anderthalb Dutzend Eier in zwei Riesenpfannen geschlagen, und der Duft zog vielversprechend durchs düstere Haus. Wir stürzten uns mit Wonne auf die Pracht, und die wilden Flößer waren starr vor Staunen. Sie fanden erst nach einer Weile ihre Sprache wieder. Sie redeten dann wild auf uns ein. Wir verstanden kein Wort, aber es war trotzdem sehr lustig, und es waren prachtvolle wilde Flößer. Sie legten sich später unters undichte Dach auf den Bretterboden eines Estrichs, der so viele Löcher und wacklige Bretter hatte, daß man glatt ein Stockwerk tiefer in die Finsternis fallen und gar nicht mehr von einem Boden reden konnte. Es war sehr abenteuerlich, wie sie so zwischen Haus und Felswand und allem Zeug von uns, was dort zum Trocknen hing, schliefen und gleich schnarchten.

Wir begaben uns auch zur Ruhe und schliefen, wenn auch ein bißchen eng, so doch in den warmen und weichen Betten fest und traumlos. Ehe sie entschlummerte, rief Corinna ein paarmal: „Huch nein, Blondy — wenn ich das den Leuten erzählen würde, sie würden's nicht glauben oder wunder was denken!" Darauf schimpfte das Aveckle und sagte, sie wäre doch legal und auch noch da, und ich schimpfte Corinna aus, sie sollte mich nicht immer Blondy nennen. Diesen Namen hatte mir ein Mädchen aus Australien gegeben, das ich dort kennengelernt, und das mich einmal in Deutschland besucht hatte, und das Corinna und das Aveckle und alle auch kennengelernt hatten. Es war ein nettes Mädchen gewesen, weich auf Wolle gebettet, denn ihr Vater besaß zu Hause eine große Schaffarm.

Nur werde ich ihr nie verzeihen, daß sie diese unpassende Bezeichnung unter meinen Freunden zurückgelassen hat. Aber da war ich auch schon fest eingeschlafen, und nun brauche ich ja eigentlich nichts weiter über unsere merkwürdige Herberge zu sagen. Ich fiel höchstens wieder in jenen „immer wieder durchbrechenden Munterkeitsjargon", den einmal ein bedeutender Kritiker an einem meiner Bücher bemängelte, wo doch auch soviel literarisch Belangloses drinstünde. Und von „munter" konnte gar keine Rede sein, wir waren alle herrlich müde, und es war eine schöne Schlechtwetterfahrt gewesen an diesem Tag.

— — — — —

Am nächsten Morgen waren die Berge von frischgefallenem Schnee bis weit herunter weiß. Es wehte uns kalt entgegen, als wir die Fensterläden aufschlugen und über die Drau und die Spitzen der hohen Tannen des gegenüberliegenden Ufers hinwegschauten. Kärnten ist bekannt als sicheres „Sonnenland", der Wall der Hohen Tauern schützt es vor den rauhen Nordwestwinden. Es war zudem Juni, und vom Juni möchte man eine ausgeglichene Wetterlage erwarten. Wir blieben also noch einen Tag. Wir entwickelten uns immer mehr zu typischen Noch-einen-Tag-Bleibern. Wir wanderten zur Ruine Ortenburg, rechtsufrig der Drau, und schauten über das „Lurnfeld", an dessen östlichem Ende Spittal liegt; und wir pilgerten natürlich nach Spittal.

Das Paddel war übrigens eingetroffen, mit einem liebenswürdigen Begleitbrief, der in der Behauptung gipfelte, daß ein beizupacken vergessenes Paddel die Reize einer Flußfahrt nur erhöhen könne, und daß es im Grunde schade sei, daß man es nun doch noch schicke. Wir vergaben unserem lieben Herrn Engel alles. Sonst sahen wir uns in Spittal außer Kaffees, in denen es Torten mit Schlag gab, das Schloß Porcia an. Dieses Schloß mit seinem präch-

Immer mehr Paddler begeistern sich an einer Draufahrt
Fotos: J. Schächner

Brücke in Völkermarkt

tigen Arkadenhof ist ein sehenswertes Denkmal italienischer Frührenaissance. Es wurde in der Mitte des 16. Jahrhunderts für den Grafen Salamanca erbaut. Von 1662 bis 1918 war es im Besitze des Fürsten Porcia. Dies alles steht im Baedeker. So ein Baedeker ist eine der romantischsten und solidesten Verlagserscheinungen, da soll niemand etwas dagegen sagen.

Was heißt aber, so fragten wir uns, für den Grafen Salamanca? Wir wußten von keinem Grafen Salamanca. Salamanca, so erklärte ich den Mädchen, ist ein Ort im fernen, heißen Spanien, ein Ort mit Stierkämpfern, „Toros bravos“ und glutäugigen Senoritas — aber ein Graf solchen Namens war auch mir noch nie begegnet, und mit dem „Fürsten Porcia“ lag der Fall ähnlich. Man hätte wohl hingehen, im Brockhaus oder den Archiven der Stadt Spittal nachblättern müssen, aber dazu waren wir nicht tiefschürfend genug. Das hat mir — nachträglich — ein kunsthistorischer Freund etwas verübelt. Das wisse doch jeder, schrieb er mir, daß es sich um Gabriel von Salamanca handle, einen spanischen Rat am Hofe Erzherzogs Ferdinands von Österreich! Im Jahre 1524 sei dieser spanische Freiherr von Ferdinand mit der Grafschaft Ortenburg in Kärnten belehnt worden. Die Ortenburgs, heute in Tambach in Oberfranken, stammten aus Bayern, hätten aber dermaleinst reichen Besitz in Kärnten gehabt. Nach dem Erlöschen der dortigen Linie sei dieser jedoch schon 1420 durch Erbheirat auf die Grafen Cilly oder Zilli übergegangen; nach deren Absterben sei er als erledigtes Lehen auf die oben geschilderte Weise in die Hand des Barons Salamanca gekommen, dessen Nachkommen, wie ebenfalls jedermann wisse, am 4. Juni 1556 zu Wien den Titel „Wohlgeboren“ erlangten. Von diesen sei der Besitz, abermals „heimgefallen“, an die Gebrüder „Widmani“ übergegangen, venetianischen Edelleuten, die ihn schließlich an den Fürsten Porcia, sprich: Portzia — siehe Siebmacher, Bd. IV, 13; oder Const. v. Wurzbach, Biographisches Lexikon des Kaiserhauses Österreich, Bd. XXIII, 1872, S. 117—123 — verkauft haben. Für 365 000 Gulden, übrigens. Auch das stünde, jedem zugänglich, im „Siebmacher", Bd. IV, 13: Der Adel von Kroatien und Slowenien, Nürnberg, 1899, S. 150. Weiteres in Bd. I, 3. Abt., dritte Reihe A: Die Fürsten des Hl. Römischen Reiches deutscher Nation, M-Z, Nürnberg, 1887, S. 222 ff ... Das sei doch das Simpelste, was man an historischer Vorbereitung von einem Kanufahrer verlangen dürfe, wenn er auf der Drau nach Spittal fahre ... Wie habe ich nur so leichtfertig sein können, mich ohne diese unumgänglichen Grundkenntnisse auf so eine Reise zu begeben?

Nur beunruhige ihn selber nicht wenig, fügte unser historischer Freund hinzu, daß unsere Barone in der großen Spanischen Enzyklopädie unter „Salamanca" nicht aufgeführt seien ...

Seitdem haben auch wir keine ruhige Minute mehr, sofern wir daran denken. Es ist ein Parallelfall zur Dora-Torte.

Wie dem auch sei oder gewesen war: an Ort und Stelle waren wir beflissen, jene Namen aus zwei ganz verschiedenen Zonen des Südens, die uns als Gruß im Lande Kärnten dargeboten wurden, auf sich beruhen zu lassen. Wir betrachteten Schmiedewerk, wohlgeformte Säulen, flache Spitzbögen, und unsere Finger fühlten den eleganten Reliefs vergangener Jahrhunderte nach. Schloß Porcia (sprich: Portzia) beherbergte übrigens das Rathaus von Spittal — ein Rathaus mit allen seinen nüchternen Ämtern einschließlich des Finanzamts. Von außen war es ein unglaublich schönes Finanzamt. Aber vielleicht sind sie inzwischen ausgezogen dort.

Am nächsten Tage, als es noch immer kalt war, in den Tälern sanft regnete und der Schnee bis weit herunter lag, sahen wir uns den Millstätter See an. Er lag friedlich im Kranze seiner dunklen Waldberge, wie Wörther und Ossiacher See durch einen Höhenrücken von der Drau getrennt. Es war zu kalt zu fröhlichem Badeleben, obwohl er eine hohe Wasserwärme aufweist wie alle Kärntner Seen, die nicht von großen Berg- und Gletscherflüssen, sondern nur von kleinen Bächen gespeist werden.

Wir liefen hoch im Tale der Lieser aufwärts, jenes bereits erwähnten Wildflusses, der „trotz seiner landschaftlichen Schönheit nur Faltbootkünstlern zum Lösen fahrtechnischer Probleme empfohlen werden kann." Die Katschbergstraße, die Autostraße von Salzburg nach Kärnten, führt in ihrem Tal entlang. Als besondere Kostbarkeit sei in diesem Zusammenhang noch der Gletscherfluß Malta erwähnt, ein rechtsseitiger Nebenfluß der Lieser, der sie vor den Toren der uralten Stadt Gmünd erreicht. Die Malta entspringt in der Ankogel-Hochalm-Gruppe und wird gelegentlich vom Pflüglhof ab befahren. Im Gegensatz zur Lieser überschreitet sie bei gutem Wasserstand keinen mittleren Schwierigkeitsgrad. Sie durchfließt ein außerordentlich schönes Tal, dem zahlreiche Wasserfälle das Gepräge geben.

Über Seeboden am Millstätter See kehrten wir von dieser ausgiebigen Wanderung nach Spittal zurück. Der Millstätter See soll seinen Namen nach den mille statuae, den tausend Säulen mit Götterbildnissen, haben. Der kriegerische und glaubenseifrige Domitian hat sie samt und sonders in den See stürzen lassen, wo sie heute noch liegen sollen, 141 Meter tief im Seeschlamm der Jahrhunderte.

Die Römer, die mehrere Jahrhunderte lang die Herren Oberkärntens (wie der meisten Gebiete bis zur Donau) waren, haben dem Land eine dünne Kulturschicht hinterlassen, deren Zeugen allenthalben noch zu sehen sind. Wir wanderten an diesem Tage noch nach St. Peter im Holz. Das ist ein auf bewaldetem Hügel gelegenes Dörfchen an einer Stelle, an der sich vor anderthalb Jahrtausenden eine römische Tauriskerstadt namens T e u r n i a befunden hatte. Bei der Anlage einer Wasserleitung stieß man im Jahre 1908 auf ihre Grundmauern. Das Bedeutendste ist eine freigelegte frühchristliche Basilika am Fuß des Burghügels von Teurnia mit einem schönen, farbigen Mosaikboden. Ein Kreuzornament umschließt Figuren, Tiere, Lebensbäume, alles läßt die verschiedenartigsten Deutungen zu. Wer ein bißchen Gefühl für schönes, ehrwürdig gewordenes Menschenwerk hat, fährt nicht daran vorbei. Im kleinen Museum stehen zierliche Säulen, schöne Platten und Grabreliefs. Auch über den herrlichen Mosaikboden hat man ein solides Haus gebaut, damit er vor den Unbilden der Witterung verschont bleibe. Der Schlüssel ist beim Gastwirt J. Gritschacher zu haben.

Wir wanderten dann auf der Straße überm Tal der Drau nach Spittal zurück, und es brach wahrhaftig die Sonne durch. Die Sonne kam ganz toll durch, die dunkle Wolkendecke brach auseinander, die Sonne schleuderte ihre Lichtbündel über die wilden Hochgebirge Oberkärntens und Tirols. Die Drau schimmerte aus den kleinen schwarzen Auwäldern herauf, ein Zug der Tauernbahn schob sich langsam, wie es schien, das Tal hoch. Die Sonne ließ sich nicht mehr verdrängen. Sie verzischte glühend hinter den Höhen ewigen Eises. Es waren dann schon die ersten Sterne da, als wir über die einsame Brücke dem Wirtshause zwischen Wildfluß und Felswald zuschritten. Wir hatten, ohne daß wir es eigentlich recht beabsichtigt hatten, eine große Wanderung gemacht und waren todmüde.

Am anderen Morgen wurden wir alle von Friedrich geweckt. Friedrich hatte den Fensterladen aufgeschlagen und jubilierte ins Frühsonnenlicht hinaus. Sie bog sich weit über die niedrige Brüstung und sah wie eine mangelhaft bekleidete junge Göttin aus oder wie eine etwas lose Dryade, die sich aus den alten Bäumen am Flußufer auf einem Sonnenstrahl in unser Zimmer geschwungen hatte. Über dem Fluß lag ein Streif dichten Nebels, unsichtbar rumorte das Wasser darunter. Aber die Spitzen der großen Tannen am jenseitigen Ufer standen zierlich und wie funkelnd im lichten Gold vorm Hintergrund der fernen, weißen Berge.

DIE DSCHUNGEL

Schnell glitten unsere Boote an den starken Holzpfeilern der Brücke beim Wirtshaus am Walde vorbei. Ein letzter herzlicher Gruß galt der freundlichen Wirtin, den stumm staunenden Kindern, der Großmutter.

Die Drau stürmte mit Bewegung und großer Geste dahin. Wir steuerten dem Schwall an der Einmündung der Lieser zu, den wir nicht sehr wichtig nahmen, obwohl im Führer „Spritzdecke gut schließen!" stand. Das Wetter hielt zum verheißungsvollen Versprechen des Tagesanfangs, die Sonne schien heiß vom wolkenlosen Himmel auf die kühlen Gletscherfluten.

Da stürmte die Lieser plötzlich so rechtwinklig in die Drau, als wollte sie am andern Ufer wieder aus der Drau heraus. Der hintere Teil des Bootes des Aveckle stand einen Augenblick lang jäh in die Höhe. Dann verschwand es hinter dem grünen Wellenberg, um ein Stückchen weiter leicht und sicher aus weißer Gischt aufzutauchen. Friedrich ritt breitseits und wacklig auf der Kimm der ersten, mächtigen Widerwelle, und ich sagte Corinna, daß ich keinen Groschen mehr auf Friedrich setzte. Aber Friedrich fing ihr Boot doch noch ganz geschickt ab und warf nicht um. Dann platschte unser Zweier ins Getobe, und es kam trotz der beiden Vorgänger überraschend. Corinnas kleiner Schreckschrei wurde richtig ersäuft, aber oben blieben wir natürlich.

Corinnas Blondgelock triefte. Sie hatte außerdem zwei

Knöpfe der Spritzdecke unachtsam geschlossen, und die Spritzdecke an der Seite aufreißend, war ein ziemlicher Schwapp Wasser ins Boot gedrungen. Corinna saß in einem unkomfortablen Sitzbad, und ich lachte sie aus; allerdings nicht sehr lange, denn infolge der Trimmlage des Bootes kam das Sitzbad nach hinten gelaufen und umspülte meine entsprechenden Körperstellen, während sich Corinna aufs neue und unverhohlen der Trockenheit erfreute.

Die Lieser führte wie die Drau abflauendes Hochwasser, und der Lieserschwall war ein unregelmäßiger, ziemlich querköpfiger Aufhupfer gewesen, über den sich die Drau lange nicht beruhigen konnte. Sie schimpfte vor sich hin und brauste immer wieder einmal auf.

Unterhalb des Dorfes Unter-Amlach entdeckte ich voraus einen rechts abzweigenden Altwasserarm. Ich erinnerte mich, im Flußführer, der mit im Photobeutel steckte, etwas von schönen Altwässern in dieser Gegend gelesen zu haben. „Dort hinein!" rief ich daher spontan. Ich trieb Corinna an, und wir spurteten an den beiden Einern vorüber. Dann fing sich ein Boot nach dem andern im ruhigen Altwasser, und wir verschnauften.

Wir tasteten uns dann aus reiner Neugier weiter ins Gewirr der Altwässer hinein. Es gab eine kleine Durchfahrt zwischen herunterhängenden Zweigen ganz seltsamer Eichen und dünner Erlen vor einem Hintergrund tiefdunklen Tanns.

Hinter der engen Durchfahrt befanden wir uns unversehens auf einem kleinen Urwaldfluß, auf dessen niegestörte Lichtung unbarmherzig die Sonne brannte. Grellbunte Papageien, vom Erscheinen der Eindringlinge jäh gestört, flogen erschreckt auf. Affen schaukelten in den Lianen an den Bäumen und äugten gespannt herüber. Im dichten Mangrovendickicht lauerte lässig das Krokodil . . .

Es war weiß Gott so. Nur waren die Papageien schillernd blaue und smaragdgrüne Eisvögel, die Affen Eichkätzchen — und das, was im Dickicht lässig lauerte, konnte man nicht so genau erkennen. Ich nahm es im Bruchteil einer Sekunde wahr . . .

Plötzlich knackte es eilig im weichen Unterholz. „Ein Hund!" schrie die völlig romantiklose Corinna. „Ein großer Hund!"

Es war kein Hund, und es blieb keine Zeit zum Überlegen weiter. Es gab unversehens einen mächtigen Aufplatsch im Wasser wenig vor uns, und es war ein großer Dachs — nein: ein Fuchs, der ins Wasser gesprungen war.

Der Fuchs schwamm mit mächtigen Bewegungen, herüberäugend, schräg vor uns dem anderen Ufer zu. Corinna und ich, wir waren vorn, griffen wortlos in die Paddel und jagten aufgeregt hinterher. Es war ein großer, schöner — aber es war kein schlauer Fuchs, sondern ein dummer. Wenn er ein schlauer Fuchs gewesen wäre, wäre er am diesseitigen Ufer geblieben, wo er sich, ohne Aufsehen zu erregen, hätte verdrücken können. Aber nun war er einmal ins Wasser gesprungen, und er steuerte ziemlich idiotisch auf ein Stück etwa anderthalb Meter hohes Steilufer zu. Dort bemühte er sich, eiligst hinaufzukommen. Aber so heftig er auch mit seinem Schweife das Wasser peitschte, es gelang ihm nicht, es war technisch schwierig für Fuchsverhältnisse. Er war noch aufgeregter als wir, die wir ihm immer näher kamen . . .

Die Ruhe des Urwaldfriedens und des klaren, nie gestörten Wasserspiegels war dahin. Wir wußten zwar nicht, was wir mit dem Fuchs (vielleicht biß er!) anfangen sollten — aber da verharkten wir uns in der Aufregung mit den Paddeln und wären beinahe gekentert.

Als wir ganz nahe waren, verlieh dies dem Fuchs übertierische Kräfte. Mit einer letzten verzweifelten Anstren-

Drauidylle – früher der Dschungelfluß vor der Haustür
Foto: H. Rittlinger

gung gelang es ihm, sich festzukrallen und übers kleine Steilufer hinaufzuziehen. Dabei sah er recht unglücklich aus. Corinna versuchte noch, seine Rute zu greifen, und da wären wir wieder beinahe ins Wasser gefallen. Der Fuchs aber preschte ab und ward nicht mehr gesehen.

Es dauerte noch eine kleine Weile — dann senkte sich abermals tiefer Frieden wie ein huldvoller Vorhang der Natur über die Lichtung des kleinen Urwaldflusses. Ein Frieden, den wir kaum mit den Geräuschen unserer eintauchenden Paddel und dem leisen Gluckern der dahingleitenden Boote zu stören wagten.

Nach einigen weiteren Minuten geheimnisvoller Fahrt weitete sich der Arm. Kleine Tannengehölze traten ans Ufer. Sandbänke, kleine Dünen schoben sich kulissenartig ins Gewirr der Wasserläufe, die sich nach allen Seiten verteilten und in verwunschene Wildnisse führten. Die kleinen Tannengehölze traten dann wieder zurück, je weiter wir vordrangen; ein merkwürdiger Wald dünnstämmiger Erlen machte sich breit und überzog als seltsamer Dschungel Insel und Halbinsel. In seinem dämmerigen Innern war es jedoch weniger dicht, als die Uferansicht vermuten ließ. Wenn man erst einmal über die hohe Mauer des angeschwemmten und wüst am Ufer (dort, wo Wald und Ufer zu Hochwasserzeiten der Strömung trotzen) aufgetürmten Treibholzes hinweggeklettert war, war der Schritt leicht und weich auf dem fetten, glatten Humusboden der Jahrhunderte. Die Sonne mochte noch so heiß über den Matten und Wiesen der außenseitigen Welt und über den Wasserläufen und Sandbänken der abgeschlossenen kleinen Wildnis brennen, der der hoch und steil im Hintergrund zum Himmel ragende Felsbergwald einen unerhörten Abschluß gab — der seltsame Urwald dünner Stämme war eine Welt für sich. Eine Welt, die anders war als so ein vertrauter, knorriger Bergwald, sie mutete fremd und abenteuerlich an. Bei aller Hitze war es kühl im Wald der dünnen Stämme, und unaufhörlich tropfte es von den Blättern und Zweigen und überall vom hellgrünen, dichten Dach. Es war ein merkwürdiger Dschungel, dieser weinende Wald dünner Erlen, und der Duft, der vom glatten Humusboden aufstieg, war von leichtem Moder erfüllt. Aber es war ein in toller Schönheit weinender Dschungel: seine Ränder und die nassen Blätter an den Rändern funkelten schwer und dunkel im Sonnenlicht, obwohl sie sonst hellgrün waren, und das Sonnenlicht fiel steil und hemmungslos an ihnen entlang auf die stillen Wasserläufe.

Die Boote strichen durch eine von Sandbänken gebildete Enge. Wo der Dschungelstreifen etwas zurücktrat, landeten wir an einem schönen Sandstrand, der in Rasen überging. Ein kurzer Pfad führte durch den hier schmalen Erlwald auf eine größere Wiesenlichtung. Unter den Bäumen am Wiesenrand schlugen wir das Lager auf. Die Wiesenlichtung war auf drei Seiten vom Auwald begrenzt, über dem sich mächtig und schön das Hochgebirge erhob. Auf der verbleibenden Seite, die in geringer Entfernung die Drau durchschnitt, denn wir waren unserer ursprünglichen Richtung wieder entgegengefahren, dehnten sich Baumgruppen, Matten und Triften, bis dem Blick weit jenseits des Flusses abermals große Bergmassive Einhalt boten. Drautalaufwärts, noch diesseits, weideten Rinder und Pferde. Jenseits und sicherlich auch diesseits mochte hier und dort ein Dorf sein. Aber es waren keine Dörfer zu sehen. Sie lagen weit hinterm Auwald verborgen oder in den Senken. Es war überhaupt kein Mensch in dieser sonnenüberfluteten Landschaft zu sehen, die sich uns aufgetan hatte, als wir aus dem Wald der Wasserwildnis getreten waren. Der Pfad aus dem Wald war wie eine Schwelle zwischen zwei ganz verschiedenen Landschaften, die beide schön und erhaben waren. Und so war es also dort beschaffen, wo wir aufs neue unsere Zelte aufschlugen. Es wäre uns als Sünde erschienen, weiterzufahren, obwohl der Tag noch lang war.

MAORIS AUS TASMANIEN

Es war das Naturhafteste, was ich je an Landschaft in Mitteleuropa erfuhr. Man soll mit Superlativen vorsichtig sein, und die Geschmäcker sind ja auch verschieden — aber ich kann ruhig sagen, daß es das Schönste war, was ich in dieser Hinsicht je in unseren zivilisierten Breiten erlebte. Wie gut konnte ich die Zustimmung hierzu an den Gebärden und Mienen der Mädchen ablesen!

Die Sonne strahlte von einem Firmament hernieder, über das nur um die frühen Nachmittagsstunden weiße Wolken gleich leuchtenden Götterschiffen segelten. Die Tage kamen und vergingen, sie erstarben in blutvollem Gluten. Die Wildnis am Fluß wurde dunkel, und die Wälder der Berge schwiegen.

Hier blieben wir und wollten nicht mehr fort!

Zunächst erkundeten wir die Umgebung. Im verfilzten Bergwald stiegen wir so hoch hinauf, daß wir das ganze Drautal mit seinen Auwäldern und Triften bis zu den jenseitigen Massiven überblicken konnten. Linker Hand befand sich ein Dorf, das von unten nicht zu sehen war, weil es in einer Senke zu Füßen des diesseitigen Bergwalls lag. Vom Lager aus mochte man über Weiden und allerhand Hindernisse eine gute halbe Stunde zu ihm zu gehen haben. Auf einem dunklen Waldpfad hinab wandten wir unsere Schritte diesem Dorf zu.

Dort machten wir die Bekanntschaft von Frau Amlacher. Frau Amlacher gehörten einige Kühe auf der Weide, und ja, sagte Frau Amlacher, Milch könnten wir gern bekommen, und Eier und Butter soviel wir haben wollten. Ihr Sohn, der Peter, würde uns in der Frühe alles bringen. Dann gingen wir ins Gasthaus, das sehr urwüchsig und schön kühl war in der prallen Nachmittagsglut mit seinen dicken Mauern und den kleinen, vergitterten Fenstern. Dort aßen wir Käse und Brot und tranken einen Landwein dazu. Dann stapften wir zufrieden nach Hause.

Noch am gleichen Nachmittag beehrte uns die Jugend des Dorfes mit ihrem Gegenbesuch. Sie getrauten sich erst eine Weile nicht heran, die kleinen und größeren Burschen und Mädchen. Erst als sie sahen, daß wir darob gar nicht böse waren, traten sie näher und bekundeten ein reges Interesse an allen Dingen, die wir mit uns herumführten. Sie waren nett und gar nicht aufdringlich. Sie fragten, was solche Boote wohl kosteten, und ob man damit wirklich bis zum Schwarzen Meer hinunterfahren könne? Dann zogen sie singend und spaßmachend ab, uns umfing wieder die hehre Einsamkeit der allgütigen Mutter Natur, sozusagen.

Ganz allein blieben wir jedoch nicht. Die Pferde und Kühe der Weiden waren nun neugierig geworden und zogen heran. Die Pferde waren scheu und wandten sich bald wieder hinweg, von einer Stute mit einem lieben Fohlen abgesehen, die so zutraulich wurden, daß die Mädchen das Pferdekind richtig abdrücken konnten. Die Kühe blieben länger.

Ich habe Kühe sehr gern, vorausgesetzt, daß sie sich nicht bei näherem Hinsehen als Stiere erweisen und wild sind. Haben Sie schon einmal einem Rindvieh ins Maul gerochen? Das duftet nur so nach Sommer, Wiese und Blumen, es ist ein Hochgenuß, wenn eine Kuh rülpst. Dies kommt daher, daß Kühe strenge Vegetarier sind. Betrachten Sie dagegen einmal das Schwein: Was ist aus dem ehedem mutigen, starken Eber geworden? Ein künstlich verfettetes Dreckschwein, das sich in seinem Kot suhlt und ihn womöglich noch auffrißt! Dafür kann es allerdings nichts, sondern daran ist der Mensch mit seiner ewigen Zweckmäßigkeit schuld:

Ein kluger Mann verehrt das Schwein,
Er denkt an dessen Zweck.
Von außen ist es ja nicht fein,
Doch drinnen sitzt der Speck

sagt schon Wilhelm Busch. Aber wir sollten uns wahrlich an den Kühen ein Beispiel nehmen und mehr vegetarisch leben, es ist gesund und fördert die Verdauung, was man an den Kühen ebenfalls bemerken kann. Aber der Mensch ist genußsüchtig und zudem eine seltsame Mischung von Pflanzenfresser und Raubtier. Ich muß zu meiner Schande gestehen, daß ich selbst mit Begeisterung wohlbereitete Kuttelflecke oder Kaldaunen, wie sie anderswo genannt werden, esse. Das Aveckle kann sie nicht ausstehen, und es ist wirklich die reine Liebe, die aus ihr spricht, wenn sie mir einmal welche macht. So geht es vielen Leuten — ich meine weniger mit der reinen Liebe, als mit der merkwürdigen Abscheu vor dem fraglichen Gericht —, und deswegen sind Kuttelflecke auch eine so billige Mahlzeit. Dabei bestehen sie aus dem reinsten Fleisch, das man sich vorstellen kann: aus den vier Mägen der nützlichen, wiederkäuenden Kuh. Nur schön zubereitet müssen sie eben werden, die Kuttelflecke.

Doch ich schweife ab. Ich wollte nur sagen, daß auch die Kühe sich wieder verzogen — außer einer, die sich von der Herde absonderte und uns zugesellte. Sie stand an unserm Lager, sah uns mit ihren großen, sanften Augen an und verließ uns Tag und Nacht nicht. Zuerst waren wir erfreut, es störte uns nicht. Wir nannten das Tier Emilie, und es gewöhnte sich an diesen Namen. Emilie stand morgens da und abends und sah sinnend ins Lagerfeuer. Wenn man nachts noch einmal allein in den Wald ging, stand sie zwischen den dünnen Erlenstämmen wie ein Auerochse oder sonstiges Urtier, und ihre Augen funkelten im Schein der Taschenlampe. Sie schien niemals zu schlafen. Sie wurde uns allmählich unheimlich, und wir vertrieben sie. Aber das nützte nicht viel. Sie kam immer wieder, das Aveckle hatte ihr einmal leichtsinnigerweise Salz zu schlecken gegeben, und darauf ist jedes Rindvieh scharf.

Das merkwürdige Tier fraß uns mit der Zeit einen Rollfilm, einen Gelbfilter, zwei Kämme, Friedrichs Bademütze und Corinnas Toilettebeutel auf, ohne daß es seiner Verdauung sonderlich geschadet hätte. Die Sache mit Corinnas Toilettebeutel war besonders tragisch. In ihm befanden sich: Seife, Zahnbürste, Zahnpasta, Lippenstift, Puder und Puderquaste, Rouge, eine halbe Rolle Pfefferminz, ein Bleistift sowie ein Bild von Corinnas Liebsten. Es geschah, als die Mädchen ins Dorf gegangen waren und ich auf die Sachen aufpassen sollte.

Aber da bemerkte ich plötzlich einen Fuchs in geringer Entfernung.

Vielleicht war es unser alter, dummer Bekannter! Der Fuchs schnürte langsam dahin, die Schnauze am Boden. Auf einmal aber sprang er mit allen vieren und einer Vierteldrehung nach links in die Höhe. Dann lief er ein Stückchen weiter — und sprang mit einer Vierteldrehung nach der anderen Seite mit allen vieren senkrecht in die Höhe.

Ich hatte noch nie einen sich so merkwürdig verhaltenden Fuchs gesehen.

Vielleicht hat ihn etwas von unten gestochen, dachte ich, oder er ist in einen zähen Kuhfladen getreten, oder er hat Sandflöhe zwischen den Zehen. Sandflöhe fielen mir gerade so ein.

Auf dem Bauch kroch ich an den Fuchs heran. Er lief immer langsam ein Stückchen weiter und sprang noch verschiedene Male auf allen vieren zugleich in die Höhe, er war ein ziemlich lustiger Fuchs. Aber dann entdeckte mich das listige Tier, trotz aller Robbkünste meinerseits, die einem Ausbildungsfeldwebel helle Töne des Lobes entlockt hätten, und es entschwand natürlich.

Inzwischen waren die Mädchen zurückgekehrt, die Kuh hatte den Beutel gefressen, und Corinna war ganz aufgebracht. Warum müssen sie aber auch gerade Lippenstift und dergleichen Scherze auf einer Faltbootfahrt mit herumschleppen? Gegen Zahnbürste und Seife will ich ja nichts weiter sagen.

„Schließlich kommen wir auch einmal unter Leute, wo wir uns schön machen müssen!" entgegnete Corinna. Immer machten wir Männer uns über die kleinen Verschönerungstricks der Frauen lustig — aber wenn sie fehlten, würden wir es doch als nachteilig empfinden.

So unrecht hatte sie ja nun nicht. Im übrigen glaube ich, daß man die Ansicht, daß ein Rind nur Pflanzliches frißt, doch einmal scharf nachprüfen muß. Dann nahm ich einen dicken Knüppel und trieb das entartete Tier eine halbe Stunde weit fort zu seinen Genossen. Aber es kam immer wieder. Als wir eines Tages fortfuhren, stand Emilie am Ufer, und in ihren sanften, kurzsichtigen Glotzaugen lag so viel Verzicht und Melancholie, daß es uns schier das Herz brach.

— — — — —

Jeden Morgen in aller Frühe riß uns gewissenhaft die Stimme unseres jungen und aufgeweckten Freunds Peter Amlacher aus dem Schlaf.

„Die Milli!" rief Peter barsch und sachlich.

Ich stupste das Aveckle rauh in die Seite. Das Aveckle ist ein Naturmensch, der mit einem geradezu unwahr-

Sauberes Wasser und Schwemmsandufer – Attribute der alten Drau
Foto: H. Rittlinger

Hier opfert sich meine Mannschaft schier auf im Küchendienst.
Foto: H. Rittlinger

scheinlich gesegneten Schlaf ausgestattet ist, und es war niemals leicht, das Aveckle so weit zu bringen, daß es aus dem Schlafsack krabbelte. Mancher Leser wird es nicht schön finden,

Wenn aus des Bettes Vollgenuß
Man früh hinaus ins Kalte muß . . .

(das ist schon wieder Wilhelm Busch), und vielleicht findet er auch meine Handlungsweise unzart. Aber ich frage: Wozu hat man ein Weib, wenn es nicht die Wirtschaft besorgt, Telephongespräche entgegennimmt und lästige Schwätzer, die einen besuchen, aufs liebenswürdigste unterhält? Zudem war das Aveckle unsere Rechnungsführerin und hatte die Kasse inne, und wenn es einmal wach ist, steht es leidenschaftlich gern früh auf, wie ich schon einmal erwähnt habe, und worüber unsere Ansichten auch etwas voneinander abweichen. Ich selber habe die großen und gesunden Reize des Frühaufstehens erst zwangsläufig bei den Soldaten kennengelernt.

Ich hörte sie dann draußen mit dem geduldigen Peter über Milch, Butter und Eier verhandeln. Peter bekam ein Wegegeld drauf, und dann sagte er laut und barsch: „Pfüad euch Gott alle miteinand!“ und entschwand eiligst, er hatte mehrere Kilometer weit zur Schule zu laufen.

Das Frühsonnenlicht ergoß sodann seine Pracht über unsere herrliche Wildnis, und die Vöglein jubilierten. Leider duldete das Aveckle nun nicht, daß ich mich länger einem leichten und wohligen Schlummer hingab. Die beiden andern waren inzwischen auch wach und unternehmungslustig geworden. Corinna kam jauchzend aus dem Zelt und sang:

„Round the Corner,
Behind the tree,
The Sergeant-Major
Said to me . . .“

Ich habe noch nie ein so blödsinniges Lied wie dieses gehört. Ich kann hier keine Noten anführen, aber vielleicht können sie sich eine entsprechend idiotische Melodie dazu vorstellen. Ich bitte Sie: „Um die Ecke hinter dem Baum, erklärte mir der Hauptfeldwebel . . .“ Leider verriet Corinna nie, was nun eigentlich der Hauptfeldwebel erklärte, das hätten wir wenigstens noch ganz gerne gewußt. Aber Corinna sang allmorgendlich beim Aufstehen nur diese vier Zeilen, das übrige behielt sie für sich. Wir drei teilten ihr mit, wie blödsinnig wir das Lied fänden, wo wir doch so schöne andere Lieder kennten. Aber Corinna sagte, es sei ein tasmanisches Volkslied aus der Maorizeit.

Meines Wissens gibt es nur in Neuseeland Maoris, und nicht in Tasmanien.

Das wisse sie besser, erwiderte Corinna, sie sei doch dort geboren. Sie habe selbst einmal eine Amme gehabt, die eine Maori gewesen sei.

„Aha!“ antwortete ich, „nun wird uns auch einiges Exotisch-Befremdliche in deinem Wesen verständlich.“

Ich solle mein Schandmaul halten, meinte sie aber darauf, und sie werde sich bei passender Gelegenheit rächen . . .

Gewässer schleichen durch die Frische
Der dichten, sanft bewegten Büsche,
Nicht rauschen sie, sie rieseln kaum;
Von allen Seiten hundert Quellen
Vereinen sich im reinlich-hellen,
Zum Bade flach vertieften Raum.
Gesunde, junge Frauenglieder,
Vom feuchten Spiegel doppelt wieder
Ergötztem Auge zugebracht!
Gesellig dann und fröhlich badend,
Erdreistet schwimmend, furchtsam watend;
Geschrei zuletzt und Wasserschlacht.
(Faust am unteren Peneios, von Gewässern und Nymphen umgeben.)

BILDER AUS ARKADIEN

Die „passende Gelegenheit" ließ nicht lange auf sich warten. Sie kam im Gefolge dessen, daß ich mich eines Nachmittags mit meinem Weibe verfeindete.

Das Aveckle summte an diesem Nachmittag dauernd ein bestimmtes Thema aus dem ersten Satz des Forellenquintetts vor sich hin. Sie summte es so falsch vor sich hin, daß mir die Tränen kamen. Ich sagte, daß sie es falsch summe, und ich summte es ihr richtig vor. Aber da sagte das Aveckle, ich summe falsch, und es sei richtig, wie sie es summe.

Aber nein! so sei es richtig: hm—hm—hm, hum— humhumhum—huhum . . .

„Unsinn!" erwiderte das Aveckle und summte weiter falsch. Sie sei nun einmal musikalischer als ich.

„Musikalischer als ich? Daß ich nicht lache, haha!"

Ich summte nun etwas stärker, und das Aveckle sagte, ich solle mit meinem Lärm nicht die holde Natur verunzieren, während ich erwiderte, sie schreie so, das sich Schubert im Grabe umdrehe . . .

Ich gebe zu, daß der letzte Vorwurf nicht besonders originell war; aber dies rechtfertigt noch lange nicht, daß mir das böse Weib die Bratpfanne an den Kopf warf. Das war unfein, man soll künstlerische Belange nicht mit der Bratpfanne verteidigen. Ich war wütend und schlug ihr einen unzerbrechlichen Bakelitteller auf den Kopf, der darüber entzweiging. Dies verschlug dem Aveckle die Sprache so, daß es den ganzen Tag lang nicht mehr mit mir redete. Es nützte nichts, daß ich sie zu versöhnen versuchte und erklärte, daß ich sogar ihr Thema anerkennte, auch wenn es grundfalsch sei, und daß so etwas wie mit dem Teller auch in den besten Familien vorkomme, und daß ich an die Fabrik schreiben würde, daß er entzweigegangen wäre. Es nützte alles nichts. Wie eine geknickte Blume kroch die Gattin am Abend in den Schlafsack und drehte mir den Rücken zu.

Am nächsten Morgen wurde ich ziemlich unsanft aus dem Schlaf gerissen, noch ehe überhaupt Peter mit der Milli da war. Die drei Mädchen zogen mich einfach samt Schlafsack ins taufrische Gras. Dort schüttelten sie mich mit verbissener Wut aus dem Schlafsack, und ich konnte gar nichts dagegen tun. Der ganze Plan kam hauptsächlich von Corinna, die sich wegen des Exotisch-Befremdlichen rächen wollte, und die andern waren natürlich mit Freudengeheul, wie ich es mir vorstelle, darauf eingegangen. Am meisten betrübte mich, daß sich auch mein liebes Weib in seiner Verblendung wegen des unzerbrechlichen Bakelittellers zu solchen schurkischen Handlungen hinreißen ließ, für die ich, wenn sie mich selbst betreffen, gar kein Verständnis aufbringen kann.

Die drei waren zu wilden Weibern, zu Furien, zu heulenden Hyänen geworden, die die Stille des friedlichen Morgens mit ihrem widerlichen Geschrei zerrissen. Sie packten mich und trugen mich im Schlafanzug ans Wasser. Es nützte nichts, daß ich mich mit aller Kraft zu befreien versuchte — ich sagte ja schon an anderer Stelle, daß sie nicht besonders schwächlich gebaut waren, und die Aussicht auf ein erhebendes Schauspiel verlieh ihnen Riesenkräfte.

Sie trugen mich nicht etwa ans nächste Ufer, wo die Boote lagen. O nein! das wäre ein zu normales und zu warmes Wasser gewesen. Sie schleppten mich zu einem kleinen Teich im Hintergrund der Wildnis, den wir tags zuvor entdeckt hatten.

Der Teich lag zwischen kleinen Sandbänken, war fast kreisrund und maß etwa zehn bis zwölf Meter im Durchmesser. Auf der Seite einer Art kleiner Steildüne war er mehrere Meter tief, und sein Wasser war so klar, daß man bis auf den Grund sehen konnte. Es war das entzückendste und idyllischste verwunschene Gewässer, das man sich vorstellen konnte. Das kristallene Wasser hatte einen kleinen Abfluß ins Gewirr der Drauarme und war immer frisch, weil es von einer eiskalten Quelle auf seinem Grunde gespeist wurde.

Ich erwähnte bereits, daß schon das Gletscherwasser der Drau eine für ein harmloses Badevergnügen reichlich ungemütliche Temperatur hat. Unser romantischer Quellteich stellte alles in den Schatten, was man im allgemeinen an kaltem Wasser erleben kann. Im Gegensatz zu den Altwässern erwärmte er sich auch bei der größten Hitze nicht. Da das Wasser der Drau zu unserer Zeit im Durchschnitt zehn bis zwölf Grad aufwies, schätzten wir dieses auf drei bis vier Grad. Wir pflegten nach dieser Entdeckung morgens nach dem Aufstehen jauchzend und splitternackt zu unserem Quellteich zu rennen — dann standen wir auf der kleinen Düne und getrauten uns lange nicht hinein. Aber das Wasser war so unerhört schön und lokkend, und das Aveckle sprang gewöhnlich zuerst hinein. Es plantschte los, was das Zeug hielt, um so schnell wie möglich auf der anderen Seite wieder herauszukommen. Dann stand es drüben, reckte sich wohlig in der wärmenden Sonne und schrie uns zu, wir seien Feiglinge und große Memmen, und so ein kaltes Quellmorgenbad sei ein unvergleichlicher Jungbrunnen für Leib und Seele. Dann sprangen auch wir einer nach dem andern hinein, und es

Quellteich in verwunschener Flußwildnis: Aveckle-Bucht
Foto: H. Rittlinger

verschlug uns den Atem. Das Wasser stach unsere Haut wie mit hunderttausend spitzen Eisnadeln, und im nächsten Augenblick kam es uns merkwürdigerweise siedendheiß vor — so kalt war es! Wir kraulten über die Zwölfmeterstrecke, als gelte es, alle Rekorde zu brechen, und es war wirklich herrlich, wenn wir drüben herauskrochen. Wir sahen dann rot aus wie gekochte Krebse.

Ich bin sehr für Abhärtung, wenn ich auch nicht gerade ein Kaltwasserapostel bin. An einem schönen Dezembertag habe ich schon einmal aus purem Vergnügen fünf Minuten lang in der freien Elbe geschwommen, ohne einen Schnupfen davonzutragen. Ich liebe jedoch keine unvorhergesehenen Sachen, wie etwa eben, mit Bettwärme und Schlafanzug in einen so kalten Quellteich geworfen zu werden. Ich schrie die Mädchen, oder vielmehr die Weiber, an, ich würde einen Herzschlag bekommen. Aber sie hatten nur Hohn für dieses sachliche Argument übrig und sagten, ohne mich würden sie viel besser fertig werden. Als ich mich am Schluß noch einmal wie ein Berserker wehrte, hielt mir das Aveckle Nase und Gurgel zu. Sie hat ein großes Talent zu einer Gattenmörderin. Wenn Sie künftig einmal von einem besonders kalten Fall dieser Art in der Zeitung lesen sollten, kann es nur das Aveckle gewesen sein.

Als ich mich bemühte, mich von ihrem eisernen Griff zu befreien, flog ich auch schon in hohem Bogen und Schlafanzug ins Wasser. Und weil ich mit dem Rücken zuerst hineinkam, drang mir das wie Eisnadeln wirkende Wasser in Nase und Mund. Ich schluckte fürchterlich und lief blau an. Friedrich berichtete hinterher, ich hätte wie eine zur Vivisektion bestimmte chloroformierte Kaulquappe ausgesehen, die nur eine zu geringe Dosis bekommen hätte. Na, ich danke schön für die zu geringe Dosis. Ich plantschte im Schlafanzug, der wie ein Gewicht zog, zur anderen Seite, kroch heraus und legte mich in die Sonne, ohne die Mä —, die Weiber eines Blickes zu würdigen. Sie standen drüben und hielten sich die Seiten vor Vergnügen. Ich schwor, weil es mir gerade einfiel, Corinna zu ermorden, falls sie noch einmal ihr idiotisches „Round the corner, behind the tree" singe, und dann teilte ich ihnen mit, daß ich nicht für so rohe Späße zu haben sei.

Als sich Corinna im späteren Verlauf der Reise einmal landfein machte, um „in die Stadt zu gehen", und beim Herrichten der Frisur wieder ihr tasmanisches Volkslied anstimmte, warfen die vorher unterrichteten und nur zu bereitwillig darauf eingegangenen beiden andern und ich mich auf Corinna; und so wie sie war: mit Rock, Bluse, Jacke, Strümpfen und Schuhen beförderten wir sie in die Drau. Corinna behauptete hinterher, ich sei kein Mann von Prinzipien, und was denn dies anders als roh sei? Aber urteilen Sie selbst: Wie kann man so verblendet sein und eine gerechte Strafe als „rohen Spaß" ansehen!

— — — — —

Nach diesem Zwischenfall vertrugen wir uns wieder. Ich mußte mich ja mit meinen Frauen vertragen, weil ich sie doch ständig als Modelle mißbrauchte und „Bilder für die Illustrierte" verfertigte.

Ich photographiere leidenschaftlich gern, die Linse vermag hübschen Dingen nachzugehen. Hier hatte ich alles, was eines Lichtbildners Herz nur begehren mochte: reizvolle Modelle (das bildeten sie sich wenigstens ein), eine unwirklich schöne Landschaft und Licht in Hülle und Fülle. Ich knipste dynamisch und statisch, bewegt und idyllisch, sachlich und romantisch, in Großaufnahme und naturhafter Weite, schwarzweiß und farbig, aus der Froschperspektive und von den Bäumen herunter aus der der Vögel. Wenn ich einmal losgelassen bin, können mich keine zehn Pferde mehr halten. Die Mädchen mußten tüchtig heran.

Sie mußten springen und laufen oder einmal ganz still stehen, das war am schwierigsten. Und sie mußten sich einmal so und einmal anders badekostümieren — und das war der große Unsinn dabei, dadurch bekam die frische Luft in den Bildberichten etwas Unwahres. Denn niemand wird glauben, daß wir in unserer herrlichen und abgelegenen Wildnis uns wie in einem Familienbad mit jenen merkwürdigen Fetzchen behingen, die Badeanzüge heißen. Unsere Körper waren gut gelüftet und strotzten vor Gesundheit. Es sei mir erlaubt, vorübergehend ins Polemische zu verfallen. Wem der Anblick eines solchen gut gelüfteten Körpers nämlich, mit seiner gesunden Haut in freier Natur, wo er eine von Gott gegebene edle Natürlichkeit ist, Pein bereitet — der ist es bestenfalls nicht gewöhnt. Nicht jeder kann ein Adonis oder eine Venus sein. Es ist jedoch erstaunlich, wie selbst körperliche Mängel in der Gesamterscheinung eines Menschen wesenlos werden, dessen Körper nur an Freiheit in Luft, Sonne und Wasser gewöhnt ist. Im Grunde ist der Badeanzug eine glatte Heuchelei, denn die Körperformen gibt er ja sowieso schonungslos der Öffentlichkeit preis.

Der Leser verzeihe diese Abschweifung um die Problematik des Badeanzuges, die für uns überhaupt nicht bestand. Wir hatten einander nichts weiter vorzumachen. Wir lebten in unserm Arkadien von früh bis abends in unschuldsvoller Nacktheit dahin: Wir zogen uns nur an, wenn wir Bilder machten oder wenn Peter mit der Milli oder gelegentlich einmal ein Besuch aus dem Dorf nahte. Natürlich machte ich auch Aktaufnahmen. Die machte ich aber mehr aus persönlicher lichtbildnerischer Begeisterung. Gute saubere Aktaufnahmen zwingen zu unbefangener Betrachtung, und gelegentlich bleibt einem vor einer wirklich schönen der Atem weg, und gute Zeitschriften und photographische Buchveröffentlichungen bringen sie.

Im Uferurwald bei Unteramlach – längst gerodet und landwirtschaftlich genutzt
Foto: H. Rittlinger

Wenn die Kamera, von deren Ausbeute in diesem Buch des Raumes halber höchstens zwei oder drei Bilder jeweils gezeigt werden können, zur Ruhe kam, begann für uns der eigentliche vergnügliche Teil des Tages. Schön waren die Entdeckungsfahrten im Gewirr der geheimnisvollen Altwässer. Die Sonne brannte unermüdlich vom Himmel, der grüne Dschungel vor der großartigen Kulisse der dunklen Bergwälder schwieg. Die große Stille der Natur war um uns, die sich nie wie Grabeseinsamkeit auf die Seele legt. Lautlos und langsam trieben unsere Boote dahin, und die Tiere der Wildnis kümmerten sich nicht um uns. Hoch oben im strahlenden Azur zogen die Raubvögel ihre Kreise. Einmal schwammen zwei Fischottern vor uns her. Sie sahen uns an und hatten keine besondere Eile, am Ufer zu verschwinden. Ich bedauerte es, die Kamera nicht zur Hand gehabt zu haben. Aber es gibt Augenblicke, in denen auch so etwas wie eine unschuldige Kamera lächerlich wird.

Am Lagerfeuer abends sangen wir alte Volkslieder und Kanons. Die Melodien waren oft von Mozart, Haydn, Bach und Älteren. Es ist unglaublich, was es aus dem deutschen Musikwald für wunderschöne, wenig bekannte, schlichte und hübsche barocke Sachen zum einfachen Singen gibt. Das Aveckle war unermüdlich und lehrte uns immer neue Weisen, weiß Gott, wo sie sie alle herkannte. Es klang wirklich ganz schön, wie wir da dreistimmig sangen.

Das Lagerfeuer glühte, der weiche, schimmernde Mantel der Nacht war über uns. Der Mond mochte aufgehen, wenn wir uns längst dem Schlummer hingaben. Ein großer Kauz schrie in der Ferne, die Unken klagten verloren. Der Nachtwind raschelte leise in den Bäumen, und seltsame Dinge geschahen rund um das Lager.

Mitten in der Nacht schrie Friedrich aus dem anderen Zelt: „Ihr — Ihr —!“

Sie schrie schrecklich, sogar das Aveckle wurde davon wach.

„Was ist denn los?“ riefen wir hinüber.

„Wo bin ich denn?“ klagte Friedrich herzzerreißend.

„Na – im Zelt!“ erwiderte ich verblüfft und sachlich.

„Ach so!“ Dann hörten wir, wie sie sich auf die andere Seite drehte und einen zufriedenen Grunzer von sich gab. Vielleicht hatte sie zuviel gegessen. Am nächsten Morgen erinnerte sie sich an nichts mehr, und Corinna neben ihr hatte von alledem überhaupt nichts vernommen.

Ich kroch dann hinaus, und das Aveckle wollte auch nicht gleich weiterschlafen. Immer noch schrie der Kauz, und die Unken klagten. Lange hockten wir im Schatten des unvollkommenen Mondes vor dem Zelt. Der matte Flug großer Vögel war zu ahnen, und hier und dort surrten kleine vorbei. Eine Eule strich mit kaum wahrnehmbarem Hauch dem fernen Schrei zu. Auch der geringste Laut der großen Stille war bezaubernd und erregend: das Kriechen der Frösche im nassen Laub, das Rascheln der Mäuse, das Tropfen im Wald der dünnen Erlen. Unversehens erschien ein dunkles Tier am Waldrand, dann mehrere – es mußte ein ganzes Wildschweinrudel sein. Wir blieben ganz reglos, nur unsere Herzen klopften. Sie sahen uns nicht. Einige große Tiere, Keiler und Bachen, und eine ganze Reihe Frischlinge konnten wir unterscheiden. Sie schnüffelten sich ans kaum noch glimmende Lagerfeuer heran, vor dem sie mißtrauisch kehrtmachten. Dann verschwanden sie wieder im Wald, und wir hörten mächtiges Knacken und erschreckte, kurze Quiekser. Vielleicht waren sie auf Emilie, die Kuh, gestoßen, die dort zu stehen pflegte. Nach einer Weile sahen wir sie gemächlich über den ziemlich hell beschienenen Pfad wackeln, der ans Wasser und zu den Booten führte. Vom Wasser her drang Plätschern, dann kicherte es leise. Weiß Gott, was das für

Drei Mädchen und ein Mann – wenn das nur gut geht. Denn so fried-
lich waren sie nicht immer. Links oben im Gewirr der Altwässer: Wir

entdeckten dort die merkwürdigste Dschungellandschaft – und schlugen unsere Zelte in einem ungestörten Paradies auf.
Foto: H. Rittlinger

Unteramlach – heute

Ein schmaler befestigter Uferstreifen trennt die Felder der regulierten Drau vom Wasser

Fotos: M. Pollner

Tiere waren, vielleicht die Ottern, die wir schwimmen gesehen hatten.

Dann dröhnte plötzlich der Boden von wildem Stampfen. „Die Pferde!" rief das Aveckle.

Sie kamen an, eine wilde Kavalkade von fünfundzwanzig oder dreißig Tieren. Sie donnerten zwanzig Meter am Lager vorbei. Dann sahen wir sie an dem jenseitigen Waldrand zurückrasen, und der Boden dröhnte. Es war ein tolles Bild, die Pferde schienen sämtliche Bindungen zu den Menschen vergessen zu haben. Sie stürmten dahin, eine Herde mutwilliger wilder Geschöpfe der Steppe. Schließlich verschwanden sie im Mondlicht — in dieser Nacht des großen Pans . . .

Flußkraftwerk vor Villach Foto: M. Pollner

VOM ERSTEN STOCK AUS

Nach sechs Tagen verließen wir unser schönes Draulager. Wir schieden mit dem Bewußtsein, ein Paradies zu verlassen, das uns in der Erinnerung für den Rest unserer Tage nur Trost und Herzenslabsal spenden würde.

Natürlich hätten wir getrost noch bleiben können, aber der Wildfluß lockte. Außerdem sollten wir in Velden am Wörther See Post empfangen, und Corinna und Friedrich wurden schon ganz kribblig, wenn sie an die Post dachten. Corinna meinte, ihre armen Eltern glaubten bestimmt schon, daß ihre beiden Töchter als aufgedunsene Wasserleichen zum Kaspischen Meere hinuntertrieben, weil sie, die Töchter, so lange nicht geschrieben hätten.

„Zum Schwarzen Meer, Corinna, zum Schwarzen!"

Das sei ganz gleich, in was für ein komisches Meer, erwiderte sie; und Friedrich erwähnte, daß wir doch schon längst bemerkt haben müßten, wie vergrämt auch sie in stillen Stunden aussehe. Dies komme daher, daß sie immer an ihren armen Mann denke, der in Berlin von früh bis abends arbeite und sich bestimmt zu Tode härme, weil er keine Nachricht erhalte, und so eine lange Trennung sei einer jungen Ehe überhaupt nicht förderlich.

Friedrich sah aus wie der blühende Mai selber. Wir wollten jedoch unsern Kameraden Klaus, den Friedrichmann, im Salzkammergut treffen, und wir gaben zu, daß es vorteilhafter sei, zu schreiben, weil schließlich ein zu Tode gehärmter Mann weder ihr noch uns dienlich wäre.

Ach, und wie schön war es doch, aus der Stille des Dschungels wieder auf den starken Strom hinauszusteuern, der unsere guten Boote auf seinem nun glatten Rücken leicht und rasch durch das Land trug!

Es war einmal ein Mädchen, berichtet ein altes Märchen aus Kärnten, das aus der untergehenden Sonne hervortrat und eine silberne Herde vor sich hertrieb, die sich geduldig von ihm lenken ließ. Die Wiesen, Matten und Wälder der Niederung wichen zurück, um der Herde und dem Mädchen Platz zu machen. Dadurch entstand ein allgemeines Gedränge im Land, denn das Mädchen mit der Herde war so schön, daß es alle sehen wollten. Die hinteren Wälder stellten sich auf die Zehen, und sie mußten sogar die Berghänge hinaufgehen, um besser sehen zu können. Sogar die schwerfälligen und phlegmatischen Steine wurden von der Neugier angesteckt, und weil sie noch weiter entfernt waren, mußten sie aufeinanderspringen, und die entferntesten türmten sich am höchsten auf, um einen Blick auf das wunderschöne Mädchen mit der Herde werfen zu können.

An dieses Märchen mußte ich denken, als wir wieder auf dem glitzernden Fluß fuhren. Das wunderschöne Mädchen ist die Drau, die silbernen Schäfchen sind die ihr gefügigen Wellen. Wir selbst empfanden die Wellen zwar durchaus nicht immer als Schäfchen, aber so ist eben die Märchenperspektive. Das Ganze ist die poetischste Darstellung der erdgeschichtlichen Vorgänge des Landes Kärnten, das die Drau von der Abend- bis zur Morgenseite durchzieht.

Die Drau ist außerdem die wichtige geologische Grenze zwischen den aus Granit und Gneisen aufgebauten Zentralalpen im Norden und den wuchtigen Südlichen Kalkalpen, die nun als Gailtaler Alpen unser rechtes Ufer begleiteten. Sie endeten unvermittelt vor Villach mit der Dobratsch-Alpe, wo zwischen ihnen und den Karawanken der Blick ins Kanaltal gen Tarvis frei wird. Aber noch vorm Abfall des Dobratsch sahen wir im Sonnenglanz die Karawanken; und gerade über der Drau, die zu ihnen hinzuführen schien, stand helleuchtend mit seinen Kalkschroffen die eindrucksvolle Pyramide des Großen Mittagskogels.

Da waren wir schon in Villach, das die Drau unter Eisenbahn- und Straßenbrücken unangefochten durcheilte.

Wir teilten nicht die Eile des Flusses, wir landeten, um einen Blick auf Villach zu werfen. Wir machten uns ziemlich fein, denn eine Jause mit Kaffee, Torte und Schlagobers winkte in einem schönen Kaffeegarten überm Wasser, den wir im Vorbeifahren erspäht hatten.

In Villach herrschte reger Verkehr, und es war für uns wunderlich und schön, wieder einmal in einer Stadt umherzugehen und uns die Läden anzusehen. Dann nahmen wir ja auch richtig die schlemmerische Jause ein, und schließlich stiegen wir auf den 95 Meter hohen Turm der Stadtpfarrkirche St. Jacob.

Ich habe eine stille Leidenschaft für Turmbesteigungen, von oben sieht man alles so schön und anders. Man sieht ganz klar, wie die Stadt gelagert und gewachsen ist, und sie führt einem freundlich ihre nähere und weitere Umgebung vor. Ganz klein eilen die Leute und Fahrzeuge auf den Straßen hin und her. Man sieht in die Hinterhöfe hinein: eine Frau ist bei der Wäsche, ein alter Mann liest die Zeitung am Fenster, das Hinterrad eines Fahrrads wird aufgepumpt; und wenn es gerade die rechte Zeit ist, riecht man, was die Bürger zu Mittag oder zum Abend essen werden. In den kleinen Gewerbebetrieben der Innenstadt sieht man den Meister an der Hobelbank stehen, hört seltsam gedämpft eine Kreissäge kreischen, das Klingen der Hämmer in einer Schmiede; woanders wird an einer Karosserie geschweißt. In die größeren Betriebe kann man nicht sehen, weil sie meistens alle weiter draußen sind. Und alles ist schön und harmonisch und ein bißchen unwirklich und viel schöner, als wenn man es von einem Flugzeug aus sähe. Denn erstens fliegt ein Flugzeug meistens höher als 95 Meter, da entgehen einem viele Einzelheiten, und zweitens macht so ein Kirchturm ja keinen Lärm. Wir betrachteten hier Villach und das Kärntner Beckenland mit seinen Randgebirgen sozusagen vom ersten Stockwerk aus.

Villach mit seinen rund 31 000 Einwohnern ist die zweitgrößte Stadt Kärntens (die größte ist die Hauptstadt Klagenfurt). Es wird bereits im Jahre 878 genannt, erklärt unser Flußbaedeker, und dann sagt er noch: „Bis 1759 gehörte es zum Hochstift Bamberg, von da ab zu Österreich.“ Es gehörte übrigens 750 Jahre zum Hochstift Bamberg, man stelle sich das einmal vor! In alter Zeit war Villach Mittelpunkt des Handels zwischen Deutschland und Venetien. Der Niedergang Venedigs wie auch die Verwüstung Kärntens während der Franzosenkriege hatten dann Villachs Bedeutung stark gemindert. „Die Umgebung bietet viel Lohnendes“ stand noch in unserm Führer. Von Villach aus kann man am besten mit der Kanzelbahn zur „Kanzel“ überm Ossiacher See auffahren und von dort bis zur 1909 Meter hohen Gerlitzen wandern, von wo aus man einen der schönsten Blicke über ganz Kärnten hat. Da liegt das ganze Land in seiner wunderbaren geschlossenen Einheit. Die großen und kleinen Seen blinken aus Wäldern und Tälern herauf, und zwischen allem windet sich mit starkem Atem diese Drau hindurch, die merkwürdigerweise nichts von den warmen und weichen Seen wissen will.

Stark in den Farben und zugleich anmutig südlich scheint das ganze Land, das aussieht, als könne es nur Genüsse bieten. Hohe Tauern und Norische Alpen schützen es vorm

Zugriff rauher Winde. Aber Kärnten war seit je Grenzland, und die Menschen, die es bewohnen, haben nichts von jener Weichheit an sich, mit der der Süden oft fälschlich gleichgesetzt wird. Bekannt ist der heldenmütige Freiheitskampf der Kärntner in den Jahren 1918/19. Im ersten Weltkrieg selbst konnte der Feind nicht eindringen, die Front verlief auf der Karnischen Hauptkette.

In der Folge sahen wir längs der Drau hier und dort Gedenksteine, die in ihrer schlichten Schmucklosigkeit um so tiefer wirkten. Sie berichteten von einem schwierigen Flußübergang, von einer heißumkämpften Brücke: nach dem Zusammenbruch der Monarchie mußten sich Kärntner Volkswehr und Freiwillige in harten Abwehrkämpfen vor der Übermacht der südslawischen Truppen bis nördlich von Klagenfurt zurückziehen. Erst auf Grund dieses heroischen Abwehrkampfes wurde Kärnten eine Volksabstimmung zugebilligt, die es vor dem Schicksal einer Aufteilung bewahrte. (Ohne Abstimmung wurden das Tarviser Gebiet im Südwesten, Seeland, das Miestal und Unterdrauburg im Unterlande abgetrennt.) Die Mehrheit wurde mit einem großen Teil der im Unterland ansässigen Slowenen und „Windischen", eines versprengten slawischen Volksstammes, erzielt, denen die Zugehörigkeit zum Kärntner Land höher stand als zum neuen Südslawenstaat. Auch nach dem zweiten Weltkrieg ist Kärnten im wesentlichen unversehrt geblieben.

Am Klagenfurter Weltkriegsdenkmal steht kurz und erschütternd: „Von dieser Stelle zogen ins Feld am 4. August 1914 das Feldjägerbataillon 8, 38 Offiziere und 1222 Soldaten." Darüber, auf einer gesonderten Tafel, steht: „Gefallen sind 38 Offiziere und 1221 Mann . . ."

— — — — —

Mit dem Bild der Karawanken im Gemüt, die sich vor uns in ganzer Pracht erstreckt hatten, stiegen wir vom

Turm St. Jacob herunter und schritten unseren Booten zu. Der Gedanke einer zünftigen Bergwanderung zu diesen Zinnen stand fest; wir erörterten ihn, als wir in den Booten saßen und die regsame Stadt hinter uns ließen. Heute wollten wir noch ein tüchtiges Stück schaffen, bis zur Höhe des Wörther Sees, der nur wenige Kilometer von der Drau entfernt liegt. Wir wollten dann nicht zelten, sondern irgendwo im Gasthaus schlafen, um ab morgen für einige Tage „zu Lande auszufahren". Ein schönes Grandhotel am Wörther See erschien uns zwischendurch und zur Abwechslung erstrebenswert.

Vier Kilometer unterhalb Villachs mündet die Gail. Ihr Tal läuft, durch die Bergkette getrennt, lange Zeit parallel dem der Drau. Von einigen Karawankenwildbächen abgesehen, ist die Gail Österreichs südlichster Fluß. Sie durchströmt ein anmutiges Hochtal und ist ab Körtschach-Mauthen leicht zu befahren. Nur ein Elektrizitätswerk ist zu umtragen. Es ist, das starke Gefälle dort ausnützend, an der Stelle eines Bergrutsches des Dobratsch angelegt, der im Jahre 1348 das ganze Flußtal verlegt und seinen Boden oberhalb stark vermoort hatte. Wer das Gailtal in Muße durchzieht, wird an manchem alten Brauch noch teilnehmen können. So in Nötsch etwa, wo an festlichen Sonntagen die Burschen Kraft und Geschicklichkeit in bäuerlichen Turnieren erproben. Die Sieger werden von den Mädchen mit Kränzen ausgezeichnet.

Weit und groß war nun die Landschaft, leicht, aber immer noch rasch der Fluß. Der Nachmittag verglühte, der Abend senkte sich friedvoll über den Fluß. In der Dunkelheit landeten wir in einer sandigen Bucht gegenüber einem senkrecht aus dem Wasser ragenden Felsen. Das kleine Gebäude, dessen Umrisse schemenhaft hinter Bäumen wahrzunehmen waren, mußte sicherem Vernehmen nach ein Gasthaus sein, der senkrechte und düstere Felsen am anderen Ufer war uns an der letzten Fähre als untrügliches Merkmal bezeichnet worden. Wir liefen im Dunkeln durch tauiges Gras. Der Fluß rauschte an den Felsen, und die Zikaden zirpten wie verrückt.

Das Haus war verriegelt, und wir kamen uns wie böse Räuber aus dem dunklen Wald vor, als wir unheilschwanger klopften. Lange Zeit geschah nichts. Dann schlurften Schritte. Eine krächzende Stimme sprach in einer uns unverständlichen Sprache. Die schwere hölzerne Tür wurde einen Spalt geöffnet — und sofort wieder zugeschlagen. Ich hatte ein Zündholz entflammt und hatte eine Sekunde lang den Kopf eines uralten Weibleins erblickt.

Jämmerliches Kindergeschrei wurde hörbar. Wir kamen uns verworfen vor, und wir beschlossen, das Haus niederzubrennen und seine Bewohner ohne Gnade zu ermorden, falls sie uns kein Obdach gäben. So mochten in alten, schlimmen Zeiten die Kroaten nächtlich an die Türen der Häuser geklopft haben. Eine Treppe knarrte, andere Schritte erklangen, vielleicht verbarrikadierten sie sich nun drinnen . . .

Aber die Tür wurde aufs neue geöffnet, und der Wirt selber und die Wirtsfrau waren es nun, einen Leuchter in der Hand. Die erste Erscheinung war die alte Großmutter gewesen. In allen Kärntner Wirtshäusern gibt es gute, alte Großmütter. Wir brauchten auch keine barbarischen Handlungen weiter zu begehen, weil sie freundlich waren, die aufgescheuchten Wirtsleute, und uns Dach und einfache Labe versprachen. Sie hatten wahrhaftig zwei Zimmer mit je zwei Betten, die gleich überzogen wurden. Das eine Zimmer lag im Obergeschoß, und es war mit seltsamem und wurmzerfressenem Hausrat angefüllt. Es war so niedrig, daß sich die lange Corinna bücken mußte, und an den Wänden hingen überall uralte Heiligen- und Familienbilder. Es schien seit dem Beginn der neueren

Geschichtsschreibung noch nie gelüftet worden zu sein. Friedrich und Corinna mußten es beziehen, weil sie verloren, als wir nach alter Landsknechtssitte darum würfelten. Das Aveckle und ich bezogen dafür ein um so luftigeres, das in einem Nebenbau zu ebener Erde lag und niemals verschlossen werden konnte, weil gar keine Tür in den Angeln hing. In diesem Zimmer gab es nur ein einziges, in Gold, Silber und mit gepreßten Blumen wunderbar ausgeführtes großes Bild über den Betten. Darauf stand: „Heil dem Silberjubelpaar, das in Bremen oder Hamburg war ..."

Das las ich, als ich die Kerze löschte und todmüde ins Bett sank. Die Betten waren schön und mit ganz altem und ganz dickem handgewebten Leinen sauber überzogen. Das Leinen sei ein Leinen, sagte das Aveckle, wie es es heute gar nicht mehr gebe. Das Aveckle zog sogar keinen Schlafanzug an, um das Leinen auszukosten. Ich sagte ja schon, daß es kunsthandwerklich belastet ist, das Aveckle, über eine richtige Handweberei gerät es ganz aus dem Häuschen. Ich teilte ihr übrigens die abenteuerliche Angelegenheit mit dem Silberjubelpaar mit, das in Hamburg oder Bremen gewesen sein sollte. „Klapsmann!" sagte das Aveckle. Ein „Klapsmann" ist ein Mann, dem es nicht ganz richtig im Gemüt ist. Aber das Weib war nur wütend, daß ich ihrem Gefühl nach das handgewebte Leinen nicht genügend bewunderte. Dann dachte es selber über die komische Tatsache nach, und ich träumte die ganze Nacht von unternehmungslustigen Silberjubilaren in Hamburg oder Bremen. Am andern Morgen wies das Aveckle triumphierend auf das schöne Bild, und die zweite Zeile hieß überhaupt: „und dem Herrn, der mit Euch war!", die Wege menschlichen Denkens sind wunderlich; weiß der Teufel, wie ich auf die beiden Hansestädte gekommen war.

DER LINDWURM UND DIE FLEDERMAUS

Das wildromantische Gasthaus im Rosental, wie das Tal der Drau von Villach ab bis über die Glainacher Schwälle hinaus genannt wird, hieß „Zum Einsiedler". Es hätte nicht trefflicher heißen können. Kaum anderthalb Gehstunden vom Wörther See entfernt, lag es so abseits wie nur möglich des großen Fremdenstroms, der sich alljährlich über die Kärntner Seen ergießt. Ein morastiger Fußpfad durch den Wald verband es mit einer nicht asphaltierten Straße, die auch nicht die große Welt bedeutete. Zudem war der „Einsiedler" schön gelegen. Wir zögerten nicht, ihn zu unserem Standquartier zu machen, schon die Fürsorge der jungen Wirtsfrau, die lange keine Gäste beherbergt hatte, reizte dazu. Sie zauberte uns in der Folge, in Sahne angemacht, den herrlichsten grünen Salat auf den Tisch, den man sich vorstellen konnte. Dann gab es ganze Schüsseln aromatischer Walderdbeeren, wie sie nur im südlichen Kärnten wachsen können. Welches Grandhotel wartet mit dergleichen in so unverfälschter Darreichung auf?

Wir schleppten die Boote in die seit Urzeiten nicht mehr benutzte Kegelbahn, und am übernächsten Morgen also traten wir unsere große Wörther See- und Karawankenwanderung an. Die Mädchen hatten sich fahrtenmäßig zurechtgemacht und nahmen die Affen, das heißt, die Tornister, auf die Rücken. Sie kamen sich unerhört zünftig vor, und ich sagte, sie sollten doch nicht so angeben.

Fröhliche Lieder singend, wanderten wir nach Rosegg, das hübsch und mit einer Ruine versehen an der Draubrücke liegt. Dort sollte es Gräber aus der Keltenzeit geben. Das lasen wir im Baedeker, und natürlich wollten wir uns so ein Keltengrab ansehen. Aber alle Einheimischen, die wir danach fragten, wußten nichts von der Existenz von Keltengräbern, und ich war bereit, die Sache aufzugeben.

Aber hier schritt Friedrich ein, die ein ausgesprochen bildungsbeflissener Mensch ist. „Warum", fragte sie, „sind wir überhaupt hierhergefahren, wenn wir nicht einmal ein Keltengrab sehen wollen?" Man müsse die Angelegenheit nur intelligenter und geschickter anfangen und bei der Ausfragung der Bewohner psychologisch durchdachter vorgehen!

Das erste Opfer, gegen das Friedrich psychologisch durchdacht vorging, war eine große, kräftige Frau, die vor einem sauberen Bauernhaus saß und nach alter Weise butterte. Friedrich redete eindringlich auf die Frau ein, die unentwegt weiterbutterte und anscheinend nicht wußte, was sie zu dieser merkwürdigen Geschlechtsgenossin sagen sollte. Aber Friedrich ermüdete nicht, und schließlich ließ die Frau das Butterfaß fahren. Sie führte die Fragerin kameradschaftlich hinters Haus. Aber ein Keltengrab konnte es nicht sein, was Friedrich dort gewiesen wurde, denn wir hörten sie sagen, nein, das habe sie im Augenblick nicht nötig. Sie kam etwas verlegen wieder hervor, und die Frau schaute ratlos drein.

Dann kam eine Händlersfrau mit einer großen Kiepe auf dem Rücken daher, und sie sagte, Keltengräber — das seien nichts anderes als Kroaten- oder Türkenlöcher, wie sie hier sagten. Sie habe das in der Schule gehabt und könne uns wohl eins zeigen. Na, ja — dachten wir, vielleicht liegt hier eine volkstümliche Übertragung vor. Die

Unter der alten Brücke bei Rosegg „floß“ die Drau noch
Foto: H. Rittlinger

Damit man weiß, wo's langgeht!
Ein neuer Drau-Kanal bei Rosegg gibt Auskunft über das ästhetische Gefühlsleben der Landschaftsgestalter.
Foto: M. Pollner

Restwassertümpel – das blieb von der Drau bei Rosegg

„Achtung Wasserschwall" warnt ein Schild vor plötzlich entstehender Flutwelle. (Eine wohl eher theoretische Warnung.)
Fotos: Max Pollner

Keltenzeit liegt schon so lange zurück, daß man billigerweise nicht verlangen kann, daß sie noch in lebendiger Erinnerung des Volks verankert sei. Mit der Kroatenzeit und den Türkenkriegen war das anders, die lagen noch nicht so lange zurück. Wir vertrauten rückhaltlos der lebhaften Händlersfrau, die uns eine Straße hinauf und dann in den Wald führte. Die Kiepe wollte sie uns aber nicht geben. Die sei leer und leicht, sagte sie.

Haben Sie sich schon einmal ein Keltengrab angeschaut? Na, viel zu sehen ist da nicht. Eine mäßige tiefe Grube im Waldboden, zwei bis drei Meter im Durchmesser, mit einem kleinen Wall rundherum, auf dem lustig und wild Farne wachsen. Ich machte drei Aufnahmen, und zwar Nr. 1289: „Frau mit Kiepe zeigt Keltengrab" („Keltengrab" erschien mir weitaus ehrwürdiger als „Kroaten- oder Türkenloch"), Nr. 1290: „Drei Mädchen im Keltengrab" (für die für merkwürdige Dinge immer bereiten Illustrierten), Nr. 1291: „dito ohne Mädchen" (für mehr seriöse wissenschaftliche Zeitschriften). Aber später habe ich die Bilder aus dem Vertrieb herausgenommen. Man soll den Leuten kein Kroatenloch für ein Keltengrab vormachen; befriedigt hat mich die Sache nicht. Erst später fiel uns ein, daß wir den Lehrer des Ortes hätten aufsuchen sollen.

Wie schön es übrigens dort im Rosental bei Rosegg ist, können Sie aus dem Bild mit der Draubrücke und der Karawankenkette mit dem Mittagskogel ersehen, der sich uns hier in wieder anderer Sicht darbot. In großer Hitze wanderten wir dann auf hübschen Pfaden über die Ausläufer der Sattnitz zum Wörther See hinüber, und es herrschte eitel Freude und Wonne, als wir nach Velden hinabstiegen.

Velden ist ebenso wie das am Nordufer gelegene Pörtschach ein seit Jahrzehnten bekannter Kurort und Mittelpunkt des Fremdenverkehrs am Wörther See. Diese Entwicklung verdankt Velden seiner einzigartigen schönen Lage in der Westbucht des Sees. Gepflegte Hotels und Fremdenheime mit herrlichen Terrassen und Parkanlagen werden auch den verwöhntesten Ansprüchen gerecht. Konzerte, Tanzkaffees, Ruder-, Segel-, Schwimm-, Golf- und Tenniswettkämpfe bieten Abwechslung und Zerstreuung. Unterkunft: Gruppe A, in feinbürgerlichen Hotels oder Nebenhäusern, in Zweibettzimmern mit fließendem Wasser, in Ortsmitte und mit voller Verpflegung im Hauptgebäude. Gruppe B, in sehr guten Strandhotels oder deren Nebenhäusern am Südufer ... Verzeihung! Ich merke soeben, daß ich in ein Reisebürowerbeblatt für Pauschalerholungsreisen hineingeraten bin.

Die vorherrschenden Sprachen auf der Veldener Promenade waren Sächsisch (jawohl — wenn das nur wiederkäme!) und Wienerisch, in einigem Abstand folgte Berlin. Im übrigen stellte sich Velden auf den Kopf, als wir dort einzogen, weiß der Teufel, woher es kam. Obwohl ich behaupte, daß sie gar nicht so hübsch sind, empfehle ich keinem Leser, mit drei jungen Frauen loszuziehen. Die Häufung von gleich drei, sagen wir einmal unter uns: feschen, zünftig und einigermaßen nett angezogenen Frauen zog wie ein magisches Gebilde alle Augen an. Die Blicke der männlichen Spaziergänger nahmen je nach dem Charakter sofort einen träumerischen, lyrischen schönheitstrunkenen oder gar unternehmungslustigen Ausdruck an, als sie sie sahen, und besorgte Ehefrauen zischelten ihren Gatten wer weiß was zu. Einmal sah ich, wie eine Frau ihren staunenden Mann weinend in einen Nebenweg zog.

Ich kam mir ziemlich unglücklich vor und verfiel auf die alte Methode, zehn Meter hinter meiner Truppe herzugehen, in die Luft zu pfeifen und so zu tun, als ob ich gar nicht zu ihnen gehörte. Die Damen selbst jedoch schritten freundlich und unbekümmert einher und waren viel zu sehr Weib, um sich nicht in dem Aufsehen zu sonnen, das sie erregten.

Wir dinierten prächtig unter alten Bäumen am Seeufer. Corinna und Friedrich holten ihre Post und waren glücklich. Klaus wollte am 4. in Obertraun am Hallstätter See sein. Es war Zeit, daß noch eine männliche Hilfe herbeikam. Ich bekam auch einen Brief. Aber es war ein Brief vom Finanzamt, des Inhalts, daß ich neben der Einkommensteuer auch noch Umsatzsteuer zu zahlen hätte. Ich bitte Sie: wo liegt bei mir der Umsatz? Man soll sich nie Post nachschicken lassen.

Wir schrieben dann eifrig Ansichtspostkarten an die Daheimgebliebenen. Die Ansichtspostkarten bekam ich anvertraut, damit ich sie in den Kasten würfe. Ich steckte sie auch in meine hintere Hosentasche und vergaß sie schnell. Als ich sie später, auf dem Dampfer, durch Zufall wieder entdeckte, waren sie unansehnlich geworden. Die Tinte war ganz ausgelaufen, denn es war sehr heiß an diesem Tag. Aus Furcht vor den Mädchen warf ich sie heimlich in den See. Ansichtspostkarten sind meiner Ansicht nach sowieso nur üble Aufreizungen der Empfänger, die in der Mühle des Alltags ihrem dornenvollen Broterwerb nachgehen, und die sich bis zum Urlaub noch soundso lange im Schweiße ihres Angesichts abmühen müssen; oder die ihren Sommerurlaub gar schon verbracht haben und nun beim Erhalt einer Ansichtskarte aus reizvoller Gegend erst recht kummervoll werden. Nein, hinweg damit!

Es war mir aber nicht recht geheuer. Vielleicht ist meine Ansicht nicht richtig und viel zu kraß; vielleicht hatte ich direkt verbrecherisch an allen Leuten gehandelt, die nun keine Ansichtspostkarten bekamen! Kann mir ein Leser

Aufklärung hinsichtlich der Gemütswerte von Ansichtspostkarten geben?

Ich erklärte dann lieber den Mädchen, daß wir gleich neue an dieselben Freunde schreiben müßten. Es sei hier angebracht, je eine vom Westufer und eine vom Ostufer zu schicken. Auf der vom Ostufer müsse man bemerken, daß die Wassertemperatur dieses wärmsten Alpensees Europas in der Westbucht im Juni und Juli oft 28 Grad Celsius erreiche, während sie am Ostufer bei Klagenfurt-See nur mit 26 Grad aufwarten könne. Sie schrieben dann auch brav am Abend, denn sie waren froher Ansicht. Federleicht seien die Gedanken, hilfreich und gut. Diesmal gab ich die Karten dem Ober.

Die Fahrt mit dem Dampfboot über den See dauerte etwas über zwei Stunden. Es war schön, inmitten einer Schar frohgestimmter normaler Leute aus Wien, Berlin und dem Rheinland, sowie Sachsen, einmal auf einem anderen Wasserfahrzeug als einem Faltboot zu fahren. Über den Wörther See viel Lobenswertes zu sagen, erübrigt sich, da er ohnehin sehr bekannt ist. Sein Nordufer ist mit drei Halbinseln reich gegliedert; auf deren westlichster liegt der bekannte Kurort Pörtschach. Das Südufer mit seinen Waldhängen ist steiler und stiller. Aber hier, auf einer flachen Halbinsel, befindet sich der schönste Ort: Maria-Wörth. Er ist auch kunstgeschichtlich sehr interessant durch zwei Kirchen. Die ältere ist die kleine Rosenkranzkirche aus dem 9. Jahrhundert mit romanischen Fresken und späteren, gotischen Schnitzfiguren. Diese Weisheit habe ich nicht allein aus dem Baedeker, wir sind am nächsten Nachmittag noch einmal zum Schauen hinübergefahren.

Am hellen Juniabend waren wir in Klagenfurt, das wir vom See aus in der vollgepfropften und klapprigen Straßenbahn erreichten. Der Besucher findet eine weitläufige

Stadt mit breiten Plätzen, schönen Alleen und Grünanlagen vor, die sich in ihrer Schmuckheit sehen lassen kann. Im Gegensatz zu Villach ist Kärntens Hauptstadt sehr aufgelockert. Vom Mittelalter ist nicht viel zu sehen, die Stadt hat zu viele Brände erleiden müssen. Bekannt ist der Lindwurmbrunnen. Aber über die Lindwurmsage selbst verzeichnet der Baedeker nichts. Im Heimatmuseum gibt es im ersten Stock einen eiszeitlichen Nashornschädel (Coelodonta nashornis — nein, vielmehr: antiquitatis), der vielleicht das Vorbild des schröcklichen Lindwurms ist, der nur Jungfrauen verzehrte. Von Einheimischen, mit denen wir beim Wein bekannt wurden, bekamen wir allerdings sieben verschiedene Versionen vorgesetzt. Ich empfehle dem Leser, sich an Ort und Stelle die ihm zusagendste Weise auszusuchen. Wir wollen ja auch keinen Reiseführer hier schreiben.

Im übrigen war in Klagenfurt kein einziges Hotelzimmer mehr frei, und wir fuhren nach Klagenfurt-See zurück. Dort bekamen wir im schönsten Hotel zwei ordentliche Zimmer mit Balkon und Blick über den ganzen See — welch ein Glück! Wer jemals im Sommer am Wörther See war, wird dies nachempfinden können. Wir saßen noch lange hoch überm See, der atmete, als ob er selber ein Lindwurm wäre, aber ein liebenswürdiger. Die Luft war weich und lind, und das Aveckle lehnte seinen Kopf an meine Schulter. Es war schön wie im Kino, und es soll keiner mehr sagen, so ein Film sei nicht lebenswahr.

Dann ging jedes in sein Bett, nur ich blieb noch ein bißchen auf. Ich fing gerade an, an die Umsatzsteuer zu denken, als plötzlich etwas durch die Luft ins Zimmer huschte — eine Fledermaus!

Die kleine Fledermaus glitt in schnellen und schwungvollen langen Ellipsen durchs Zimmer — sozusagen immer in Ellipse herum. Das Aveckle lag im ersten tiefen Schlaf, ich freute mich allein eine ganze Weile an den Flugkünsten des kleinen Tieres. Es fand offenbar den Ausgang durch die hohe Flügeltür nicht wieder und war durch das Licht verstört. Ich schloß dann behutsam die Tür, und das Flugtier war gefangen.

So eine Fledermaus kann es bekanntlich mit der gewandtesten Schwalbe und dem raschesten Raubvogel aufnehmen — aber ausdauernd ist ihr lautloser Flug nicht, weil sie immer flattern muß und nie schweben kann wie ein Vogel. Meine kleine Fledermaus wurde schließlich auch sehr müde. Ihre Ellipsen wurden immer unsicherer, der sanfte, geräuschlose Flug immer schwankender. In der höchsten Not hängte sie sich endlich mit den Krallen der Hinterfüße an einem Schrankvorsprung auf, Kopf nach unten, und ihre niedlichen schwaren Knopfaugen blickten mich richtig und ganz ängstlich an!

Ich war begeistert, es war das erste Mal, daß mich eine Fledermaus ansah! Ich näherte mich ihr und führte vorsichtig meine Hand an sie heran. Diese Flattertiere haben einen außerordentlich feinen Tastsinn, mit dem sie jede Luftbewegung und jede Luftwelle wahrnehmen, so daß sie im Dunkeln nirgendwo anstoßen und jedes vorbeifliegende Insekt, ihre Beute, gleich merken können. Vielleicht wirkte die Nähe einer menschlichen Hand wie Explosionen auf so einen empfindsamen Körper. Aber das kleine Tier ließ sich ruhig anfassen, und es ist gar nichts dabei, eine Fledermaus anzufassen. Es sind reizende, saubere und unter dem Flugmantel sammetzarte Gebilde und gar nicht abscheulich, wie der abergläubische Volksmund behauptet. Sie sind sogar sehr nützliche Tiere, da sie allerlei Schädlinge wegfressen. Allerdings habe ich einmal in einem alten Buch gelesen, daß die Leute in Java von den Fledermäusen nicht so begeistert wären. Dort gäbe es eine Art, den „Fliegenden Hund“, der in Scharen über die sorgsam erzielten Baumfrüchte herfiele und sie wegfräße. Bei dieser Gelegenheit sei auch noch der geheimnisvolle „Blutsauger" oder „Vampir" erwähnt, der in manchen tropischen Gegenden schlafendes Hausgetier, Pferde und Kühe, ja sogar Menschen anfalle. Er bringe ihnen Wunden bei, um Blut auszusaugen, und stellenweise sei er so häufig, daß dort die Rindviehzucht unmöglich geworden sei. Mich selber hat in den Tropen leider nie ein Vampir angesaugt.

Von so schrecklicher Art war die meine nicht. Sie biß auch nicht, obwohl so eine Fledermaus, anders als die Mäuse, ein richtiges kleines Raubtiergebiß mit scharfen Zähnen hat.

Eine schwimmende Feldmaus, die ich einmal aus einem Fluß herausfischte, biß mich als Gegenleistung herzhaft mit ihren kleinen Nagezähnen in die Hand. Aber meine Wörther See-Fledermaus war ein winziges warmes, ängstliches Bündelchen, dessen Herz ich schlagen fühlte, und dessen kleine schwarze Augenknöpfe zum Rühren waren.

Zuerst wollte ich sie dem Aveckle unter die Bettdecke stecken. Aber ich verwarf das sofort, es würde ihr sicherlich nicht gut tun (der Fledermaus). Dann kniff ich das Aveckle in die Seite. Aber es drehte sich unwirsch herum, weil es dachte, ich wollte sie nur necken. Dann wurde das Bündelchen in meiner Hand sehr energisch — das heißt, was man bei so einem kleinen Etwas energisch nennen kann, und ich ließ das Aveckle schlafen. Was kann man einem kleinen Fledermaustier sonst noch Liebes antun? Schweren Herzens öffnete ich die Tür und hängte es ans Balkongeländer. Der kleine Besucher begriff meine Absicht sofort und krallte sich fest. Nach kurzer Weile empfahl er sich froh und lautlos in die dunkle Tiefe.

Am nächsten Morgen schimpften mich das Aveckle und Corinna und Friedrich aus, daß ich sie nicht geweckt hatte. Aber was wollt ihr? Ihr hättet nur einen Mordslärm gemacht, und die kleine Fledermaus hätte einen Nervenschock bekommen, denn sie hat auch noch ein sehr feines Gehör.

(Ein aufmerksamer Leser hat allerdings meine beklagenswerte biologische Unzuständigkeit gerügt und mir geschrieben, daß das von mir begutachtete Flattertier sich mit Hilfe des *Echolot-Prinzips* durch die Geographie orte. D. h., die Fledermaus stoße Schreie aus von einer Frequenz von ca. 30 khz und sondiere an den zurückkehrenden Ultraschallwellen ihre Umwelt. Sie könne also durch Wahrnehmung der verschiedenen Reflexionszeiten sich *logische Vorstellungen* machen. Habe die Fledermaus ihr Revier erkundet, werde freilich streckenweise im „Blindflug" geflattert.)

Aber was man so alles erleben kann!

Nach dem Frühstück an diesem Morgen begaben wir uns ins Strandbad der Stadt Klagenfurt mit seinen schönen und modernen Anlagen, die die dankbarsten Kulissen zu allerhand Aufnahmen abgaben. Ich lichtbildnerte, daß uns allen der Schweiß in hellen Tropfen rann, aber die Bilder wurden entsprechend schön. Vielleicht haben Sie selbst schon die Bildberichte „Drei Mädchen an Österreichs Riviera" oder „Sonnentage am Wörther See" in den Illustrierten gesehen.

Dann warfen wir die Kameras in die Ecke, betrugen uns wie normale Leute, schwammen im klaren See und verpaßten im Hinblick auf unser Sommerfrischenhotel gern den Omnibus zum Loibl-Paß.

DIE EINSAMEN TÄLER DER KARAWANKEN

Der mächtige Zug der Südlichen Kalkalpen mit der Karnischen Hauptkette und dem über hundert Kilometer langen Wall der Karawanken ist seit tausend Jahren auch unverrückbar deutsche Volksgrenze geblieben. Abgesehen von drei deutschen Dörfern im Friaulischen sind hier stets staatliche Grenze und Volkstumsgrenze zusammengefallen.

Man sollte es eigentlich nicht so laut sagen: Die Karawanken gehören zu den schönsten und unberührtesten Wanderzielen in den Alpen. Der Autobus entführte uns schnell über die Drau und zog später tief brummend zum Loibl-Paß hinauf. Die Straße ist ausgezeichnet, aber schmal und steil. Streckenweise 22 Prozent steil, im Durchschnitt 18 von Hundert. Dieser Rat wird zwar nicht viel nützen, denn der Besitzer eines kleinen Wagens hat immer mehr Ehrgeiz als der eines großen. Er ist immer geneigt, seinen Motor sachte, aber sicher zu verhunzen und fünfhundert Mark für Zylindernachschleifen, neue Kolbenringe und dergleichen Scherze auszugeben, wenn der Motor spuckt und es durchaus nicht am Brennstoff liegt. Na schön, wenn Sie wollen.

Wir ließen unseren Omnibus in Unterloibl und hatten eine genußreiche, schattige Steigerei durch die wilde Tscheappaschlucht, was nur Schwindelfreien anzuraten sein soll. Es ist halb so schlimm. Nach anderthalb Stunden erreichten wir den Deutschen Peter.

Der Deutsche Peter ist ein uraltes Wirtshaus an der Loibl-Straße, eine Taverne, die das schon seit 1500 ist und schon immer so schön heißt. Hier trafen wir unseren herunterkommenden Omnibus wieder, und wir spendierten dem kurzbehosten Chauffeur einen „Tannenzapfen" und nicht mehr, aus Betriebsrücksichten, und versprachen ihm, Bilder zu schicken.

Vom Deutschen Peter aus hatte ich auf der Karte zwei schöne Bergwanderungen ausgetüftelt, von denen die ausgedehntere, obwohl wir sie nicht unternahmen, hier ebenfalls mitgeteilt sei. Ich stelle sie mir mindestens ebenso schön und vielleicht noch zünftiger vor als die, die wir tatsächlich machten: Über den Eselsattel nach Oberwaidisch und Zell an der Pfarr. Dann auf versichertem Klettersteig auf den Koschutnikturm, den Hauptgipfel der Koschutagruppe. Über Terkl und vom Zelltal aus, das uns als still und herrlich wie alle Karawankentäler geschildert wurde, zum 2141 Meter hohen und unschwierigen Hochobir mit Schutzhaus. Vom Hochobir über Eisenkappel und das enge Loibnigtal zum 2114 Meter hohen Petzen hinüber. Abstieg nach Bleiburg, wo man die Bahn nach Klagenfurt erreicht. Das wäre eine mehrtägige Karawankentour, die sich aufs mannigfaltigste gestalten, verkürzen und ausdehnen läßt. Sie können schon am Mittagskogel anfangen. Die Bewohner, oft Slowenen, sind reizend und unverbildet, die Preise — auch heute noch — fern vom Wörther See. Dem Bergfreund sollte keine Stunde schlagen.

Wir entschieden uns, vom Deutschen Peter aus westlich auf kleinen Waldpfaden über den Gaisberg ins Bodental zu wandern, um den Übergang zur Klagenfurter Hütte und den Hochstuhl, den mit 2236 Meter höchsten Gipfel der Karawanken, zu „machen".

Das Bodental gilt als das schönste Tal der Karawanken. Ich bin nicht sehr für Superlative. In diesem Buch reiht sich weiß Gott gleich einer Perlenkette eine Landschaft an die andere, von denen fast jede einzelne einen Superlativ beanspruchen darf. Aber ich bin mir noch heute nicht im klaren, ob ich die Krone der Schönheit aller Hochgebirgstäler dem (wennschon anders gearteten) obersten Tal des Huallaga mit seinen Sechstausendern in der Kordillere von Peru oder diesem Karawankental zugestehen soll.

Einsam und abgelegen träumt das Bodental dahin. Der Weiler darin mit den vielen kleinen hölzernen Mühlen am rauschenden Bächlein, den verstreuten sauberen Gehöften, das letzte ist das des „Bodenbauern", war noch nicht einmal durch eine Fahrstraße mit der Außenwelt verbunden. Seine wenigen Bewohner schienen inmitten ihrer Gebirgswelt auf einem anderen, glücklicheren Stern zu leben. Aber wir erfuhren nicht, ob sie das selber so empfanden. Vielleicht schimpften sie schon längst darüber, daß sie noch keine asphaltierte Fahrstraße hatten.

Die Felsmauern der Vertatscha bilden den prächtigsten Talabschluß, den man sich vorstellen kann. Fast von halber Höhe stürzten blendendweiß im mittäglichen Sonnenglast die Kare in den dunklen, schweigenden Teppich des Waldes. Die Räder der kleinen Mühlen rauschten sanft und verhalten, von den Almen her klang der ruhige Ton von Kuhglocken durch die große Sommerstille, in der wir wie verzaubert dahinschritten.

Ich wies auf die senkrechten Felsstürze, die sich im Hintergrunde aus dem Gürtel der Wälder und Almen erhoben — dort hinüber müßten wir! So sind Frauen: nun wollten sie's einfach nicht glauben ... Tagelang hatte ich ihnen erklärt, daß so eine Bergwanderung nicht ganz ungefährlich und zumindest anstrengend sei, und sie sollten ruhig unten bleiben und schöne Tage am Wörther See verleben, das Aveckle und ich wollten allein hinaufgehen. Ich hatte ihnen die Gefahren des Hochgebirges als

Kinder aus dem Bodental (Karawanken)
Foto: H. Rittlinger

schrecklich hingestellt, aber es hatte alles nichts genützt, sie wollten mit. Die Sommerkleider wurden zurückgelassen. In die Rucksäcke kam wollene Reservekleidung für kaltes Wetter in der Höhe. Angezogen wurden Shorts, das einzige Wahre für die heißen Tage. Außer Corinna hatten wir alle ordentliche Bergschuhe an den Füßen. Über Corinnas Schuhe war ich schon zu Hause zornig gewesen, am Tage der Abfahrt. Sie solle sich richtige besorgen, hatte ich ihr gesagt, aber sie war mit viel zu eleganten „Sportschuhen" angekommen, die sich unter ihrer schnell draufgehauenen Besohlung recht unglücklich vorkamen. Natürlich kann man mit drei bergungewohnten Mädchen sowieso keine alpinistischen Glanzleistungen vollbringen, aber kleinere Steigereien „für Geübte und Schwindelfreie" würden sie wohl bewältigen können. — Aber nun bekamen sie es doch etwas mit der Angst zu tun und glaubten noch immer nicht an die Felsen.

Mühsam war der dreistündige Anstieg durch den Wald, wir hatten ja schon einiges geleistet an diesem Tage. Als wir die höheren Almen erreichten, kroch das Aveckle nur noch auf dem Bauche dahin. Aber es kroch nicht aus Müdigkeit, sondern mit kleinen Freudenschreien so dahin — sie hatte plötzlich für sich der Berge schönstes Kleid entdeckt: Blumen und Pflanzen. Und sie entdeckte immer neue Blumen und Pflanzen in solcher Vielzahl und Pracht, wie sie nur auf einer Bergwiese und auf einer Bergwiese in diesen südlichen Alpen gedeihen können. Wie arm sind doch auch die fettesten Wiesen der nördlichen Niederungen dagegen! Allerdings ist kein Gebiet der Ostalpen so reich an seltenen Alpenblumen wie dieses, das alle Vorbedingungen zur Weltberühmtheit in dieser Hinsicht aufweist. Es gibt hier endemische Arten, die also nirgends sonst in der Welt vorkommen. Die tiefblaue Wulfenia etwa, die, wie uns anderntags ein Bergfreund in der Hütte erklärte, nach ihrem gelehrten und schon längst toten Kärntner Entdecker Wulfen benannt ist. Die unübersehbaren Narzissenwiesen mancher Gebiete der Karawanken, die zur Blütezeit im Juni einen weißen Rausch sondergleichen hervorzaubern, haben nicht ihresgleichen.

Das Aveckle jauchzte und erklärte, hier vier Wochen bleiben zu wollen, um nichts als Blumen zu bewundern, zu zeichnen und zu aquarellieren. Da gab es wahre Wunder an kleinen und größeren, kräftigen und überaus zarten Gebilden. Seltsame Primeln und Zwerglilien, Berganemonen, winzige Stiefmütterchen und das hohe Purpurknabenkraut. Hier waren ganz steinige Hänge rot vom Almenrausch, den gewöhnlichen kleinen Alpenrosen, und dort leuchtete es blau von unglaublichen Scharen großblütigen und kleinen Enzians. Im Fels gab es wahrhaftig und ganz unbekümmert Edelweiß und Bergaurikel. In den Senken standen ein Meter hohe Sterndolden — wer vermag das alles noch aufzuzählen und sich da genau auszukennen! Das Aveckle pflückte eine wunderbare und ganz merkwürdige Kugelblume mit wilden Haaren auf der Blüte. Das sei ein „Zorniger Jager", sagten uns Einheimische, und so sah's wahrhaftig aus, und zarte Kohlröserl wurden Blutströpferl und Männertreu genannt. Und die schönen Alpenveilchen waren in Fülle da. Bisher hatten meine beiden jungen Frauen und das Fräulein Alpenveilchen nur in Blumentopf und Zimmer gesehen — können Sie sich, Sie Großstädter, über ihren Blumentopf gebeugt vorstellen, um wieviel schöner so etwas in der freien Natur wächst?

Alle Mühsal und Müdigkeit waren über diesen Wundern vergessen. Aber — hier sind die Felsen, liebe Mädchen! und sie lassen sich nicht wegschieben ...

Der an der Wand aufführende Steig war mit Eisen und Drahtseilen gesichert. Wir waren kaum eingestiegen, als die Mädchen ganz wild wurden. Sie schienen gar nicht mehr seit fünf Uhr früh auf den Beinen und schon mächtig gestiegen zu sein. Über den Vertatschastürzen hing seit einer Stunde oder mehr ein schwarzes Unwetter, von dem ich uns nicht gerne in den Wänden überraschen lassen wollte. Die Kletterei war ja nicht schwierig — aber sie hingen immerhin an der senkrechten Felswand mit wenig zum Treten und nur dem Drahtseil zum Halten, und sie schauten in die grausige Tiefe. Aber alle Ängstlichkeit war dahin. Sie waren aufgeschlossen und empfanden am Fels dieselbe große Urfreude wie auf dem wilden Wasser. Ja, vielleicht noch mehr, denn auch dem trügerischsten Erdenhalt fehlt der Rest Unheimlichkeit, den die Menschen dem Wasser gegenüber zu bewahren scheinen.

Wir bedauerten es, als wir endlich den Sattel erreicht hatten und die steile Wand unter uns lag. Wir konnten nun einen ruhigen Blick in die Tiefe werfen, und wir sahen das ganze Tal und darüber hinaus das Kärtner Land und hell den großen See und einige kleinere, und dünn leuchtete das silberne Band der Drau in der Abendsonne. Überm Tiefland war der Himmel klar, aber bis zum Rand der Berge hatten sich mittlerweile die dunklen, hohen Wolken geschoben. Über den Zinnen und unübersehbaren Kämmen der Massive, die dennoch in aller Deutlichkeit vor uns lagen, waren sie am schwärzesten. Hier und dort kroch schon Nebel über die Flanken, aber richtig schlüssig zu werden schien sich das Unwetter nicht.

Von einem scharfen Grat aus jodelte uns einer, der deutlich zu sehen war, winkend zu. Es gelang uns nicht, erfolgreich zurückzujodeln. Wir schreckten nur einige Gemsen auf, die eiligst übers große Kar des Hochstuhls entfleuchten. Die Mädchen wollten nun nicht glauben, daß es richtige Gemsen wären, aber es waren welche.

Wir stiegen schnell zur Klagenfurter Hütte jenseits des

Sattels hinab, es war ein ganz kurzer Weg und morgen, ja morgen wollten wir auf den Hochstuhl hinauf.

In der Nacht tobte Sturm um die Hütte, die in ihren Grundfesten erbebte. Wir lagen zu dreißig Mann auf den Matratzenlagern, es war gerade Samstag und die Hütte voll besetzt. Mitten in der Nacht fing Friedrich ohne alle Ursache an, ihren Nebenmann zu prügeln, der darüber ziemlich verstört war. Ich erwähnte ja schon, daß sie einen ziemlich lebhaften Schlaf hat, hoffentlich verprügelt sie den guten Klaus nicht allzuoft, es ergäbe eine unruhige Ehe.

Die Mädchen waren nun begierig, auf den Hochstuhl hinaufzugehen, und sie hofften, daß er „schwierig" und nicht allzu leicht wäre (es ist ein Spaziergang). Aber wir konnten nicht aufsteigen, weil jenseits die Maul- und Klauenseuche herrschte, und einige Grenzer in der schönnen Hütte der Klagenfurter Sektion paßten kameradschaftlich auf, daß es niemand tat.

Wir spazierten dafür sonntags morgens auf den etwas über zweitausend Meter hohen Kosjak. Ein netter Grenzer begleitete uns. Der nette Grenzer war kein Einheimischer, aber ein richtiger Bergnarr, sonst wäre er kaum hier. Er konnte uns noch allerhand über die Gegend und die Berge erzählen, und er sagte, wir sollten doch einige Wochen bleiben. Ich war der Höflichkeit halber in diese Anregung eingeschlossen. Aber schlage du dich erst einmal mit drei Frauen herum, Kamerad, und wo bliebe dann der Dienst!

Der Wind pfiff immer noch kalt und mit unerhörter Wucht. Aber in den Felsmulden war es ruhig, und dort lag meterhoher Firnschnee. Schneeballschlacht und Schneeschusselei gehören zu einem hochsommerlichen Gebirgsvergnügen. Auf dem Gipfel, der mehrere hundert Meter senkrecht nach der andern Seite abfiel, mußten wir uns platt hinlegen, der Wind hätte uns hinübergeweht. Erst vor vierzehn Tagen seien zwei in den Abgrund geweht worden, direkt vom so harmlosen Kosjak hinab. Du kannst noch so vernünftig sein: wenn die Berge wollen, hilft alles nichts.

In platter Lage sahen wir in die Tiefen und auf die Herrlichkeiten Kärntens. Wir froren, aber im Land drunten war es sicher heiß. Jenseits der Berge gab es keine Wolken mehr, dort schien die Sonne. Die Wolken kamen vom Mittelmeer, aber hier oben waren sie schon müde und alt geworden; sie brachten es gerade noch dahin, schwerfällig und grau vor Anstrengung über die Zinnen zu rollen. Nach Süden zu versperrte uns der Hochstuhl die Sicht, dessen Gipfel verhüllt war.

Um die Mittagsstunde begaben wir uns an den Abstieg. Er führte uns durchs Bärental nach Feistritz hinunter. Das Bärental hat einen anderen Charakter als das Bodental. Es ist trotz Fahrstraße enger und schluchtartiger, sein Abschluß mit den wilden Karen des Hochstuhls kann sich sehen lassen.

Wir liefen aus reiner Lust in wildem Klotz hinab. Zum Schluß verknackste sich Corinna noch den Fuß, das häufigste Vorkommnis auf so einer Wanderung. Der Knöchel war noch ganz, er renkte sich zum Glück bald wieder ein. Aber Corinnas Schuhe waren inzwischen zu wahren Wundern geworden. Ihr rechter klaffte auseinander, und das verlieh ihm ein ungemein trauriges Aussehen, als wäre er mit sich und der Welt völlig zerfallen. Ich klebte ihn notdürftig mit Uhu zusammen. Von den Nägeln war keine Spur mehr zu entdecken. Der Sohle des linken Schuhs hingegen war nur noch mit starkem Bindfaden beizukommen. Später, als wir schon weit unten waren und uns bereits auf glattem Wege befanden, waren Corinnas Schuhe in einer Verfassung, deren wir Schuhe niemals für fähig gehalten hätten. Ihr linker klaffte uns mit breitem Grinsen höhnisch an. Der rechte jedoch hatte eine so seltsame Form oder vielmehr Unform angenommen, von so viel abgrundtiefer und unheimlicher Häßlichkeit, daß uns allen ganz bange wurde. Wir zogen Corinna diese zu Protoplasmen zurückentwickelten Gebilde voller Abscheu von den Füßen und warfen sie in den Feistritzbach. Barfußgehen ist sehr gesund. Aber noch nie schienen die Bewohner des Orts Feistritz eine barfußgehende junge Dame gesehen zu haben. Ihre Freude war unverhohlen.

Das Theater in der Bahn erst! Von Feistritz im Rosental bis zum Dorf Ledenitzen sind es neunzehn Kilometer Bahnstrecke. Der schuhlosen Corinna mögen sie wie neunzehntausend vorgekommen sein.

Von der Bahnstation Ledenitzen liefen wir auf hübschen abendlichen Wegen zum „Einsiedler“ hinüber, den wir in der Dämmerung erreichten. Die guten Wirtsleute waren froh, uns heil wiederzusehen. Weiß Gott, wie schrecklich sie sich die Berge vorstellten, unter deren Schatten sie lebten, und auf denen sie nie gewesen waren.

Es war eine schöne Karawankenwanderung gewesen. Wir merkten das am nächsten Tage am Muskelkater, an dem alles dran war. Wir vermochten uns nur unter fürchterlichem Grimassenschneiden zu bewegen. An Weiterfahren war noch gar nicht zu denken, wir mußten einen Ruhetag einschalten. Wieder am nächsten Tage regnete es, wir blieben dann deswegen noch und hatten es nicht zu bereuen. Am Nachmittag wurde das Wetter herrlich wie je. Wir wanderten zum Faaker See hinüber, in dem sich der Mittagskogel spiegelt. Hoch über ihm, auf dem Tabor, sonnten wir uns, fernen Schalmeienklängen lauschend. Corinna behauptete jedoch, ich hätte zuviel Phantasie, und dies sei ungut. Die fernen Schalmeienklänge waren ein Schlager, hervorgebracht von einem Koffergerät in einem Boot auf dem See tief unter uns.

Wenn das Glück in den Lüsten des Körpers bestände, dann müßte man das Rindvieh glücklich nennen, wenn es Erbsen zu fressen fände.
(Heraklit)

SONNENLAND

Von den Bergen aufs Wasser — gibt es etwas Schöneres für naturfreudige Menschen?

Uns wurde ein sonniger und der schönste aller bisherigen Fahrttage auf der Drau beschert. Größere Wildbäche der Karawanken hatten gewaltige Schuttkegel ins Hauptal geworfen, die Hitze brütete darüber. Die Wildbäche hatten alle Mühe, sich durch die dicke Hitze und ihr eigenes Geröll hindurchzufressen. Der Hauptfluß schnitt hier und dort solche Kegel an; aber wo ihm dies noch nicht gelungen war, brauste er wild und anscheinend planlos durch die Gegend, oft verzweigt um Sandinseln herum. Verzweigungen im Wildfluß bedeuten meistens Abtrift, und so eine Abtrift ist schön tückisch, wenn man den bedeutenden Zug des Wassers unterschätzt. Das Aveckle verpaßte einmal den Anschluß, als wir links an einer Insel, einer riesigen Wildbachgeröllhalde gegenüber, vorbeifuhren. Der Stromzug entführte sie einfach in den rechten Arm. Ich schrie ihr zu, sie solle machen, daß sie wenigstens dort noch herumkomme — aber damit schoß sie schon rückwärts einem großen weißen Schwall zu und entschwand unseren Blicken.

Wir griffen in die Paddel, was das Zeug hielt. Wir erwarteten, sie kieloben treibend unten ankommen zu sehen. Aber sie ging erfolgreich aus ihrer Wasserbalgerei hervor. Von der wilden und ganz eigenartigen Geschiebelandschaft, über die vom makellosen Himmel herab die

Sonne hymnisch triumphierte, hat sie dafür keinen Deut gesehen.

In ihrem weiteren Verlauf erforderte die Drau alle Aufmerksamkeit. In nie gestörter Einsamkeit und großer Gebirgstallandschaft kündete sich brausend der lange „Ludmannsdorfer Schwall" an.

Der Ludmannsdorfer Schwall ist eine der schönsten und längsten Stromschnellen der Drau. (Seit 1968 durch das neue Kraftwerk bei Unterwellersdorf-Feistritz nur noch ein Schatten seiner selbst.) Wir steuerten mutwillig in ihre höchsten Brecher hinein. Die in der Überlieferung und im Flußführer angegebene Schwierigkeit erschien uns allerdings als nicht mehr gerechtfertigt — aber „Schönheit" und Länge der Schnelle waren über alle Maßen erhaben. Hingegen erlebten wir etwas oberhalb der Hollenburg Schwälle, die überhaupt nicht im Flußführer verzeichnet waren, die uns aber tanzen ließen und arg zu schaffen machten. Das liegt nicht an dem kleinen Flußführer, sondern ziemlich natürlich in einem Gebilde begründet, wie es der Fluß und vor allem der Wildfluß darstellt, der sich unaufhörlich verändert. Es ist schön, daß es so etwas überhaupt noch gibt. Diese Stromschnellenveränderungen wurden uns auch von Hamburger Sportskameraden bestätigt, die wir später trafen. Der Führer dieser Gruppe kannte die Drau und damit die Selkach-Ludmannsdorfer Schwallreihe als ziemlich aufregend von früher her. Er war ein alter Wildflußfahrer — so komisch das von einem aus Hamburg klingt —, der die Veränderungen des jeweiligen Wasserstands wohl in Rechnung zu setzen wußte. Sie hatten an völlig unvorhergesehenen Stellen zwei Umschmisse gehabt.

Unter der Hollenburg landeten wir. Der Blick von dieser Burg übers Drautal war prächtig, wie könnte es anders sein! Der Auwald in der sonst so wohlgeordneten Kulturlandschaft des Rosentals sah von oben wie ein wilder,

In großer Gebirgslandschaft: Die leuchtend schäumende Drau
Foto: H. Rittlinger

Foto: H. Rittlinger

Die Ludmannsdorfer-Schwälle gibt es längst nicht mehr. Dafür schmückt das Kraftwerk Feistritz-Ludmannsdorf die Drau-Landschaft mit kaltblütigen Betonklötzen.

Foto: M. Pollner

undurchdringlicher Dschungel aus. Er hatte gegen den Oberlauf eine kleine Verwandlung durchgemacht.

Wir fuhren dann nicht mehr weit. Wo das Tal eng wurde und der Wald — der hier nicht mehr aus dichtstehenden dünnen Erlen bestand, sondern vorwiegend stark, knorrig und ungemein verfilzt war — ein geringes Uferstück freigab, schlugen wir das Lager auf. Inmitten einer wildwuchernden Vegetation, zwischen Riesenfarnen und allerlei merkwürdigen Schlinggewächsen, lebten wir nicht anders als in irgendeinem tropischen Urwald.

An diesem Lager entdeckten wir am anderen Morgen einen Maulwurf im Ufersand. Er war urplötzlich da, der kleine Herr der Unterwelt, ein Bürschlein in lilaschwarzem Sammetmantel — der uns in unserer Reihe absonderlicher Freunde gerade noch gefehlt hatte! Es war wirklich komisch, wie er plötzlich mitten unter uns Menschen geraten war. Aus irgendwelchen Gründen, die ich jetzt, beim Niederschreiben, nicht mehr so rekonstruieren kann, nahmen wir an, daß er einen Gang vom anderen Ufer her direkt unter dem reißenden Fluß gehabt haben müßte. Das wäre eine die Tüchtigkeit eines Maulwurfs sehr ansprechende, aber vielleicht keine auf die Dauer aufrechtzuerhaltende Annahme. Jedenfalls war er da, mit Freudengeheul begrüßt. Jeder wollte ihn in die Hand nehmen, und dabei verhielt er sich zuerst auch ganz manierlich. Als ihm das zu langweilig wurde, fing er an, mit seinen hellen nackten und richtigen Händen in der Luft herumzupaddeln, und schließlich quiekte er fürchterlich.

Das Aveckle setzte ihn wieder auf den Sand. Dort verschwand er schnell unter einem Boot und war im Nu im Sand eingegraben — es war verblüffend. Aber wir holten ihn wieder hervor, säuberten seinen schönen Pelz vom Sand, und er blinzelte uns mit seinen kleinen Augen ängstlich an. Es ist nämlich gar nicht wahr, daß ein Maulwurf

„Die Drau im Rosental mit dichtem Auwald – eine Kultur- und Flußlandschaft von hinreißender Harmonie ...", so schrieb Herbert Rittlinger damals.
Heute überspannt eine gigantische Brücke den stehenden Fluß mitsamt der untergegangenen Flußaue.
Foto oben: M. Pollner Foto unten: H. Rittlinger

keine Augen hat. Er hat welche, wenn sie auch ziemlich klein und unter seinen Haaren verborgen sind. Wenn es darauf ankommt, kann er richtig blinzeln. Vielleicht muß er sich nur erst ans Licht gewöhnt haben und die Augen ein bißchen verdrehen.

Das kleine seidenweiche Lebewesen zappelte und quiekste erbärmlich, es verlor am Ende völlig die Nerven. Na, schön, wir setzten es in den Schatten unter die Farne. Wir dachten, daß Schatten einem Maulwurf gut tun würde, und es war überhaupt verwunderlich, daß er sich in die heiße Sonnenhelle gewagt hatte. Es ist sicherlich nur Unkenntnis, zu glauben, daß Maulwürfe das Licht und den Tag scheuen. Vielleicht hatte er einfach am Fluß trinken wollen. Als wir ihn in den Schatten setzten, entfloh er schleunigst. Es ist unglaublich, wie schnell sich ein Maulwurf fortzubewegen vermag. Wir gingen ihm zwei oder drei Meter durch die Farne nach, um zu sehen, was er wohl begänne — aber im Handumdrehen war er unsern Augen entschwunden, die Erde hatte ihn buchstäblich verschluckt.

Nach diesem Erlebnis fiel mir ein, daß während des ganzen Geschehnisses die Kameras still und vergessen in der Zeltecke geruht hatten ... Maulwurfbilder sind selten, haben Sie schon einmal einen richtig photographiert gesehen? Daß ich nie ein fixer aktueller Reporter werden kann, war mir schon längst klar — aber daß ich auch ein ungeistesgegenwärtiger Tierlichtbildner bin, betrübte mich sehr. Geistesgegenwart ist meistens meine schwache Seite, ich bin da leider ganz und gar kein Tausendsassa. In merkwürdigen und auch gefährlichen Lagen bewahre ich wohl Ruhe — aber da spricht sicher nur ein gewisses Trägheitsmoment mit. Dafür fallen mir in scharfgeschliffenem Hinundwidergespräch die besten Wendungen immer erst fünf Minuten später ein.

Na ja — ich photographierte dann so ein bißchen herum und gab nicht acht auf meine Begleiterinnen, die sich zum Frühstück niedergelassen hatten. Ich hätte das nicht tun sollen, denn sie waren gefräßig, sie unterschieden sich darin in nichts von den Maulwürfen. Erlauben Sie mir, hierbei einen so harten Ausdruck wie „Fressen" zu gebrauchen. Vielleicht habe ich schon allzuviel über unsere Mahlzeiten erzählt — aber Stoffwechsel und der Kreislauf, der von der Nahrungsaufnahme beeinflußt wird, sind nun einmal so wichtige Einrichtungen im Leben, daß dies nicht ungerechtfertigt ist.

Also, sie frühstückten zuerst neun Eier mit Speck und geröstetem Weißbrot mit Butter. Dann fraßen sie einen großen Topf mit Porridge, dickem Haferflockenbrei mit Haselnüssen, Rosinen und Sahne auf und ließen mir nichts. Dann vertilgten sie Schwarzbrotstullen dick mit Butter drauf und Schweizer Käse in kaum glaublicher Menge. Nicht genug damit, machten sie sich noch über die Erdbeer- und Aprikosenkonfitüre her, schließlich über die Schokolade — während ich harmlos und im Schweiße meines Angesichts so herumlichtbildnerte.

Ein ausgedehntes Frühstück ist ja zuweilen ganz schön — aber nein, Kameraden, so etwas geht doch zu weit! Ich legte meinem Zorn gar keine Hemmungen auf, ich sagte klipp und klar, was ich von den drei Weibsbildern dächte — aber das hatte ja alles gar keinen Sinn. Sie lagen einfach wie aufgedunsene Fettsäcke umher und erwiderten kein Wort.

Auf Grund dieser Umstände kamen wir erst aufs Wasser, als die Sonne schon im Zenit stand.

Der folgende Teil der Drau ist einer der interessantesten und schönsten. Vor Glainach sind große Schwälle (Wildwasser III bis IV), die Wellen erreichen bedeutende Höhen. Da sie ziemlich gerade verlaufen, ist es am besten,

Das Drautal unterhalb der Sattnitz bei Goritschach, heute völlig verändert durch den Stausee

Drau bei der Annabrücke
Fotos: H. Rittlinger

Auch die mühsame Uferbewaldung vermag die Trostlosigkeit des Flußbildes nicht zu mildern.

Annabrücke heute
Fotos: M. Pollner

mitten durchzufahren. Linker Hand sind die hohen Sandsteinfelsen der Sattnitzabstürze mit ihren merkwürdigen Formen. Stets veränderliche Sand- und Schotterbänke erfordern die Aufmerksamkeit der Wasserwanderer. Alles in allem eine Paradestrecke sprudelnden Wildwassers.

Wir nahmen die Glainacher Schwälle ohne Beschwer und ohne sie uns erst vorher anzusehen. Der Ruch des Wassers unterm heißen Mantel des Sonnensommers genügte, meine Mannschaft aufzukratzen. Was soll ich noch sagen, daß das wildbewegte Wasser und die Landschaft nach jedes Flußwanderers Herzen waren? Zu viele Steigerungen sind nicht gut. Am späten Nachmittag landeten wir an einer großen Geröllbank, und der Felskegel des Hochobir auf der Abendseite schaute freundlich zu.

Das folgende Lager war bemerkenswert. Erstens weil Friedrich, kaum daß wir die Zelte aufgeschlagen hatten, sich ernstlich zurückzog.

Ihr war hundsmiserabel zumute.

Der Tag war unerhört heiß gewesen, und der Magen hatte die Freßorgie vom Vormittag trotz der körperlichen Beanspruchung offenbar noch nicht bewältigt. Wir zogen Friedrich kurzerhand aus dem Bau und flößten ihr Rhizinusöl ein. Sie wehrte sich mit dem Mut der Verzweiflung. Es ging auch nur dadurch, daß Corinna ihr einen schwesterlichen Kinnhaken versetzte. Vor Verblüffung klappte Friedrichs Unterkiefer nach unten, und da war's schon geschehen. Wir hielten den Unterkiefer mit aller Macht zu, wie bei einem kleinen Hund, der die Staupe hat.

Friedrich war grün angelaufen.

Davon wurde es Corinna ganz schlecht, und das Aveckle schluckte auch verdächtig. Sie behaupteten, es komme von der H i t z e , vielleicht hätten sie einen Sonnenstich. Sie legten sich zum Verschnaufen nieder, und es kam ein wie irrer Ausdruck über ihre Züge.

So straft in gerechtem Grimm Freßsäcke die Natur.

Sonnenstich — daß ich nicht lache!

Zweitens entdeckten wir, daß wir auf einer Insel an der Einmündung des Flusses Gurk lagen — die außer uns noch von fünfzig weißen Stieren bevölkert war. Die Stiere waren alle blendend weiß, junge und ältere, und sie hatten starke, ausladende Hörner. Noch nie hatte ich so rein weiße und so prächtige Stiere gesehen.

Der Tag neigte sich. Daß wir auf einer (wenn schon paradiesischen) Insel gelandet waren, war nicht so erfreulich. Wir entdeckten es eigentlich erst, als Corinna und das Aveckle sich soweit erholt hatten, um noch einigen Ergänzungsproviant im „nächsten Ort" holen zu können. Ich lief ein Stück mit, und plötzlich standen wir angesichts einer hohen Eisenbahnbrücke über das Augelände an der Spitze der Insel und am Fluß Gurk, der wenige Meter unterhalb in die Drau mündete. Erst versuchten wir, die hohe, einsame Eisenbahnbrücke zu erklimmen. Aber oben stemmte sich eine Art Falltür allen weiteren Bemühungen unaufklappbar entgegen.

Da standen wir also, und die Boote erst zu holen, hatten wir keine große Lust. Vorher waren wir durch die erwähnte Herde fünfzig weißer Stiere mit gewaltigen Hörnern geschritten, und es waren w i r k l i c h Stiere, das sahen wir ganz deutlich. Vorderhand schienen sie keine feindliche Absicht zu hegen. Sie standen einfach da und glotzten stumm, und wir schritten mutig an ihnen vorbei. Aber zwei kamen uns wie von ungefähr nach und muhten leise böse, und das kam mir verdächtig vor. Dem einen hing eine große Blume lässig aus dem Maul. Das sah aus wie auf einer Witzzeichnung, wie man sie manchmal sieht. Ich habe nie geglaubt, daß Witzzeichner so aus dem vollen Leben schöpfen. Jedenfalls kamen sie uns nach (die Stiere, nicht die Witzzeichner), ihre Hörner sahen schrecklich aus,

Faltboot im Ludmannsdorfer Schwall

Drau-Impressionen
Fotos: E. Keaufer

und ich sagte Corinna und dem Aveckle, sie sollten sich nicht um die Tiere kümmern, ich wisse Bescheid, ich sei ein alter Stierkämpfer, wenn es darauf ankomme.

Jenseits der Gurk war das Ufer bewaldet und steil. Eine Fähre war vorhanden, aber es sei nur die Fähre fürs Vieh, sagte der Mann, der auf unser Rufen nach langer Zeit herübergestakt war. Der Fährmann sagte auch noch, daß es gar keinen „nächsten Ort" hierherum gebe, aber Petroleum und Salz (was wir am nötigsten hatten) könne uns seine Frau gut und gerne geben, und von den Stieren sei nur einer böse, auf den müßten wir aufpassen. Ich ließ die beiden Mädchen allein hinüberfahren, und sie kamen erst spät im Dunkeln leicht angeheitert zurück. Die freundliche Frau hatte ihnen hellseherisch einen selbstgebrauten Schnaps verpaßt.

In der Nacht ließen uns die Stiere ja schön in Ruhe, und auch am nächsten Morgen noch, der strahlend wie je aufgezogen war. Friedrich murmelte des öfteren einmal etwas in sich hinein und verschwand dabei jedesmal, aber sonst war sie munter wie ein Fisch im Wasser. Auf das schöne Frühstück warfen sie alle kaum einen Blick. Sie behaupteten dafür, es bereite ihnen Übelkeit, mich so furchtbar schmatzen zu sehen und zu hören, und wenn sie es nicht mit eigenen Augen sähen, würden sie nie glauben, daß ein Mensch von Kultur sich einer solchen profanen Beschäftigung derartig unmäßig ergeben könne.

Ich war in friedfertiger Stimmung und ließ mich auf keine näheren Erörterungen ein. Sie waren außerdem in der Mehrzahl und irgendwie kampflustig gestimmt. Wir liefen über die sehr breite und heiße Geröllbank und schwammen in der Drau. Dem Bad entstiegen, legten sich Friedrich und das Aveckle auf ein Stück schönen, schattigen Rasens bei den Zelten, während ich weit entfernt am Wasser an den Booten zu schaffen begann.

Corinna kam und wusch Töpfe aus, sie hatte Küchendienst.

Corinna sah schön aus, wie sie ihre Töpfe aufwusch, und ich sagte ihr, sie solle die Töpfe wegtun, ich wolle eine klassische Aufnahme von ihr machen.

Ich machte also eine klassische Aufnahme von Corinna, und ich ging gerade daran, eine zweite klassische Aufnahme zu machen, als plötzlich klägliche Schreie vom Lager weit drüben die Stille zerrissen.

Man wird nicht gern in einer wesentlichen Beschäftigung gestört. Aber die Schreie wurden immer kläglicher.

„Herbert, H—e—h—r—bert — —!" riefen sie.

Unwillig ließ ich die Kamera sinken. Da standen die beiden mutigen Frauen mit nichts als ihrer braunen Haut an, und zehn Meter vor ihnen befanden sich die beiden Stiere, die mir schon am Abend vorher verdächtig vorgekommen waren. Der eine stand dumm und neugierig da, er war noch ein sehr junger, wennschon ausgewachsener Stier — aber der andere war der Leitstier, das sah ich sofort. Die andern achtundvierzig standen in einiger Entfernung zwischen den Büschen, unter den Bäumen und auf dem Geröll und genossen abwartend das Schauspiel und sahen schön und weiß aus.

Der Leitstier muhte böse. Sein junger und dummer Begleiter sagte nichts. Ich schrie durch die Hitze über der Geröllbank den beiden weit drüben zu:

„Ja nicht nachgeben! Immer drauf!!"

Stiere sind gar nicht so dumm, wie man immer denkt. Wenn man sich von ihnen einschüchtern läßt und zurückweicht, durchschauen sie sofort die schwache Position des Menschen und werden mutwillig. Am Fluß Elster hatte ich einmal ein Treffen mit einem Stier gehabt. Mein damaliger Kamerad sagte: „Nein, nicht!" als ich dem Tier im vorhinein die Bratpfanne an den Kopf schmettern wollte, „da wird er doch noch wilder!" Ich unterließ dies also, und wir zogen uns behend hinter Stacheldraht und einen Baum am Steilufer zurück. Darauf zerfetzte der Stier mit seinen Hörnern das Zelt in kurz und kleine Stückchen. Wir standen laut aufheulend hinter unserem Baum, und es war zu spät zum Einschreiten.

Also drauf! Das Aveckle und Friedrich suchten fieberhaft je einen Knüppel und getrauten sich nicht weiter vor. Als dies der Leitstier sah, muhte er fürchterlich und senkte den Kopf mit den gewaltigen Hörnern. Ich war zu entfernt, um zu wirkungsvoller Hilfe hinzuzueilen.

Der Stier stampfte nun auf allen vieren und brüllte.

„Immer drauf!" schrie ich, „ja nicht zurückweichen!"

Die beiden Evas gingen einen Schritt vorwärts.

Der Stier stampfte auf allen vieren, den Schweif in die Höhe gestreckt, daß der Boden dröhnte. Den Kopf hatte er noch weiter gesenkt.

„Immer vorwärts, nicht zurück!" schrie ich hinüber.

Der Stier stampfte und brüllte nur so, es war ziemlich spannend.

Das Aveckle stieß unartikulierte Töne aus, Friedrich brüllte in einem fort: „Geh weg! G—e—h weg!"

Der Stier stampfte und brüllte, ich feuerte unentwegt an. Sie gingen daraufhin auch zaghaft einen Schritt weiter vor, aber das Ganze sah verzweifelt unentschieden aus. Ich legte die Kamera weg, um hinüberzueilen — aber da hatte gerade das Aveckle seinen Knüppel auf den Schädel des Tieres geschleudert. Dies war das einzig Wahre, wenn etwas durch die Luft geflogen kommt, wird es einem Bullen unheimlich. Er war verdutzt und wandte sich böse hinweg. Dieser Stier war kein Zeus, der gleich zwei Europas nach Kreta entführen wollte. Sein Begleiter zottelte verwundert und unbegreifend hinterher. Die beiden Heldinnen sanken erschöpft ins Gras . . .

Das Abenteuer hatte einige Minuten gedauert. Es waren fürchterliche Minuten gewesen. Wenn das Aveckle dieses Erlebnis heute Freunden erzählt, zittert es noch am ganzen Leibe. Es erzählt es übrigens recht anschaulich und schön und macht direkt den Stier nach: Kopf gesenkt, Schweif in die Höhe und Stampfen . . . Dazu stampft es selber mit den Füßen, es bekommt richtige Glupschaugen und sieht eindrucksvoll und ganz aus wie eine wilde Kuh, obwohl es das nie wahrhaben will. Aber wenn Sie mich einmal besuchen, und wir bringen das Aveckle dazu, daß es die Geschichte erzählt, werden Sie es mir bestätigen.

Natürlich kamen der Leitstier und sein Begleiter, vielleicht war es sein Sekretär, wieder, so leicht läßt sich so ein Vieh nicht vertreiben. Aber da war ja nun ein starker Mann zur Stelle, und sicherlich hatte der Bulle nun auch seine kämpferische Unbefangenheit uns gegenüber verloren. Jedenfalls jagte ich ihn mit einem starken Knüppel durch die Inselwildnis, damit ihm die fernere Lust vergänge. Es mag roh klingen, und hoffentlich erhebt der Tierschutzverein keinen Einspruch, aber es war wirklich reiner Selbsterhaltungstrieb. „Wenn ich nicht wäre", erklärte ich den Mädchen, „würdet ihr als zerstampfte Leichen hier herumliegen und in der Sonne modern."

Die andern achtundvierzig Stiere jedoch waren durchaus friedlicher Natur. Sie hatten das Schauspiel aus einiger Entfernung verfolgt und trauten sich lange nicht näher heran. Zuletzt siegte jedoch ihre Neugier, und sie überzogen, blendend weiß und jeder eine Schönheit, Lager und Geröllbank. Sie betrugen sich ordentlich, setzten keine Klackse vor die Tür und auf die Boote, waren gutmütig und ließen sich sogar anfassen. Es waren herrliche Tiere, ausgesuchte kärntnerische Zucht. Organische Schönheit, die von den Menschen nicht verhunzt, sondern entwickelt worden ist.

GROSSER, WILDER WALDSTROM

... unter hängenden Weiden mündete die Drau, breit und einsam wie ein Urwaldstrom zog sie durch die Wildnis der Auenwälder, die Unterschlupf sind für Wasservögel und alles Getier, das Wasser, Gebüsch und Menschenferne liebt. Ein ausgefahrener Weg trat zu beiden Seiten an die Donau mitten im niedrigen Wald ...
(Aus einem Reisebericht „Donaufahrt", vom Schiff aus. Frankfurter Zeitung, 1939)

Die Gurk, an deren Einmündung wir gezeltet hatten, ist ein Zahmwasser, ein netter kleiner Fluß, der durch liebliche Wald- und Wiesenlandschaften fließt. Er wird wenig befahren, kein Wunder im übermächtigen Wettbewerb mit der Drau und anderen Wildflüssen. Seine zahlreichen kleinen Wehre sollen leicht zu überheben sein. Er sei für die Wasserwanderer hier erwähnt, die die Stille im Lande besonders lieben. Auf sein Tal am Mittellauf schaut die schöne und erhaltene Burg Hochosterwitz. Weiter oben, im Ort Gurk (mit dem Wagen am besten von Klagenfurt aus zu erreichen) ist der Dom das erwiesenermaßen kunstgeschichtlich Bedeutendste im ganzen Land. Acht Jahrhunderte lang haben Handwerker und Künstler an diesem Schatz gearbeitet, und es ist erstaunlich, daß jedes Jahrhundert und jedes Jahrzehnt sein Besonderes und Bestes zu einem Wunder an Einheit hat beitragen können.

In die Gurk mündet die Glan, die ein Kanal mit dem Wörther See verbindet. Man kann also im Boot zum (die Strömung ist nicht stark) oder vom Wörther See mit einigen Wehrumtragungen zur Drau gelangen. Als wir dort waren, war der Kanal gerade abgelassen. Ich mißtraue überhaupt der Möglichkeit.

Im „Jaunfelde" war das Tal der Drau weit und offen. Das Massiv des Hochobir überm Klopeiner See war lange sichtbar. Hinter dem alten Orte Völkermarkt veränderte

Faltboote haben Zeit! Gemütliche Reise durch das Drautal
Foto: H. Rittlinger

Auf der damals noch fließenden Drau. Unter den Gipfeln der Karawanken
Foto: E. Keaufer

Der Stau vor dem Drau-Kraftwerk Edling. In dieser Form ist Wasser ein Alptraum.
Foto: M. Pollner

sich jedoch das Bild der Flußlandschaft wieder einmal gründlich, wir glitten ins eigentliche „Jauntal" hinein.

Dunkle Waldberge traten zusammen und versperrten dem Strom den Weg. Nicht genug damit, hatten die Berge in ihrem Zorn gewaltige Felsblöcke in den Fluß geworfen, der darüber aufbrauste. Er war weiter denn je davon entfernt, gesetzt einherzuströmen.

Einmal lagen fünf Felsen gleich Brückenpfeilern quer im Strom, die „Teufelsbrücke". Vor solchen Ausdrücken hat das Aveckle mit seiner regen Phantasie großen Respekt. Für sie sind Flußführer gar nicht gut. In unvorhergesehene Sachen gondelt sie vertrauensvoll wie ein Kind hinein, und sie meistert sie auch mit starker Hand; aber wenn man ihr vorher etwas ankündigt, malt sie sich die schrecklichsten Bilder aus und quält einen stundenlang vorher, wie es wohl sei und sich auswirke. Die Teufelsbrücke mit ihrem reißenden Schrägstrom ist bei Hochwasser lebensgefährlich. Wir hatten nun zwar noch etwas übernormales Wasser, aber wir kamen vorbildlich hindurch, und es war erregend schön, wieder einmal „sein Leben aufs Spiel gesetzt" zu haben . . .

Die Fahrt durchs Jauntal (seit 1962 ist dieses schönste Flußtal Österreichs durch drei Kraftwerke mit Staumauern irreparabel zerstört worden) erforderte Aufmerksamkeit. Es war ein Abschluß — einen schöneren hätte uns die Drau gar nicht bieten können.

Das Tal war tief und eng und von wilder Größe. Es gab weder Weg noch Steg an den Ufern; kaum daß dort, wo ein Bach steil von den Waldbergen herniederstürzte, sich einmal ein Gehöft auf geringem Raum befand, das Rad einer kleinen hölzernen Mühle sich drehte. Menschen sahen wir überhaupt keine, am Tage mochten sie auf den Feldern oder wer weiß wo sonst sein. Der Wald war ein wuchernder, knorriger Urwald, der düster herabschaute, und dessen Baumleichen hier und dort im Strome trieben. In den Schnellen und Wirbeln bäumten sie sich auf, und es war nicht gut, ihnen mit dem Boot zu nahe zu kommen.

Im Jauntal war oberhalb Lavamünds ein Unterwasserkraftwerk geplant, das die bisher ungebändigte Kraft des großen Waldstroms ausnutzen soll. Mit den Vorarbeiten sollte schon begonnen worden sein. Aber wir entdeckten noch nichts, was darauf hinwies*. Wir erlebten dieses Tal der Drau — noch — in unvergleichlicher Wildheit und Ursprünglichkeit. Wenn das Kraftwerk erst einmal da ist, wird es den Flußlauf ändern und seinen Stau spürbar machen. Kraftwerke müssen wohl sein, aber wir hofften, daß es nicht zuviel veränderte. In seiner bisherigen Unberührtheit und Einsamkeit und dem großen Reichtum an Wasserwild zählte das Jauntal zu den reizvollsten Flußlandschaften Österreichs. Bemerkenswert ist übrigens, daß die Drau von Osttirol bis zum Anfang des Jauntals an sich völlig durchreguliert ist . . . Den Oberlauf haben schon vor fast hundert Jahren französische Ingenieure so gut begradigt — daß einige gewaltige Hochwasserkatastrophen bisher ungekannten Ausmaßes über ganz Kärnten hereinbrachen. Danach hatte der Wildstrom etliche Dämme zerstört und sich selbst wieder etwas ausgeglichen. In der Folge war man vorsichtiger und tastete nicht mehr Busch und Auwald an, die natürliche Regulierung der Talböden. Bis in die jüngste Zeit beschränkte man sich auf eine ordentliche Befestigung der Ufer, unter Berücksichtigung genügender Überlaufmöglichkeiten in die Altwässer, die nicht unnötig zugeschüttet wurden, wie es um die Jahrhundertwende herum bis heute „Mode" war, in der trügerischen Meinung, daß sie ordentliches Ackerland ergäben.

* Heute sind zwei da: eins bei Lavamünd, das andere wenige Kilometer stromauf bei Wunderstätten. 1960 war ein weiterer „planmäßiger" Ausbau — man kann auch „Ausverkauf" sagen! — vorgesehen, der sich etwa ab 1962 auswirken dürfte.

Auf diese Weise entstand das harmonisch kultivierte Bild eines Wildflusses, der wieder selbst mit seinen Hochwässern fertig wurde.

Es war eine Lust, durch diese Welt zu brausen, die sich allein dem Flußwanderer erschließt. Die hohe sportliche Anforderung tat ein übriges, uns in toller Freude jenes Urgefühl erleben zu lassen, das schönen und einfachen Trieben entspringt.

Das Frohgefühl ging beim Weib Friedrich so weit, daß es mit nacktem Oberkörper in die Wellen hineinschoß.

Na, schön — hier sah uns keiner zu. Aber nach einer Weile tauchte plötzlich eine hohe Brücke auf, die einzige übers tief eingeschnittene Jauntal bis Lavamünd, und links oben klebte ein Ort. Ich fuhr mit Corinna als Führung voraus, und ich schrie Friedrich zu, sich gesellschaftsfähig zu machen. Da steckten wir schon in einem langen und kräftigen Schwall mit starken Widerwellen. Ich sah einen Augenblick eilig nach hinten gewandt Friedrich aufgeregt im Gewühl herumstochern. Sie hatte einfach gar keine Zeit, sich den Dreß überzuziehen, sie war sehr beschäftigt. Mein Gott, wenn das die Leute sehen, halten sie sicher alle Flußwanderer für unmoralisch! Aber wir waren in Sekundenschnelle am Ort vorbei und unter der Brücke hindurch, ehe uns jemand zusehen oder gar seelischen Schaden hätte erleiden können.

Gegen Abend trieben wir am Ort Lavamünd vorbei. Unterhalb der Brücke und der Mündung der Lavant zelteten wir auf einer hochgelegenen Wiese. Es war unser letztes Zeltlager an der Drau. Auf dem letzten Stück des Jauntals wartet die Drau noch mit dem großen Trofiner, dem Fresener Schwall und dem bis daher ersten und einzigen Kraftwerk auf, ehe sie sich hinterm alten Marburg breit und ruhig ins Tiefland verströmt. Aber nun war uns wahrhaftig die Zeit knapp geworden, wir wollten ja ins Salzkammergut fahren.

In Lavamünd trafen wir die bereits erwähnten Hamburger Sportskameraden. Sie kamen fünf Mann hoch eine halbe Stunde nach uns herabgetrieben, schon in der Dämmerung, und sie zelteten ein Stück weiter unten, weil es dort näher zum Bahnhof sei. Am nächsten Tag, als sie die Boote zusammengelegt hatten und nur noch die Zelte standen, luden sie uns zum Kaffee ein. Sie waren patente Hamburger, und wir hatten eine vergnügte Unterhaltung. Vier waren Wildflußneulinge und trotz oder wegen zweier Umschmisse noch voll des Erlebnisses auf Alpenwassern. Sie hatten, die langen Bahnfahrten nicht gerechnet, noch einen Urlaubstag frei, den sie auf der oberen Salzach verbringen wollten.

Wir hatten es weniger eilig mit dem Einpacken, es ging uns nahe, von der lieben Drau zu scheiden. Nur Friedrich bebte und litt. Klaus hatte geschrieben, er wäre bestimmt am 4. am Hallstädter See — es ist unschwer, sich dazu die Empfindungen einer liebenden Frau auszumalen. Also gut, Friedrich — wir machen uns erst einmal über den Zweier her, verfrachten ihn, und du fährst morgen früh voraus! Die besonders schmutzig gewordenen Einer wollen wir gut säubern und austrocknen lassen, und einen Tag später kommen das Aveckle und ich nach.

Spät am Abend gingen wir über die Holzbrücke überm Fluß Lavant ins Wirtshaus nachtmahlen. Der kleine Ort lag still im Mondschein. Die niedrigen Häuser leuchteten fahlweiß und seltsam südlich unter ihren langausgezogenen, dunklen Dächern. Ein Fenster stand offen, und ein Mädchen sang, wahrhaftig. Unsichtbar hinter den alten Bäumen rauschte der große Waldstrom. Der Sommer war betörend und wog schwer in dieser Nacht.

In der Frühe brachten wir Friedrich zum Bähnchen.

Dann waren wir plötzlich allein mit Corinna.

Corinna verließ uns schweren Herzens. Sie holte ihr Köfferchen hervor, zog sich Strümpfe, Schuhe und richtig modisch an. Sie paßte auf einmal gar nicht mehr unter die alten Bäume auf der Wiese vorm Zelt.

Wir starrten sie wie ein Weltwunder an.

Am Nachmittag brachten wir auch sie zur Bahn, und der Abschied war fast förmlich, weil sie so fein aussah. Sie fuhr zum Wörther See zurück. Es war nett gewesen mit Corinna.

Dann brach ein fürchterliches Gewitter herein, und die beiden Einer, die schön austrocknen sollten, packten wir in strömendem Regen zusammen. Das Aveckle hatte dann auch keine Lust mehr, ein Abendbrot zu richten, wir gingen ins Wirtshaus. Als wir spät, frierend und naß, ins Zelt krochen, brauste der Regen nur so, und das Zelt kam uns auf einmal ziemlich ungemütlich vor.

Am andern Morgen war es trüb, und es regnete immer noch ein wenig. Aus dem Abteilfenster heraus sagten wir: „Liebe Drau! . . ."

Wir hatten sie mit einem Weltrekord an Betulichkeit befahren.

Nein — daß ich die Mädchen so unbeschädigt und ohne jeden Umschmiß hindurchgebracht habe! Es war kaum zu glauben.

Das Bähnchen bimmelte das Lavanttal hinauf. Auch ein schöner Fluß, die Lavant! Unter Kor- und Saualpe in wald- und wiesenreichem Tal. Ein Kleinfluß, aber ein wilder Kleinfluß, der einige Bootsbeherrschung verlangt.

Die Bahnfahrt ging mit viermaligem Umsteigen über Knittelfeld (und über die Mur), Leoben, Selzthal durch Ostkärnten und durchs grüne Herz der Steiermark. Sie war schön, aber dauerte einen Tag lang und war ermüdend. Als wir jedoch einen Augenblick lang der oberen Enns ansichtig wurden, war alle Müdigkeit verflogen. Am Fuß des mächtigen Gebirgsstocks des Grimming wand sich der elektrische Zug zum Sattel hinauf, der das Ennstal vom inneren Salzkammergut trennt. Minutenlang war der Hohe Dachstein mit seinen Eisfeldern zu sehen, dann lief die Bahn ins Tal der obersten Traun, die hier oben Ödseetraun, nach der Vereinigung mit der Grundlsee- und Alt-Ausseer Traun „Koppentraun" heißt. Sie brauste wild und verblockt in tiefem Tal dahin und wäre nur bei großem Hochwasser zu befahren.

Am späten Nachmittag erreichten wir Obertraun, und Klaus und Friedrich begrüßten uns lärmend auf der Station. Hallo, alter Junge, wie schön, daß du da bist!

Obertraun ist ein Dorf am Südende des Hallstätter Sees in einem Talkessel, der rings von gewaltigen Bergwänden umschlossen ist. An diesen Bergwänden liegt der Eingang zu den berühmten Dachsteinhöhlen, die Friedrich und Klaus sich bereits angeschaut hatten. Die Spitzen über den Wänden verglühten rot und friedlich, und dunkelgrün dehnte sich der See, als wir über die Dorfstraße dem Hause der trefflichen Anna Pernkopf zuschritten, wo Klaus zwei Zimmer gemietet hatte.

Stau vor Kraftwerk Edling

Kraftwerk Edling
Fotos: M. Pollner

Die Unerbittlichkeit der Energie-Lobby hat den Lebens- und Erholungsraum der Menschen – zumindest auf Teilstrecken – verwandelt. Übrig blieben Steinwälle, öde Wasserwüsten und die Despotie des Betons.

So wird die Gnadenlosigkeit stumpfer Wasserkrafttechnik sichtbar.
Der Einzelne ist ihr hilflos ausgeliefert. Fotos: M. Pollner

Gigantisches Umspannwerk nahe Pessrading: Ausdruck technischer Maßlosigkeit und ausufernden Gewinnstrebens.

Fotos: M. Pollner

*Wenn die Stürme toben auf der
Lebensbahn,
Wenn sich Wogen türmen gegen
deinen Kahn,
Schiffe ruhig weiter, wenn der Mast
auch bricht,
Gott ist dein Begleiter, Er verläßt
dich nicht.*
(Spruch im Hause von Anna Pernkopf, schön gestickt und mit Blumen umrankt)

SEEFAHRT IM SALZKAMMERGUT

Schon als kleiner Junge war es mein sehnlichster Wunsch, einmal alle sechzig Seen des Salzkammerguts im Boot zu durchstreifen ... Nun, das wäre ein bißchen beschwerlich, da die wenigsten der Seen untereinander in Verbindung stehen; einfaches Wandern würde in diesem Falle angebrachter und genußreicher sein. Ich holte mir lieber gleich meine ersten Wildflußsporen — auf der Enns. Aber etwas von der Liebe zum Salzkammergut blieb mir immer. Im fernen Sydney habe ich mir „White Horse Inn", das „Weiße Rössl", das in einer farbenprächtigen „Show" mit echten „Schuhplattlern" (aus Marquardtstein und Reit im Winkl) bis nach Australien gedrungen war und die Antipoden begeisterte, achtmal angesehen. Zu Hause hätte ich das nie fertiggebracht, sondern gewisse Erzählungen Stifters (aus den „Studien") vorgezogen. Die Liebe zur Heimat, die mit der Entfernung wächst, treibt absonderliche Blüten.

Als wir die hier beschriebenen Fahrten austüftelten, wählte ich die Traun hauptsächlich der sportlichen Abwechslung halber, die sie mit ihren Floßgassen bietet. Das Salzkammergut selber stellte ich mir von Sommergästen überlaufen und entsprechend lärmerfüllt vor. Daß dies zwar zutraf, aber nicht in Erscheinung trat, war die angenehmste Überraschung.

Auf dem Geröllgeschiebe der Traun zum See bauten wir die Boote auf. Klaus, dessen Hautfarbe sich kaum vom Weiß seines Dreß unterschied, bot uns, die wir braun wie Kaffern waren, willkommenen Anlaß zu Witzen. Natürlich waren die Witze ungerecht, man soll einen achten, der die Frau selbstlos in die Sonne schickt, während er selber mühsam im Büro arbeitet — aber daß er uns entgegnete, gerade ein marmorweißer Alabasterkörper sei das Zeichen einer ganz besonderen Vornehmheit, war nicht richtig. Im Winter zu Hause, wenn ich „wie gespuckt" aussehe, wie das Aveckle behauptet, bin ich zwar ganz derselben Ansicht — aber hier war sie doch fehl am Platze. Ich möchte nur wissen, warum sich Klaus mit seiner Meinung in der Folge immer heimlich doch in die Sonne legte — was wir schon längst nicht mehr taten, wir suchten die Erquickung des Schattens auf. Da Klaus ein sehr hellblonder Typ ist, blieb ihm keine Leidensstation eines unvorsichtigen Sonnenanbeters erspart. Zuerst lief er rot an wie ein schüchternes Mädchen. Dann überraschte er uns mit den merkwürdigsten Blasenbildungen, die wir je gesehen hatten. Einige von den Blasen, die kleineren, waren ja ganz schön, aber die größeren waren von so unheimlicher Form und Gestalt, daß Friedrich laut weinte und sagte, sie wolle sich scheiden lassen, wenn er sich ihrer (der Blasen) nicht begebe. Die Schmerzen ertrug er mit dem Gleichmut eines Stoikers. Später wies er mit Stolz darauf hin, daß er sich hinsichtlich der Hautfarbe uns nun angenähert habe. Dabei sah er aus wie ein Beduine, der durch unglückliche Umstände unter die Räder des Transsahara-Omnibusses geraten ist, und wir baten ihn, den Vergleich mit uns zu unterlassen.

Aber nun bin ich ganz traurig, daß ich Klaus hier unverdientermaßen so heruntergemacht habe. In normalem Zustand, ohne Sonnenbrand, war er ein schöner und stattlicher Mensch. Aber wenn er das auch nicht wäre — man soll einen Menschen überhaupt besser nach seiner schönen

Seele als nach irgendwelchen Äußerlichkeiten beurteilen —, wäre er dennoch der prachtvollste Kamerad, den man sich nur wünschen konnte. Dies wirkte sich auch insofern aus, als nun die beiden Restmädchen einen viel schwereren Stand als früher hatten, bei manchen Dingen wurden sie von unserer gemeinsamen Männlichkeit einfach überstimmt.

Zum Beispiel in der Frage der „Dora-Torte".

Daß es „Dora-Torte" mit Schlag gäbe, hatten wir am Speisekartenaushang der Bahnhofswirtschaft von Obertraun gelesen. Die Mädchen waren Feuer und Flamme, diese uns unbekannte Leckereivariation zu erproben. Wir Männer waren jedoch dafür, bald aufs Wasser zu kommen. Wir zogen die Mädchen einfach und roh vom Speisekartenaushang und der Verheißung fort und versprachen, ihnen in Hallstatt eine noch viel herrlichere Dora-Torte zu bieten. Aber in Hallstatt gab es keine, in welchem Hotel wir auch nachfragten. Wir mußten uns mit Sacher-Torte mit Schlag begnügen, und wir versprachen, in Bad Ischl welche zu beschaffen, und wenn wir zehn Ober totschlügen. Ischl sei ein Weltbad, das noch mit ganz anderen Dingen aufwartete als so einer Dora-Torte. Aber auch in Ischl gab es keine. Es gab dort Berta-, Klara-, Erdbeer-, Linzer und wer weiß was für welche, nur keine Dora-Torte, und das mit der Ermordung von zehn Kellnern hatten wir natürlich so hingesagt. Die mysteriöse Dora-Torte aber war nun uns Männern selber in der herben Klanglichkeit ihrer Bezeichnung zu einem ebenso romantischen wie süßen Sehnsuchtsbegriff geworden, der die Krone aller Gaumengenüsse der Welt sein mußte . . .

Aber es gab weiterhin nirgendwoanders welche. Wir gingen listig vor, überrumpelten Wirtinnen, Köche und drangen in die Backstuben des Salzkammerguts und der

Steiermark ein — aber niemand wußte etwas von der Existenz und dem Rezept einer Dora-Torte, die für uns eine unerfüllte Sehnsucht bleiben sollte.

Vielleicht war es gut so, vielleicht hätten wir nur eine Enttäuschung erlebt, denn die Erfüllung ist kurz und kärglich bemessen, sagt schon Schopenhauer, und: „Der Tor läuft den Genüssen des Lebens nach, der Weise vermeidet die Übel."

Ich warne hiermit alle Leser vor Dora-Torte. Aber vielleicht werde ich einstens doch noch einmal an die Bahnhofswirtschaft nach Obertraun schreiben, um wenigstens mit der literarischen Klärung dieser Frage beruhigt ins kühle Grab zu sinken.

Aus dem Fluß glitten wir auf den See. Sein Spiegel dehnte sich dunkelgrün, von keinem Hauch gestört, zwischen den Felswänden aus. Sein größter Teil war vom breiten Glanz der steilen Sonne überzogen.

Wir trieben befangen dahin und wagten lange nicht, die köstliche Ruhe, die göttliche Stille durch mutwilliges Gebaren zu stören. Merkwürdigerweise war nicht einmal das Geknatter von umherrasenden Außenbordern zu vernehmen — jener, neben Kofferradios, beliebtesten und idiotischsten Abart von Naturbelärmung und Selbstverstänkerung. Einmal rollte sacht und ohne Aufheben ein Zug am Ostufer dahin, das war alles. Am Westufer gibt es eine Fahrstraße, aber Hallstatt und das Südende des Sees war den Autos verwehrt.

Im „Nachsommer" läßt Stifter seinen jungen Naturforschenden berichten: „Einmal gelangte ich zu dem See hinunter und betrachtete an dem sonnigen Nachmittag die Tatsache, daß die Schönheit der absteigenden Berge meistens gegen einen Seespiegel am größten ist. Kömmt das aus Zufall, haben die abstürzenden, dem See zueilenden Wässer die Berge so schön gefurcht, gehöhlt, geschnitten, geklüftet, oder entspringt unsere Empfindung von dem Gegensatz des Wassers und der Berge, wie nämlich das erste eine weiche, glatte, feine Fläche bildet, die durch die rauhen, absteigenden Riffe, Rinnen und Streifen geschnitten wird, während unterhalb nichts zu sehen ist, und so das Rätsel vermehrt wird? Ich dachte bei dieser Gelegenheit: wenn das Wasser durchsichtiger wäre, zwar nicht so durchsichtig wie die Luft, doch beinahe so, dann müßte man das ganze innere Becken sehen, nicht so klar wie in der Luft, sondern in einem grünlichen, feuchten Schleier. Das müßte sehr schön sein."

Stifters junger Mensch blieb infolge dieses Gedankens länger an dem See und nahm Lotungen vor, um die Gestalt des Seebeckens annähernd zu ergründen und zu zeichnen und so „das innere Becken von dem äußeren durch eine sanftere grünlichere Farbe zu unterscheiden".

Wollen Sie noch hören, daß der „von himmelanstürmenden Felskolossen, die sich zum Massiv des eisumgürteten Dachstein auftürmen", eng umgrenzte See im allgemeinen mit dem abgedroschenen Ausdruck „Perle des Salzkammerguts" bezeichnet wird, acht Kilometer lang, ein bis zwei breit und auf einer Höhe von 497 Metern 125 Meter tief ist . . .

Es ist eine begreifliche Eigenart der Sommermenschen des Salzkammerguts, daß keiner auf „seinen" See etwas kommen läßt und ihn gegen die unmaßgebliche Meinung der Anhänger anderer Seen fanatisch verteidigt. Von mir aus kann ich nur sagen, daß ich, wenn ich einmal sterbe, gar nicht in den Himmel, sondern lieber sommertags ins Salzkammergut kommen möchte.

Der Leser verzeihe mir, daß in diesem Kapitel bereits zweimal vom Sterben die Rede ist. Als ich das „Beinhaus" sah, Hallstatts berühmte Spezialität, dachte ich sachlicher. Hallstatt baut sich eng- und aufeinandergeschachtelt zwischen See und dunklen Bergstürzen auf. Der winzige Gottesacker liegt wunderschön, und er ist sicherlich der einzige ebene Acker des Orts. Aber er ist so klein, daß alle paar Jahrzehnte die toten Hallstätter Neuankömmlingen Platz machen müssen. Sie bekommen Namen und ein Kränzlein um den morschen Schädel und wandern ins Beinhaus.

Wir trieben uns lange auf dem dunklen, schönen See herum, dessen Wasser die Farbe eines tiefgrünen Smaragds hatte, — ja, vielleicht eine noch schönere Färbung aufwies, denn auch gute echte Smaragde sind eher „wolkig" als klar. Die sommerliche Hitze streifte nur behutsam das Wasser selbst, das, frisch von den hohen Bergen, sich im Gegensatz zu dem der Kärntner Seen nur oberflächlich erwärmte. Es war reizvoll, mit der Hand ein halbes Meter in die kühle Tiefe zu fahren und einen kräftigen Schwapp über jenes Paar zu ergießen, das erst vor Antritt unserer Reise zu einem Ehepaar geworden war und folgerichtig gemeinsam im Zweier fuhr. Der Schwapp wurde kräftig erwidert, bis sich eine tolle Wasserschlacht kühn bis zur Grenze des Umwerfens erhob. Erst als alle trieften und jeder sein Teil kaltes Gebirgswasser ins Boot bekommen hatte, unterließen wir es. Danach kamen wir uns wie Sünder vor, weil wir die Ruhe gestört hatten, die gottergebene Ruhe, die während der Hochsaison im berühmtesten Sommerreisegebiet der Erde um so verwunderlicher war. Vielleicht muß man Wasserwanderer sein, um dies zu erleben. Wanderer auf den ältesten Straßen der Erde, die schon seit hundert Jahren aus der Mode gekommen sind, falls sie keine Tausendtonnenschiffe tragen.

Zweimal an diesem Tag beobachteten wir, wie ein Zug am Ostufer ankam. Dazu „lief" jedesmal das Hallstätter Dampfboot „aus", gefolgt von einem Schwarm am Bug hochgezogener Kähne. Die Kähne sollten hier „Mutzen" genannt werden, aber wir hörten die Einheimischen nie anders als „Plätten" sagen.

Die Berge, an denen sich Hallstatt malerisch aufeinanderbaut, waren dunkel, der Ort lag schon in ihrem Schatten, obwohl es erst früher Nachmittag war, als wir am Kai anlegten.

Was soll ich noch Schönes von Hallstatt erzählen? Vielleicht gehören Sie zu jenen „Allgemein"-Gebildeten, denen der Ausdruck „Hallstattkultur" wohl ein Begriff, aber ein verschwommener ist. (Wir gehörten vor unserem Besuch in Hallstatt einwandfrei dazu). Auf den Wiesen am Rudolfsturm, der Burg, die Hallstatt und seinen Salzberg im Mittelalter schützte, und im Buchenwald soll man heute noch gelegentlich Topfscherben finden können, die immerhin zweieinhalbtausend Jahre alt sind ... Vor nun fast hundert Jahren war man dort oben auf ein Feld mit über tausend Gräbern aus der Zeit von 900 bis 400 v. Chr. gestoßen, deren Waffen aus Bronze und Eisen und deren herrlicher Schmuck, zum Teil aus Gold, die bis dahin ganze Wissenschaft über die spätere Eisenzeit umwarf. Sie ging daraufhin als „Hallstattzeit" in die Wissenschaft ein. Bis vor wenigen Jahren galt dann das vorgeschichtliche Hallstatt völlig erschlossen. Aber die vom Hallstätter Museum unter seinem verdienstvollen Betreuer Dr. Morton neu durchgeführten Grabungen brachten aus achtzig Skelett- und Brandgräbern weitere erstaunliche Beigaben ans Licht, die abermals die Kulturhöhe jener Urvorfahren erwiesen. Im Kriegsjahre 1940 wurde unweit des Sees das bisher überhaupt wertvollste Grab entdeckt. Es enthielt unter anderm zwei schwere Armbänder aus Bronze, zwei große Bronzefibeln, einen Gürtel aus Bronzeblech und schließlich eine Halskette aus n o r d i s c h e m , blutrotem Bernstein, die über einhundertzwanzig Bernsteinperlen verschiedener Größe und Gestalt umfaßt. Dieses wundervolle

Stück mußte sich, wie Dr. Morton berichtet, „zusammen mit den zwei großen Fibeln auf der festlich gekleideten Hallstattfrau ganz eigenartig ausgenommen haben".

Die Menschen, die in vorgeschichtlicher Zeit hier gelebt und wahrscheinlich mit zahlreichen Sklaven Salzbergbau und Handel mit damals unvorstellbar fernen Ländern getrieben haben, müssen ein reiches und wehrhaftes Geschlecht gewesen sein. Die Wissenschaft bezeichnet sie als „illyrische" Stämme, die später von Kelten vertrieben wurden. Aber das bleibt noch genügend unklar, man weiß trotz all der hervorragenden Funde nicht allzuviel über sie. Viel später kamen die Römer, deren Niederlassung am Dachsteinfuß jetzt wieder freigelegt worden ist. Aufgefundene Prunkgefäße und „Ritzinschriften" legen dar, daß genug Kelten unter den Römern zu Reichtum und Ansehen gelangt waren, was den letzteren nur ein gutes Zeugnis ihrer Kolonisationsfähigkeit ausstellt.

Warum das Salzkammergut Salzkammergut heißt, wird jeder wissen. Verwunderlich wird vielen Sommergästen sein, daß die Bewohnerschaft eines Orts wie Hallstatt auch heute noch hauptsächlich vom Salzbergbau lebt, in zweiter Linie erst vom Fremdenverkehr. Ins Salzbergwerk, das die längste „Rutschn" hierherum haben soll, können Sie wunderbar kostümiert auf der „Grottenbahn" einfahren wie in Hallein, Reichenhall und anderswo. Nur von der eigentlichen Salzgewinnung sehen Sie herzlich wenig. Noch um 1800 mußten übrigens Salzkammergutreisende ihren Paß beim Salzoberamt in Gmunden oder beim Salzamt in Hallstatt visieren lassen. Das Visum enthielt die Klausel, „man dürfe dem Betreffenden die Salzwerke nur mit der nötigen Vorsicht zeigen und keinerlei statistische Daten über Erzeugung, Manipulation etc. mitteilen".

Nicht übergangen werden darf die merkwürdige „Pipeline" des Trauntals, die Soleleitung oder „Sulzstrenn",

Hallstätter See
Fotos: H. Rittlinger

wie sie früher genannt wurde. Ich zitiere hier einen Abschnitt aus dem hübschen Buch von Theodor F. Meisels, „Von Salzburg ins Salzkammergut", aus dem ich, wie ich mit Erschrecken bemerke, schon mindestens drei Sätze abgeschrieben habe:

„... sie führt von Hallstatt bis nach Ebensee am Traunsee und ist bestimmt die älteste ‚Pipeline'. Was heute als geniale technische Idee gilt, ist den bescheidenen Salzamtmännern und Waldmeistern des Salzkammerguts schon um 1600 eingefallen. – Damals stand die Salzgewinnung in einer schweren Krise. Die Forste um Hallstatt und Ischl konnten den gewaltigen Holzbedarf des altertümlichen Sudwesens nicht mehr liefern. Das Brennholz mußte von weither zu den Pfannen transportiert werden und verteuerte das Salz bedeutend. Trotz der Regulierung der oberen Traun (des ‚Wilden Lauffen') durch Thomas Seeauer verunglückten die Salzladungen immer wieder, und auch der Rücktransport der leeren Salzboote kostete viel Geld. All diese Probleme löste Hanns Kalß, Waldmeister zu Ischl, in volkswirtschaftlich vorbildlicher Weise. In zwanzigjähriger Arbeit erbaute er eine Soleleitung, die nicht nur die Salzlösung direkt aus dem Bergwerk in unausgenützte Waldgebiete zur Bearbeitung führt, sondern auch (genau wie die mesopotamische Pipeline das Erdöl) bis an einen Hafenplatz, von dem die Wasserverfrachtung der fertigen Ware bis in die Verbrauchergebiete reibungslos möglich ist."

Auf dem Soleleitungsweg führt die klassische Wanderung von Ischl nach dem Hallstätter See dahin. Die große Schlucht des Gosaubachs überbrückt er mit dem „Gosauzwang", einer sehr hohen und zierlichen, fünfpfeilerigen Brücke, die sich wunderschön in die romantische Landschaft einfügt.

Am späten Nachmittag verließen wir Hallstatt, morgen

wollten wir noch einmal zurückkehren. An einem „zivilisierten“ und womöglich völlig parzellierten See einen Zeltplatz zu finden, hat seine Schwierigkeiten. Aber trotz dieser Befürchtungen entdeckten wir einen einsamen und schönen Lagerplatz auf dem wildbebuschten Delta des Gosaubachs.

Erst am nächsten Nachmittag steuerten wir dem Nordende des Sees und dem Ausfluß der Traun zu. Hinter uns blieben die dunklen Abstürze des Dachsteins. Vor uns leuchteten im ungetrübten Sonnenglanz hell die Schroffen des Höllengebirgs, und inmitten all dieser Herrlichkeiten lag der wunderbare See ganz ruhig und still, so daß man jede Stimme und jedes Geräusch von seinen Ufern sanft herüberwehen hören konnte, und es türmten sich keine Wogen gegen unseren Kahn.

HOCHZEITSREISE AUF HARTEN POLSTERN

Der Abfluß der Traun aus dem Hallstätter See wird mit einer „Seeklause" geregelt, über deren Floßgasse ein Kruzifix angebracht ist, das mit den Worten: „Vater, in deine Hände empfehle ich meinen Geist" auf seine Weise von den Schwierigkeiten der alten „Naufahrt" berichtet. Für uns war es reizvoll, in der Traun einen Wildfluß völlig anderen Charakters kennenzulernen als die Drau. War es dort die ungebrochene Gewalt des langen Wildstroms mit seinem großartigen Wechsel der Umwelt und Landschaften, so waren es hier die sieben „Polster" genannten Floßgassen der oberen Traun, die uns hohe sportliche Freude vermitteln sollten. Von diesen Einrichtungen mit ihren oft hohen und wuchtigen Widerwellen abgesehen, ist die Traun ein wenig schwieriger, rascher Fluß in schönem, ab Ischl durch Bahn und Straße belebtem Tal. Unterhalb des Traun- oder Gmundner Sees stellt leider ein rundes Dutzend hoher, schwierig zu umtragender Wehre mit völlig verfallenen oder verrammelten Floßgassen der Weiterfahrt ein arges Hindernis entgegen. Es ist daher üblich, die Boote aufgebaut auf dem Gmundner Seebahnhof aufzugeben, die dreizehn Kilometer mit der Bahn zu fahren und erst unterhalb des Traunfalls die Weiterfahrt zur Donau anzutreten. Für die kurze Strecke Gmunden-Traunfall gibt der Flußführer „je nach Wasserstand und Zeitverlust bei den Wehranlagen 6—24 Stunden" an ... Bei unserer notorischen Eile — und mit frischverheirateten jungen Eheleuten, die sofort in süße Tändelei verfielen, wenn man nur einmal die Augen wendete, hätten wir sicherlich 6—24 Tage gebraucht. Der Vergleich mit der landschaftlich hervorragenden, wilden sächsischen Flöha mit ihren zwanzig Wehren auf dreißig Kilometer Fahrstrecke liegt nahe. An einem schönen Pfingstsonntag hatten einmal zwei Kameraden und ich daselbst ganze zehn Kilometer Wildfluß bewältigt . . .

Wir hätten diese Strecke in achtzig Minuten gemütvoll laufen können, vorausgesetzt, daß es immer einen Weg am Fluß gegeben hätte, was nicht der Fall gewesen war. Wir hätten vielmehr, die Talbiegungen abschneidend, auf der Straße über die Höhen laufen müssen — und dazu hätten wir höchstens vierzig Minuten benötigt. Aber navigare necesse est, warum also nicht auch die Gebirgsmarine? Im Erzgebirge ist die Schiffahrt allerdings noch nicht weiter unter die Leute gedrungen — oder vielmehr, sie ist schon wieder abhanden gekommen. Auf der Flöha wird seit mehr als hundert Jahren nicht mehr geflößt. Man hat sich im Zeitalter der aufkommenden Industrialisierung auf die Eisenbahn verlassen, und die idiotisch angelegten Wehre der Fabrikanlagen machen heute jede billigere Flößerei illusorisch. Jedenfalls hatten wir an diesem denkwürdigen Tag wegen Niedrigwasser und der Wehre eine gediegene Fuß- und Flußkraxelei hinter uns und waren zerschlagen und kaputt (was uns nicht hinderte, in Dreß und Trainingshosen die halbe Nacht noch einen originalsächsischen „Pfingstball" im nächsten Ort mitzumachen). Wunderlich sind die Wege des Faltbootsports, dessen Beweggründe zuweilen ans Übersinnliche streifen.

Doch ich schweife ab. Auf der Traun kann man um so etwas leicht mit der Bahn herumfahren, wie im Gesäuse der Enns. Wir wollten aber nicht einmal herumfahren: vom Traunsee wollten wir sowieso schnurstracks bahnlings zu dieser erwähnten Enns.

Aber auch auf der oberen Traun schien es mit dem Sport so eine Sache zu sein. Wenn der Seepegel Steeg, beim Abfluß der Traun, + 40 bis + 60 zeigt, sollte die beste Befahrbarkeit herrschen. Bei mehr als +100 sind die Polster keine Polster mehr, wenn man reinfällt, sondern lebensgefährlich.

Uns zeigte der Pegel +15 an.

Es nützte nichts, daß wir an dem Wasserstandsmesser rüttelten. Es schwoll davon nicht, das Wasser. Vielleicht herrschte nun überhaupt keine Befahrbarkeit ...

Auf der Drau mit ihrer Wasserstandsproblemlosigkeit und unserm soliden Hochwasser als Draufgabe waren wir sehr verwöhnt worden. Aber das Salzkammergut, in dem es angeblich immer regnen soll, hatte (so schien uns nun) sich in verwerflicher Weise jeglicher Tradition enthoben. Seit Wochen hatte hier die Sonne gegoldet, und es war kein Gewitter gekommen, das die Bächlein stürzen ließ.

Gebrochenen Muts wankten wir beiden Männer zum Klausenwärter, Auskunft zu heischen.

Der Klausenwärter war nicht da, es war ja schon Dienstschluß; aber dafür begrüßte uns sein munteres Töchterlein im blühenden Alter von siebzehn Lenzen. Wir schäkerten wie unverheiratet mit dem hübschen Töchterlein, wir dachten, es wäre gut so, und ich sagte ja schon, daß Klaus ein stattlicher Mensch ist, der etwas vorstellt, und den im Augenblick nur die blasige Haut etwas verunzierte. Das liebe Mädchen erzählte uns bereitwillig, vor einigen Tagen seien zwei „Plätten" mit Sommerfrischlern die Traun hinuntergefahren. Sie seien sehr lustig gewesen, erst so im Wirtshaus, und ihr Papa auch, wobei sie kicherte, und da habe er eben etwas zuviel Wasser abgelassen (Seewasser). Nun müsse er wieder feste aufstauen.

Nein — staunten wir: das Schicksal des ganzen Hallstätter Sees in der Hand eines Mannes! ... Und wenn er sich nun einmal sehr versieht, vielleicht so ein paar Tage lang, und die Hallstätter wachten eines Tags plötzlich ohne jeden See auf . . .

Wir wurden direkt wieder fröhlich.

Ja. Und heute habe er einen vierpfündigen Hecht gefangen, und wir könnten ihn im Wirtshaus antreffen.

Wir stürmten los und trafen ihn fröhlich und in kurzer Krachlederner an. Es war sehr heiß draußen, und wir tranken sofort immer noch eins. Hoffentlich kommt mir nicht die Innung der Klausenwärter aufs Haupt, wenn ich hier alles so heiter ausplaudere. Er war jedenfalls der netteste Klausenwärter, den ich mir überhaupt vorstellen kann. Wir tranken bald Brüderschaft, aber mit Hecht und Wasser wollte er zuerst nicht herausrücken. Dann tauchten jedoch unsere Frauen auf, und angesichts dieses Auftriebs wurde er charmant und sein Herz weich, und er sagte, er wolle uns den Hecht ablassen. In seligen Kurven gingen wir zum Fischkasten hinunter, und es war aufregend, wie er den sich heftig sträubenden großen Räuber herausholte und totschlug, wie es so üblich war. Des Klausenwärters munteres Töchterlein war auch hinzugekommen, und das bemerkte, was ein richtiger Hecht sei, der müsse dreimal schwimmen: zuerst im Wasser, dann im Fett und schließlich im Magen. Wir besorgten uns also einige Flaschen Bier, weil es keinen milden Jahrgang Rhein oder Mosel gab, und dann fuhren wir gar nicht mehr weit an diesem Tage. Wir nahmen herzlichen Abschied von den netten Leuten, und der Klausenwärter sagte, er wolle einmal zusehen, was sich morgen früh mit dem Wasser machen ließe.

Die Floßgasse der Seeklause war leicht, die Widerwellchen leckten kaum aufs Verdeck. Wir brausten dann unter einer Brücke hindurch, die zu einem Aluminiumwerk führte. Gleich danach lief die Traun in eine schöne Kurve hinein. Geröllbänke waren dort, Gehölz an beiden Ufern und keine Wege. Man konnte nicht verlangen, daß wir mit einem toten Hecht im Boot und einigen Flaschen Bier weiterfuhren. Wir schlugen behend wie selten das Lager auf. Die beiden Frauen meuterten zwar und sagten, der Tag sei noch so schön zur Flußfahrt — aber was sollten sie gegen den nun einmal gefaßten männlichen Ratschluß tun? Sie gebärdeten sich dann so, die Weibsbilder, als ob sie völlig unentbehrlich zur Hechtzubereitung wären. Na, schön; wir durften ein großes Feuer auf der Geröllbank machen, die Kocher reichten nicht aus, aber als wir dann zusehen wollten, wurden sie ganz fuchsig und jagten uns hinweg. Dabei können Männer viel besser kochen als Frauen! Ich gebe zu, daß bei vielen Frauen die rein handwerkliche Grundlage möglicherweise solider beschaffen ist — aber die Phantasie, die nötig ist, ein Gericht zu erfinden und auszugestalten, kann gegen das statisch-konservative Weib nur der umherschweifende, schöpferische Geist des Mannes aufbringen. Das hat schon Rossini bewiesen, der ebenso schöne Rezepte wie Musik erfand. Ja, man behauptet sogar, daß er seine lockere, unsterbliche Musik zu blöden Libretti nur schrieb, um sich seiner Leidenschaft als Gourmet hingeben zu können. Wobei daneben bewiesen wird, daß ein zur Kunst erhobener materieller Genuß sogar wahrer Kunst förderlich sein kann.

Klaus und ich zogen sich wie schmollende Pankraze zurück. Wir entdeckten dafür eine halbe Flasche echten französischen Kognaks, „Courvoisier", eine Marke, die schon Napoleon getrunken hat, im Küchenbeutel. Das ausgezeichnete Destillat war mitgenommen worden, um, in geringer Menge genossen, medizinischen Zwecken zu dienen. Es war wirklich ein Wunder, daß es unversehrt bis hierher gelangt war, wir hatten es einfach vergessen. Hier schien uns nun der medizinische Zweck offen zutage zu liegen. Wog so ein Hecht nicht allzu schwer im Magen? Und mußte man den Magen für so ein Essen nicht vernünftig vorbereiten? Und dann — mein lieber Klaus! — habt ihr doch kaum erst geheiratet. Die Reise auf diesem merkwürdigen Fluß ist also sozusagen eure Hochzeitsreise . . .

Wir tranken auf glückliche Ehe und sahen uns tief in die Augen, wie es unter echten Männern Brauch ist. Dann tranken wir auf die Ehe des Aveckles mit mir, obwohl deren Beginn schon etwas zurücklag. Dann prosteten wir dem Fluß Traun zu.

Dann tranken wir auf die fünf Kinderlein, die Friedrich haben wollte.

Dann tranken wir darauf, daß es gleich Fünflinge sein mögen.

Ob Knaben oder Mädchen — im zweiten Lebensjahr werden sie aufs Wildwasser mitgenommen!

Die Knaben gleich nach einem halben Jahr in ein Rugbygedränge gelegt, das härtet ab! (Wir waren beide begeisterte Rugbyspieler.)

Dann entdeckten uns die Frauen in unserer ruhigen Fröhlichkeit. Sie liefen schreiend herbei, um den Rest in der Flasche zu retten. Aber es war nur noch ganz wenig drin, und sie schimpften sehr.

Ich bitte Sie — wo es doch ein rein medizinischer Zweck war! Und schließlich geschieht nicht alle Tage so eine komische Hochzeitsreise. Na ja, wir beschwichtigten unsere lieben Frauen, die erbittert waren, daß wir ihnen so wenig gelassen hatten. Man steht auch nicht alle Tage vor dem Genuß eines vierpfündigen Berghechts, den die Wasser des Dachsteins umspült haben. Sonst bin ich auch sehr für eine reformerisch-naturhafte Lebensweise, mit Rohkostsalaten, Bircher-Benner-Brot und Müsli, Apfel- und Sanddornsaft und so — aber ich kann mich leider nie dazu aufschwingen, ein Fanatiker darin zu werden, wie es ein richtiger Reformer anscheinend sein muß, der alle übrigen Mitbürger, die keine sind, in Grund und Boden verdammt. Auf Wild und alles, was Fluß und Meer liefert, lasse ich ebensowenig kommen wie auf ein gutes Glas Wein, gelegentlich ein sauberes Destillat zum schwarzen Kaffee und meine geliebte Pfeife.

Sie hatten es schön gemacht, unsere Frauen: bunte Servietten, Gabeln und rote Bakelitbecher, ein paar schnell gepflückte Blümchen in der Mitte. Schildkrötensuppe (Konserve aus Hamburg) vorher; danach Nußpudding mit Sahne. Dazwischen der Hecht, zart und duftend wie ein Gedicht von Bergen und Wasser — ein ziemlich langes, reichliches Gedicht — mit italienischen Schwenkkartoffeln, die man mit der zarten Schale ißt. Wir lagen wie die Römer darum herum. Wir blieben auch noch liegen, als wir schon fertig waren. Wie pralle Säcke blieben wir liegen, die goldene Abendsonne umkoste die Spitzen der Tannen, und der Fluß rauschte sanft.

Als wir uns etwas erholt hatten, sangen wir zur Mundharmonika am Feuer Kanons, Klaus wußte noch eine ganze Menge, die wir nicht kannten: „Ich armes welsches Teufeli bin müde vom Marschieren" und so. Wir sangen auch unsere Lieblingslieder, wie: „Henrietta, die große Dulderin oder das geraubte Kind von Amerika" oder das gefühlvolle: „Verstoßen oder der Tod auf den Schienen." Zum Schluß aber sangen wir:

Der Mond ist aufgegangen,
Die güldnen Sternlein prangen
Am Himmel hell und klar;
Der Wald steht schwarz und schweiget,
Und aus den Wiesen steiget
Der weiße Nebel wunderbar . . .

mit allen sieben schönen Versen. Das mit dem Mond stimmte zwar nicht, wir hatten Neumond; aber wenn man poetisch veranlagt ist, muß man mühelos über so etwas hinwegsehen können.

— — — — —

Der nächste Tag stand im Zeichen wirklichen Sports. Natürlich kamen wir erst gegen Mittag aufs Wasser. Es ist schlimm mit Jungverheirateten, die die Erfordernisse des Tages ganz und gar vergessen, und die sich in den unpassendsten Augenblicken liebkosen müssen! Wenn wir sie schickten, ihr Zelt abzubrechen und ins Boot zu verstauen, setzten sie sich erst einmal hin, sahen sich in die blauen Augen und taten zärtlich zueinander, bis wir sie mit harten Worten zur Sache riefen.

Das Wasser war übrigens tatsächlich einige Zentimeter gestiegen. Der Pegel, den wir uns gesteckt hatten, war überflutet. Der gute Klausenwärter!

Kaum ein Kilometer unterhalb des Lagerplatzes erwartete uns das „Granitz-Polster". Die Einfahrt in die Floßrutsche war eng und nicht ganz einfach. Neben der Einfahrt fiel das Wasser gleich in ein weißgischtendes Loch. Durch das Niedrigwasser waren die Floßgassen insgesamt etwas schwierig und zu Bootszerstörern geworden. Wenn man nicht aufpaßte und die richtige Fahrrinne erwischte, lief man Gefahr, auf sperrige Balken und Bohlen mit dikken rostigen Nägeln und dergleichen zu geraten und umzuwerfen — und dann hatte das Wasser genügend Macht, das Boot auf unschöne Weise zu zerreißen.

Das Aveckle kam vorbildlich heruntergerutscht und tauchte ausgerichtet in die gefahrlose Widerwelle ein. Aber Klaus und Friedrich verpaßten die Einfahrt, und ich schrie ihnen verzweifelt vom Floßgassenrand aus zu — ich war ausgestiegen und begutachtete vorher jedes Polster —, mehr nach links zu halten.

Ich schlug die Hände vors Gesicht und wandte mich

Durchs „Eispolster" auf der Traun: Das Fahrzeug wird zum Unterwasserboot
Foto: H. Rittlinger

erschüttert ab. Ich sah im Geist einen wirren Knäuel von Hölzern, Bootshaut und menschlichen Gliedmaßen im wilden Wasser herumtreiben. Dann griff ich entschlossen zur Kamera, um das unglückliche Ende einer Hochzeitsreise im Lichtbild festzuhalten ...

Das Boot fiel wie ein Plumpsack mit den beiden in das Wehrloch. Friedrich schrie vor Freude, als ob es dazu gehöre, aber Klaus schaute etwas betreten drein, das können Sie auf dem hier beigegebenen Lichtbild genau sehen ... Aber sie warfen weiß Gott nicht um! Der brave Zweier ließ sich nicht von den stürzenden Wassermassen begraben und kam klar. Vielleicht hatte das alte Wehr Mitleid mit ihm und seinen Insassen gehabt.

Dies war Klausens erster Wildfluß und erste Floßgasse gewesen, das noch gut ausgegangene Mißgeschick war ihm nicht zu verargen. In der Folge begriff er mühelos Berechnen und Ausnutzen der Stromeigenheiten, und er erwarb sich rasch die Bootsbeherrschung, die ihm als Hintermann im Zweier besonders oblag. Durchs Eispolster, wenige hundert Meter nur weiter, kamen sie besser hindurch als ich, der ich wahrhaftig in der brodelnden Widerwelle bald umgefallen wäre ... Das Eispolster, mit zwei Stufen auf der Rutsche und steilem Abfall am Ende, ist ziemlich tückisch. Das Boot verschwindet völlig im weißen Brausen, das einen bedenklichen Sog nach rückwärts hat. Wie ein Unterseeboot taucht es dann aus dem trefflich benannten weißen, harten Polster wieder auf.

Als nächstes kam die mächtige alte Wehranlage von Goisern. Durch die Floßgasse zog hier viel Wasser, die Wellen an ihrem Auslauf standen hoch, die Boote stachen aber schön hindurch.

Die Wasseranlagen der Traun sind volkskundlich hochinteressant. Ich zitiere hier eine treffliche Anmerkung aus dem Faltbootführer für diesen Fluß, der von Sepp Pranzl

Granitzer Polster
Oben: Die Zweier-Mannschaft ist ins Wehrloch gefallen. Friedrich freut sich, Klaus schaut bedenklich drein.
Unten: Das Aveckle
Fotos: H. Rittlinger

und Dr. Walleczek, bekannten österreichischen Wildwässerern, gemacht ist:

„Dieser Oberlauf (der Traun) dient seit alters her, wohl auch schon in vorgeschichtlicher Zeit (Hallstätter Periode), als befahrener Wasserweg. Später entwickelte sich der regelmäßige Floßverkehr, galt es ja, Holz, Salz und andere Handelsgüter flußabwärts zu bringen. Die Uferschutzbauten und Flußregulierungen sind sehr alt, und manche Reste davon aus früheren Jahrhunderten sind heute noch erkennbar. Mit der dichteren Besiedlung des Tales und der langsam eindringenden Industrialisierung wurden die Flußbauten fortgesetzt erweitert und erneuert und erreichten bis zur Eröffnung der Bahnlinie Attnang-Stainach-Irdning ihren Höhepunkt. (Erst die Bahn durchbrach die einzigartige wirtschaftliche und soziologische Geschlossenheit des inneren Salzkammerguts! Im Steirischen drüben herrschen ganz andere Verhältnisse. Der Verfasser.) Als dann die Eisenbahn Frachtladungen vom Wasserweg abzog und die Flößerei auf der oberen Traun fast gänzlich eingestellt wurde, gingen die Naufahrtsanlagen leider einem langsamen Verfall entgegen. Wohl bestehen noch rechtskräftige Naufahrtsvorschriften und -rechte, die aber ohne praktische Bedeutung und nur in den Archiven zu finden sind. — Hochwasser richten an den Floßgassen oft bedenkliche Schäden an, die lange oder gar nicht behoben werden, so daß selbst für Faltboote eine freie Fahrt auf diesem Flußteil im Laufe der Jahre unmöglich werden dürfte."

Diese Befürchtung ist bereits auf dem erwähnten kurzen Flußteil vom Traunsee bis zum Traunfall eingetreten. Die meisten Floßgassen sind dort zudem fest verrammelt, damit auch in Niedrigwasserzeiten kein Industriewasser verlorengeht. Über die obere Traun denke ich weniger pessimistisch. Wir hatten ja ausgesprochenes Niedrigwasser,

In der Ischler Floßgasse
Fotos: H. Rittlinger

aber kein Polster war zugesperrt. Sie waren alle glatt passierbar und machten uns viel Spaß. Wir jubelten über die längeren oder kürzeren Rutschen, um in die Widerwellen des Unterwassers hineinzuschießen.

Nur vor einer kniffen wir regelrecht aus: vor der Naufahrtsfloßgasse des „Wilden Lauffen". Der Wilde Lauffen ist ein felsiger Katarakt am malerischen Ort Lauffen, der linksseits durch eine gewaltige und wundervolle lange Floßgasse umgangen wird, die im Führer mit: „Schwierige, gefährliche Floßgasse! Nur für Geübteste!" mit Recht vermerkt ist.

Wir schauten sie von oben bis unten an. Oben ging's, aber unten wurde bei dem Niedrigwasser das Geläuf durch einen kniffligen Seitenabfall immer dünner. Beschädigte Bohlen und Balken mit Nägeln waren unter kaum handtiefem, rasend dahinschießendem Wasser ... Ich hatte keine Lust, die Boote unnötig aufs Spiel zu setzen. Wir trugen um, obwohl es lang und weit und die bepackten Boote schwer waren. Am nächsten Tag trafen wir aber in Ischl eine Gruppe Berliner Kameraden, sie hatten uns eingeholt, von denen jedes Boot glatt den „Lauffen" herabgesaust war. Natürlich ärgerten wir uns dann, man glaubt ja immer, etwas verpaßt zu haben. So töricht sind die Menschen.

Als wir aber gerade herumgetragen hatten, zog schwarz und drohend ein schweres Gewitter auf. Friedrich und das Aveckle waren beim Einkauf im Orte „Rosl" in die Hände gelaufen. Rosl war die noch junge Wirtin der „Drei Mohren". Beim Anblick der beiden armen Hascherl und angesichts des drohenden Unwetters war sie in schiere Güte und Barmherzigkeit ausgebrochen — wo doch die Traun so tückisch und so viele frevelnde Menschen schon in ihren Fluten ertrunken wären! Sie erklärte kurzerhand, sie wolle schon noch etwas freimachen, obwohl das Haus voll sei;

Das „Aveckle" in der gewaltigen Widerwelle einer Traun-Floßgasse (Goiserer-Polster) Foto: H. Rittlinger

und die beiden mit soviel Güte Bedachten weinten noch gerührt, als sie es uns berichteten. Wir drehten also die Boote herum und gingen in die „Drei Mohren", und das Unwetter platzte wirklich rauschend los. Wir übernachteten auf vier Matratzen in einem Tanzsaal, und Klaus entdeckte eine riesige Trompete, eine „Kontrabaßtuba" in der gebildeten Musikersprache, womit er uns, Rosl und die erschreckt zusammenlaufenden Einwohner ergötzte. Aber besonders musikalisch war er auf so einer Kontrabaßtuba nicht.

Die beiden Jungvermählten begaben sich eher zur Ruhe als wir. Sie schliefen wie die Ratzen. Die harten „Polster" hatten sie einigermaßen mitgenommen.

AM GLÜCKLICHEN SEE

Die Weiterfahrt auf der Traun war schön und lebhaft, das Unwetter hatte sich empfohlen. Bald erreichten wir Bad Ischl. Auf dem kristallklaren Fluß fuhren wir, von Tausenden von Sommergästenaugen bestaunt, an der weltberühmten Esplanade entlang, auf der wir's uns bei Kaffee und den renommierten Ischler Kipfeln bald wohlsein ließen.

Die alten Häuser der „Salzfertiger", der Patrizier des Salzkammerguts, stehen noch alle an der Esplanade. Das schönste ist das Seeauerhaus, heute ein Hotel, mit seinen drei Giebeln und der reichen Rokokostukkatur über grünem Bewurf. Thomas Seeauer war der bemerkenswerteste aller Wald-, Wasser-, Klaus- und Salzmeister. Um 1570 ließ er die Traun regulieren. Er sprengte Felsen und machte Traunfall und den Wilden Lauffen durch die langen Floßkanäle passierbar und legte die Hallstätter Seeklause an. Siebzig Jahre lang arbeitete er im weiten Umkreis an der Verbesserung der Wasserläufe, darunter an der Schiffbarmachung der Moldau von Budweis bis Prag, bis er 1610 als Hundertundzehnjähriger starb ...

Die Romanschriftsteller scheinen ihn bis heute übersehen zu haben.

Wir bestiegen auch den Aussichtsturm des leicht erreichbaren Siriuskogl und sahen von oben auf das altberühmte Bad, die alte Hochburg der Weltoperettenproduktion. Eine reizende alte Dame mit weißen Spitzenstehbündchen zeigte uns die Kaiservilla. Die alte Dame sah selbst wie aus einer

Operette aus. Später fanden wir, daß sie aber auch aus dem alten Potsdam hätte sein können, so merkwürdig das klingt.

Ausgangs des schönen Ischl gab es die letzte Floßgasse, die leicht war. Auf einem über hundert Jahre alten Bild von Waldmüller sieht sie faltboottechnisch genau so aus wie heute, nur daß das Wehr nun eine eiserne Krone trägt an Stelle der alten Holzschützen.

Der letzte Teil des Tals bis zum Gmundner See erschien uns nicht übel. Wegen seiner großen Belebtheit war er jedoch mehr zu richtigem Wandern, Schauen und Fahren auf dem immer raschen Fluß geeignet als zu längerem Verweilen. Am Abend liefen wir auf den spiegelglatten See aus.

Es war schön, nach wogender Flußfahrt auf den großen See auszufahren, der, nach den Worten unseres lieben Stifter, „so reizend aus schönem Hügellande ins Hochgebirge zieht". Das Abendlicht verglühte auf den steilen Felsen der Südbucht, ein unbeschreiblicher Frieden lag über allem. Wenn ich noch weiter schildern würde, wie bannend unser erster Eindruck war, wiederholte ich mich leider nur.

Wir kamen nicht über den Hochgebirgsteil des Sees hinaus, als dessen letztes Wahrzeichen das Massiv des Traunsteins ins Voralpenland ragt. Am unberührten Südostufer, dessen Berge und Felsen zumeist fußlos ins Wasser stürzen, fanden wir mit sicherem Spüren einen Platz fürs Lager, eine ansehnliche, baumbestandene Halbinsel am Geröll eines Bachs. Hinter ihr ging es gleich steil zum anderthalbtausend Meter hohen Erlakogl hinauf. Auf halber Höhe befand sich, wie wir anderntags entdeckten, eine Höhle mit einem See, aus dem der Bach als steiler Wasserfall herniederstürzte. Vortrefflicheres hätten wir nicht finden können.

Der Traunsee hat einen anderen Charakter als der wilde,

Am „Glücklichen See"
Foto: H. Rittlinger

bergumgürtete Hallstätter See, den oberflächliche Betrachter als düster, wir aber nur als erhaben empfinden konnten. „Lacus felix", den „Glücklichen See", nannten die Römer diesen hier. Das innere Salzkammergut mit seiner finsteren Tannenwaldwildnis und den felsigen Schroffen mochte ihnen feindlich und von dunklen Schrecknissen erfüllt erschienen sein. Aber am Traunsee, der an den Gardasee erinnert, hatten sie etwas von ihrer Heimat wiedergefunden. Wir stellten uns diese Römer mit Vorliebe als junge Menschen in der Toga vor, die im Dienst des Vaterlands in ferne, rätselhafte Länder gezogen waren, erfüllt von Abenteuer und Schaubegier der Welt. Kaufleute folgten den Legionären. Vielleicht waren sie noch mit einigen übriggebliebenen jener bemerkenswerten Pfahlbauern in Berührung gekommen, die sich lange am Traun- und anderen Salzkammergutseen gehalten hatten, und die der Ansicht neuerer Forschung nach gar keine „Pfahlbauern" gewesen sein sollen.

Auch uns Menschen des zwanzigsten Jahrhunderts war der Traunsee ein „Glücklicher See". Wir blieben mehrere Tage auf unserer einsamen Halbinsel und trieben Sinn und Unsinn. Wir lagen in der Sonne oder im Schatten, wenn wir keine Ausflüge machten, und auf dem See legten die Fischer ihre Netze aus. Gelegentlich strich weit drüben ein Dampfboot vorbei. Die Dampfboote hatten elegant geschweifte Steven aus der Zeit, als der Urgroßvater die Urgroßmutter nahm. Von drüben her grüßte der kleine Felsen von Traunkirchen mit seinem alten Johanniskirchlein. In der Nacht schimmerten fern und weich die Lichterreihen Gmundens herüber. Am Tag sahen wir winzigklein ein Auto nach dem andern auf der Straße am Westufer gegenüber entlangkriechen, und abends riß die Kette der Scheinwerfer nicht ab, es war Hochsaison. Aber alles war fern und wie aus einer anderen Welt.

Am Wochenende bekamen wir Besuch von anderen Wasserfreunden, zwei Zelte erstanden noch auf unserer geräumigen Halbinsel. Am Sonntag kam eine bunte Gesellschaft in einer „Plätte" an, die sich weiblicherseits in grünen und cremefarbenen Unterröcken in die Sonne legte, sie hatten anscheinend keine Badeanzüge mit. Ins Wasser gehen wollten sie aber so, in kunstseidener Unterwäsche, auch nicht, sie wateten nur ein bißchen herum am Rande des steil abfallenden Ufers. Jedoch der Vormittag war drückend heiß; sie zogen schließlich die Unterröcke aus und warfen sich nackt ins Wasser, scheu und kreischend zugleich und in achtbarer Entfernung von uns, die wir ihnen kein Beispiel geben wollten. Die Zurückhaltung war nun ganz anmutig aufgehoben.

Am Nachmittag retteten wir alle gemeinsam ein Segelboot, das in schwere Seenot geraten war, so etwas kommt auch vor. Ein Wetter war plötzlich dunkel und drohend aufgezogen, schwere Böen peitschten den gleich aufgeregten See. Alle Fahrzeuge außer einem unbeirrten Dampfer und dem Segelboot waren im Nu von der weiten Fläche verschwunden. Das Segelboot hatten wir in vollem Sonnenglanz noch von hoch oben bewundert. Seine Insassen schienen die Gefahr mißachtet zu haben, und nun wurde es arg von den Böen geschüttelt. Das Segel wurde zerfetzt und ging über Bord, das Boot tanzte gefährlich auf den hohen Wellen. Ich machte mit Klaus unsere Faltboote bereit, um zu Hilfe zu eilen, falls es umwürfe. Es war unnötig. Unter Donner, Blitz und Regenschauern trieb es, von den Bemühungen der Seefahrer unterstützt, auf unsere Halbinsel zu, an deren Strand es dann krachend geworfen wurde. Es ließ sich auch nur ein erschöpftes junges Mädchen retten, die zwei männlichen Begleiter hatten alle Hände voll zu tun, das Boot zu bergen. Wir steckten das Mädchen ins Zelt und in einen warmen

Trainingsanzug, und es erholte sich bald. Es hatte allen Charme der Wienerin an sich, obwohl es aus Tulln war, das einige Kilometer von Wien entfernt liegt. Nach dem überstandenen Schrecken, sie war zum ersten Mal auf so eine Wassersportfahrt mitgenommen worden, war sie gleich wieder fröhlich und einer Seele mit unseren beiden Frauen. Sie fand es wunderbar, daß so ein schönes Zelt einfach nur aufzublasen wäre , und wir sagten, sie solle beim Hinausgehen die Tür schnell wieder zuknöpfen, damit nicht soviel Luft entweiche. Auch die Faltboote waren ihrer Ansicht nach einfach nur „aufzublasen". Wir hätten motorisierte Blasebälge mit, erklärten wir, weil die Lungen nicht soviel hergäben. Auf dem Wasser müßten wir nur aufpassen, daß kein Stichling in die Nähe komme.

Als das Gewitter einem beruhigten, aus zerrissenen Wolken leuchtenden Himmel Platz gemacht hatte, verließen uns alle Besucher, wir blieben wieder allein auf der Halbinsel zurück. In der Nacht kam abermals Regen, wie es oft im Gefolge eines Wetters geschieht, das zuerst den Anschein eines reinen Hitzegewitters hat. Am Morgen bauten wir schnell das nasse Lager ab. Regen und der angeschwollene Wasserfallbach sangen uns die Abschiedsmelodie, als wir auf den aufgeregten See hinauspaddelten. In Ebensee fanden wir eine Bahnunterführung, unter der wir leidlich geschützt die Boote zusammenpacken konnten. Der glückliche See sah an diesem Morgen grau und melancholisch aus.

Aber in unseren Herzen war dies gar nicht der Fall. Vor uns lag die wilde Enns in der Steiermark, die die sportlich erwartete — und sonst noch eine ziemlich unerwartete Steigerung der ganzen Reise bringen sollte . . .

Für Freunde wilder Floßgassenfahrten seien im Strom-

Nach einer Traunsee-Fahrt. Ein praktischer Platz für den ➤
Abbau der Boote. Foto: H. Rittlinger

gebiet der Traun noch Ager und Alm erwähnt, empfohlen vor allem die erstere. Ich habe sie früher einmal zwar nur von „außen“ gesehen, auf einem kleinen Stück; aber wer als Faltbootfahrer einen Riecher dafür hat, kann sich oft aus geringer Anschauung schon das Bild eines Flusses zurechtzimmern. Sie ist der Ausfluß des großen Attersees und der einzige Fluß der Ostalpen, der durchweg fahrbare (aber nicht durchweg leichte . . .) Floßgassen aufweist, da auf ihr noch regelmäßig geflößt wird. — Über die Alm schließlich habe ich einmal einen appetiterweckenden Fahrtbericht im „Kanusport“ gelesen. Sie entspringt am Nordabfall des Toten Gebirgs und sammelt ihre Wässerlein im Almsee. Von dort aus rauscht sie über zweiundvierzig Wehranlagen, von denen bei gutem Wasserstand, also normalerweise bis Pfingsten, zweiunddreißig zu fahren, die übrigen leicht zu umheben sein sollen. Sie mündet knapp unterhalb der linksseitigen Ager in die Traun. Womit wir den Abschnitt über das reizvolle Flußgebiet des Salzkammerguts (das die mächtigere Salzach nur streift) getrost beschließen wollen.

„Ich habe immer das Gefühl gehabt, ganz still sein zu müssen . . .“
(Das Aveckle über die Landschaft des oberen Ennstals)

ENNSPASTORALE UND GESÄUSEPLAUSCH

Ich möchte der schönen Isar nicht wehe tun: sie ist ein gemütvoller Wildfluß, der leider von der letzten Phase des technischen Zeitalters ein wenig mitgenommen und seiner Ursprünglichkeit beraubt worden ist. Auf ihren grünen Wellen schwammen zu Anfang unseres Jahrhunderts sackähnliche Gebilde, schon damals „Faltboote“ genannt — und von Isar und Inn aus trat dieses neue Sportgerät in unser merkwürdiges Jahrhundert ein und über Deutschland hinaus seinen beachtlichen Zug in die Welt an. Aber wenn es ein Fluß verdient, als besonders leuchtender, unsterblicher Fluß in die bescheidene Geschichte der Faltbootfahrerei einzugehen, ist es die Enns!

Sie war der klassische Wildfluß der Alpen und somit der Welt. Ich habe in Amerika Leute getroffen, die mit Gründlichkeit aufs Faltboot verfallen waren, und die mich baten, von der Enns zu erzählen . . .

Ich habe einmal einen Weltrekordflieger gekannt — Parey, ein patenter Junge, der als erster in einer alten Fokker von England nach Australien geflogen und dann in Neuguinea Verkehrsflieger geworden war —, der im wilden Neuguinea davon schwärmte, auf seinem nächsten Europaurlaub in Deutschland „Gliding and Soaring“ und „Canoeing“ kennenzulernen — zwei Begriffe, in denen Deutschland als Ursprungsland unter den jungen Leuten draußen berühmt geworden war. Ein Jahr lang wollte er nichts tun als segelfliegen und in so einem „collapsible

Ennspastorale – es war einmal!
Fotos: E. Keaufer 1965

canoe" (inzwischen hat sich „Faltboat" oder „Foldboat" eingebürgert) schöne und wilde Flüsse befahren, worunter er sich hauptsächlich Salzach und Enns vorstellte. Aber ich glaube, der Krieg kam dazwischen, und vielleicht hat er uns als weniger willkommener Gast besuchen müssen.

Es gibt außerhalb Europas großartigere Wildflüsse als die Enns und mächtigere Durchbruchslandschaften als die des Gesäuses — aber unter den Kajakfahrern hat sie einen ähnlichen Namen von Klang bekommen wie etwa der bescheidene Holmenkollen für den Skilauf.

Leider entgeht auch sie nicht dem Schicksal jedes europäischen Wildflusses, der heute noch ungebrochen durch die Gegend poltert — der Bau von Kraftwerken schreitet auch an ihren Ufern planmäßig fort. Die Zeit wird nicht mehr fern sein, in der sie, die schon manches Todesopfer auch unter den Besten gefordert hat, nur mehr als ruhiger, ungefährlicher Familienfluß — mit angenehmen Stauteichen, mit Sportschleusen und eingebauten „Faltbootlifts" — angesehen werden kann. Dann wird nicht mehr der Fluß, sondern dann werden nur noch die Turbinen in den Kraftwerken und die Motoren naher und ferner Fabriken donnern, und als Beigabe wird das letzte Bauernhaus auf hoher Alm hell im Glanz der „Weißen Kohle" erstrahlen.

Aber in der Zeit, in der dieses Buch geschrieben wurde, rauschte dieses herrliche Wildwasser noch immer in seiner gesamten Fahrstrecke von 230 Kilometern von keinem künstlichen Hindernis angetastet zu Tal wie ehedem ...

Wie schön wäre es doch, wenn die Enns als „Museum" erhalten bliebe ... Wenigstens auf dem schönsten, noch heute unverbauten Lauf bis Großraming. Der Zustimmung aller Berg- und Naturfreunde wären wir gewiß.

— — — — —

Wir fuhren also das Trauntal wieder aufwärts und

Aufbau der Boote in Großreifling und Start zur schwierigen Standardstrecke der mittleren Enns.
Fotos: T. Steyr

rollten über die Wasserscheide ins Steiermärkische. Die Ennstalbahn entführte uns nach Schladming. In dieser einst berühmten Bergstadt befanden wir uns nun an der Südseite des Dachsteins.

Schladming war früher der gewöhnliche Startort für die Ennsfahrt. Heute ist es üblicher, bei gutem Wasserstand in Radstatt, weiter oben, anzufangen. Die Durchbruchstrecke durch den Mandlingpaß ist gleich schwerstes Wildwasser. Aber von Schladming aus bis zum Gesäuseeingang ist die obere Enns leicht und ohne jede Schwierigkeit zu befahren. Der Fluß durchströmt dort ein breites Hochmoortal, das von blumigen Wiesen mit wunderschöner Flora geschmückt ist. Hier blühen noch vom Mai bis Anfang Juli, je nach dem Wetter, in großen Mengen die „Fledermäus", zarte hohe Schwertlilien, die sich zu einem herrlichen blauen Teppich vereinigen. Leider geht ihr Bestand durch die fortschreitenden Flußregulierungen von Jahr zu Jahr zurück. Lustig nehmen sich auf den teils schön mit Busch und alten Bäumen bestandenen, teils freien Ennswiesen unübersehbare Scharen von Heustadeln aus.

In größerer Entfernung erst von Fluß und Wiesen streben in diesem Tal die Berghäupter zum Himmel. Bei Öblarn tritt der Grimming in den Sehbereich des Flußfahrers — ein mächtiger, vielseitiger Bergstock, der erst als lange Bergkette eine Unzahl von Zacken und Türmen in den Himmel baut, bis in unmittelbarer Nähe sein zusammengedrängter Bau in wilden Linien ins Tal fällt. Lange herrscht er über dem Tal, schließlich dem rückgewandten Blick im Gegenlicht als dunkler Koloß und düstere Zwingburg schrecklicher Riesen erscheinend.

Wir verbrachten einige geruhsame Tage in der hübschen pastoralen Landschaft an den Ufern der kalten, klaren Enns unterm Grimming. Der Sommer stand in großer Pracht.

Die Enns mit ihren wuchtigen Schwällen, schenkte allen Faltbootfahrern unvergeßliche Erlebnisse.
Fotos: J. Schächner

Unterhalb der Stadt Admont mit ihrem alten und berühmten Stift sperren Bergriesen das bisher so breite Tal bis auf die schmale Pforte des Gesäuses ab. Das Gesäuse ist eine Schlucht, die von den Wassern der Enns auf einer Strecke von sechzehn Kilometern in großem Gefälle durchbraust wird. Ihr trefflicher Name wird auf den sausenden Ton zurückgeführt, den die Wassermassen in ihrem fortgesetzten Sturz gegen die Felswände verursachen. Rechtsufrig erheben sich die über neunhundert Meter glatt, oft überhängend und grifflos, aufsteigenden Wände der Hochtorgruppe, der Schauplatz mancher alpinistischen Glanzleistung — und das Ende manches Bergsteigerlebens. Der stille Bergfriedhof von Johnsbach weiß viel davon zu erzählen.

Früher galt unter den Wildwasserleuten die Gesäusestrecke der Enns erörterungslos als unbefahrbar. Das war um die Zeit, als „weniger Geübten" eine Ennsfahrt nur von weit unten an, ab Losenstein, „unter kundiger Führung" empfohlen wurde.

Als ich zum ersten Male zur Enns kam, war ich sechzehnundsechszehntel Jahre alt, und ich war einsam und alleine, weil mein Kamerad Heini zuletzt nicht mitkonnte. Ich hatte ein vorsintflutliches Boot, aber die Linzer Sachverständigen meinten, da es breit genug sei, könne ich schon durchkommen (später konnte dann ein Kajak nicht schmal genug sein. Heute hat man sich auf eine mittlere Breite von 60 bis 65 Zentimeter bei 4,50 bis 5 Meter Länge für den Wildflußeiner geeinigt). Aber meine auf Weißer Elster, Saale, Flöha und Zschopau erworbenen Wildflußkenntnisse wollten sie nicht anerkennen. Daß ich damals beim Aufbauen Breslauer Kameraden traf, von denen sich der eine, Dr. Reischauer, später als Operateur des bisher schönsten Wildflußwasserfilms (Fahrten auf südslawischen Karstwildflüssen) auszeichnete, war Zufall.

Auf einem ruhigen Zwischenstück der unteren Enns
Foto: E. Keaufer

Ich kann übrigens schon wieder nicht umhin, zu erwähnen, daß dieser Schmalfilm, bei dem noch Frentz, ein allen alten Zünftigen Bekannter, Regie führte, und der in Hörsälen und Vereinslokalitäten meistens vor einem „Fachpublikum" lief, bis in die Vereinigten Staaten gedrungen war. — Ein Boot der Begleiter kenterte damals und wurde ziemlich mitgenommen, aber mein braver Jonas der Erste kam durch — nicht viel später wagte ich mich dann ins Gesäuse — aber nur auf die Strecken um Gstatterboden herum mit einer hochachtungsvollen Gefällstufe. Die Einheimischen schrien zetermordio. Aber ich brachte es sowieso einfach nicht übers Herz, mein mühsam erworbenes Boot am Gesäuseeingang oder an der Kummerbrücke aufs Spiel zu setzen. Ich karrte mit dem Bootswagen die Gesäusestraße entlang, die trauliche alte Gesäusestraße, und mit allem Drum und Dran war es eine wüste Schinderei.

Heute ist man mit der Enns wesentlich unbekümmerter, aber von den sechzehn Kilometern des Gesäuses sind noch immer der fünfhundert Meter lange Gesäuseeingang und die dreieinhalb Kilometer lange „Kummerbrückenstrecke", kurz vor Hieflau, unbefahrbar geblieben. Die dazwischenliegenden Schwierigkeiten sind schon bei den verschiedensten Wasserständen gemeistert worden. Und mancher Kamerad ist bei den Versuchen ertrunken.

Ein Bauer erzählte uns von einem Tschechen, der Jahr für Jahr ins Gesäuse gekommen war und bei ihm gewohnt habe. Jahr für Jahr habe dieser das jeweilige Boot unwiederbringlich verloren, ein halbes Dutzend Boote, und sich selber mitunter gerade noch so herausretten können. „Aber wenigstens der Gesäuseeingang m u ß zu machen sein!" habe er wild ausgerufen, ein Beispiel bemerkenswerter Verbissenheit.

Manchem Leser wird es verwunderlich und gar verwerflich erscheinen, daß es Zeitgenossen gibt, die wegen eines

Das Gesäuse
Foto: H. Rittlinger

schließlich doch mehr oder minder eingebildeten Kampfes um so einen Fluß leichthin ihr Leben aufs Spiel setzen. Ich bin im allgemeinen dafür, mit solchen Ausdrücken etwas vorsichtiger umzugehen. Sein Leben behält jeder gern bis zum runden Ende — aber ich halte ebenso dafür, daß die Phantasie, die vor Gefahren zurückschreckt, jämmerlich ist. Man muß wissen, was man sich zutrauen kann, und unfreiwilligen Schwimmtouren im eiskalten, tobenden, felsverblockten Wasser ist nicht jeder gewachsen. Und wenn einem doch bei aller Vorsicht etwas zustößt — nun, ich halte Ihnen hier den berühmten Dachziegel entgegen, der einem auf den Kopf fallen kann.

Unter anderem haben wir nun einmal den Sport um des Sportes willen erfunden. Aber das ist nur so ein halb wahres, wie halb unzutreffendes Wort. Wir leben, um allgemeiner zu werden: nicht mehr in einer bürgerlichsatten Zeit gesicherter Lebensverhältnisse — die allerdings auch in der sogenannten „guten, alten Zeit" nur für eine ziemlich schmale Schicht zutrafen. In der Breite gesehen leben wir bei unserem modernen, sozialen Sekuritätsstreben nicht nur absolut besser denn jemals, sondern auch „sicherer" — das letztere jedoch nur „relativ". Denn gerade die Sucht und die — im übrigen zu Recht erhobene — Forderung nach „Sicherheit" machen nur noch deutlicher klar, daß unser Dasein unlösbar mit unkontrollierbarer Gefahr, aber auch mit Risiko und persönlichem Wagnis verbunden ist, dessen Höhe mehr und mehr die des möglichen Erfolgs bestimmt. Und es gibt nicht wenige Menschen, die trotz Lärm und Reizüberflutung — und der merkwürdigerweise damit einhergehenden Massenapathie — noch immer ein gutes und lebendiges Verhältnis zur Natur haben. Darunter auch zu jener Natur, deren Schrecknissen und Gefahren gegenüber nur männlicher Wagemut überlegen ist — oder manchmal auch nicht. Im Kriegswinter 1940/41, zum Beispiel, sind von Gebirgsjägern und jungen Bergsteigern drei große alpinistische Unternehmungen glücklich durchgeführt worden: Die Dachstein-Südwand wurde von Gebirgsjägern unter schwierigsten Winterverhältnissen bezwungen, dann die Watzmann-Ostwand und schließlich die Hochtor-Nordwand im Gesäuse von der Seilschaft Kasparek-Brunhuber-Wiegele, die vier eisige Nächte in der Wand verbracht hat. Die Winterbegehung schwieriger Berge und Wände ist seitdem eine neue Stufe des Alpinismus, die sich die junge Generation in heroischer Kameradschaft erwählt hat. Mit der Verurteilung oder bloßen Ablehnung kann man dieser Entwicklung natürlich ebensowenig beikommen oder sie aufhalten, wie man jede andere Entwicklung aufzuhalten vermag. Fritz Kasparek, mit Heinrich Harrer (dem „Tibet"-Harrer), Ludwig Vörgul, dem Traunsteiner Heckmayer, der Erzwinger des für unmöglich gehaltenen (Sommer-) Durchstiegs durch die Eiger-Nordwand, an der sechs deutsche Bergsteiger ihr Leben gelassen hatten, ging nach de. kühnen Gesäuseunternehmung mit den Kritikern scharf ins Gericht, als er ihnen vorhielt, daß sie niemals würden verhindern können, daß die Jugend um den Gipfel eines Berges ihr Leben wage, „denn wir haben gelernt, daß es der Geist ist, welcher sich die Ideale baut, und daß noch kein Traum seine Verwirklichung gefunden hat, wenn nicht das Wagnis und die Tat Hand in Hand mit ihm gegangen sind". Der Wiener Fritz Kasparek war persönlich ein bescheidener und überaus sympathischer Mensch. Zusammen mit seinem Schweizer Kameraden Toni Mazenauer ist er am 6. Juni 1954 am Nevado Salcamptay (6350 m) in den Kordilleren in einer Höhe von 5600 m auf einem Schneegrat durchgebrochen und in die Tiefe gestürzt — vermutlich mehrere Tausend Meter. Die beiden Bergkameraden sind bis heute nicht aufgefunden worden.

Im Zeltlager unter dem Grimming an der noch unregulierten Enns.
Fotos: H. Rittlinger

Diskussion des „Küchenpersonals".
Die „Hamburger Illustrierte" vom 12.7.1939 am Ufer der Enns.

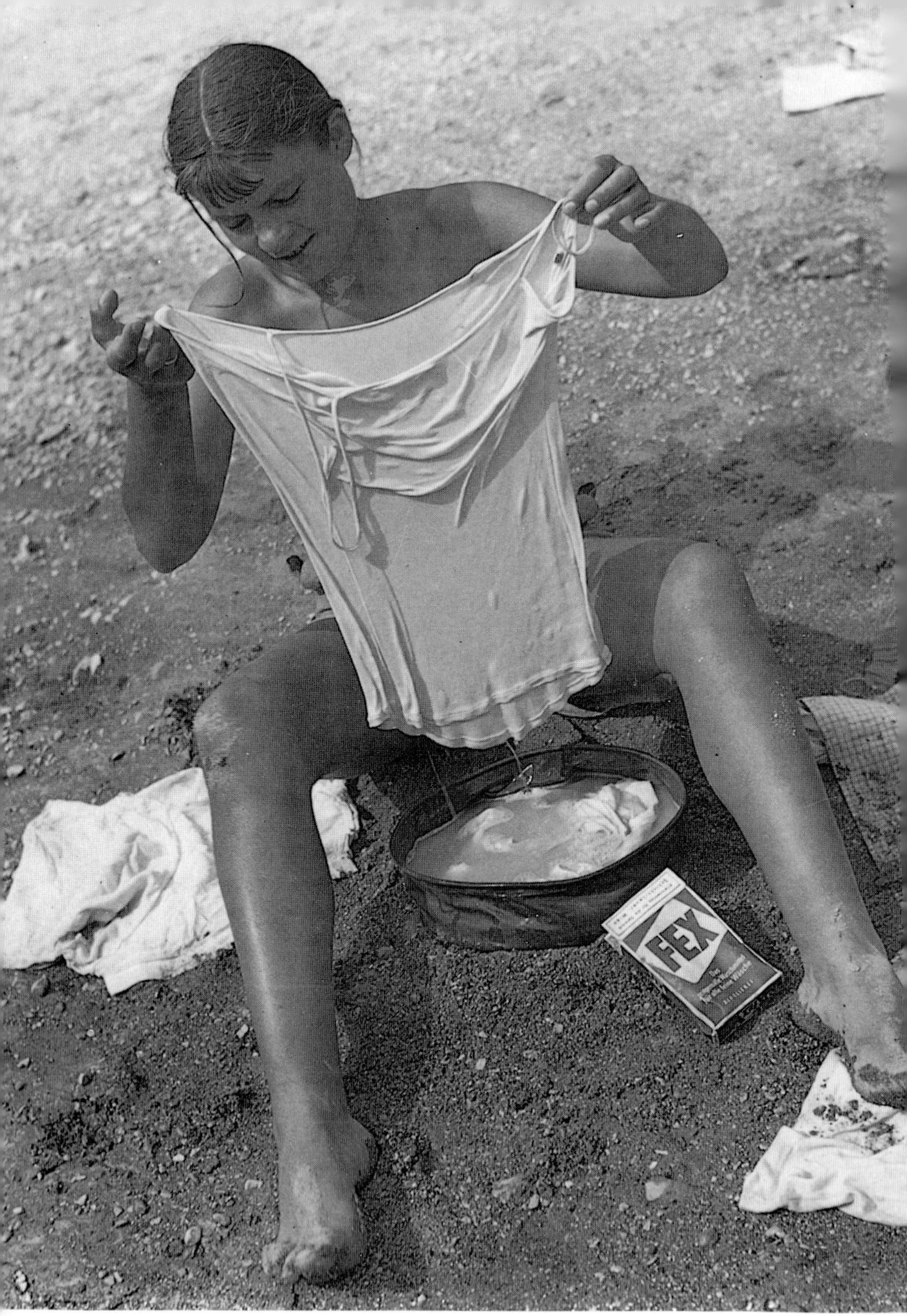

Das „natürliche Leben“ und seine Konzession an das Waschmittel.
Foto: H. Rittlinger

Inzwischen hat die Eiger-Nordwand 18 Todesopfer gefordert ... Ihr „längst fälliger" Winterdurchstieg ist im Februar 1960 von der Seilschaft Lehne-Löw-Brandler, einem Rosenheimer und zwei in Salzburg und München lebenden jungen Sachsen, versucht worden. Nach einer Biwaknacht in 2600 m hatten sie wieder abseilen müssen — ein Entschluß, den zu fassen und dessen Gelingen für die Qualität dieser Seilschaft spricht. Auf deren Erfahrungen aufbauend ist schließlich 1961 diese schwierigste Winterbegehung der Alpen unter dramatischen Umständen in sechs Tagen und sieben Nächten der Seilschaft Hiebeler-Mannhardt-Kinshofer und Almberger geglückt.

Warum ich dies alles anführe? Ich sagte schon einmal, daß Bergsteigen, Wildflußfahren, Segelfliegen und Skilaufen geistig verwandte Sportarten sind, die sich im Grunde auf einen einzigen seelischen Bezirk erstrecken. Und bei allen derartigen Unternehmungen können Sie das Wörtchen „heroisch", obwohl ich es oben einmal angeführt habe, getrost beiseite lassen, wie es der Soldat beiseite läßt. Für die unmittelbar Beteiligten hat es meist einen etwas peinlichen Beigeschmack.

— — — — —

Am Gesäuseeingang verluden wir die aufgebaut gebliebenen Boote in einen Güterwagen. Die beiden Einer gingen nach Hieflau, der Zweier nach Groß-Reifling. Die berühmte Schwallstrecke Hieflau-Groß-Reifling mit der „Hieflauer Höll" ist nichts für Zweier. Auf die Fahrt durchs Gesäuse verzichteten wir wohl oder übel, wir wollten noch wandern. Die Tage wurden knapp für Friedrich und Klaus, der bald ins Büro zurück mußte, und mehrere Tage hätten die paar Kilometer mit allen möglichen Zwischenfällen erfordert. Außerdem gehört dazu am besten eine Mannschaft mit Seil und nicht nur mit zwei weiblichen Hilfskräften. Schließlich wäre es unverantwortlich von mir gewesen, einen Wildflußneuling zu derartigen Abenteuern zu verleiten. Klaus war allerdings schwer begeistert und hätte zu allem ja gesagt, aber es war gerade genug, wenn wir beide allein, ohne die Frauen, vom Gesäuseausgang ab die schwierige Schwallstrecke bis nach Groß-Reifling führen — na, und wenn er da richtig durch die „Höll" kommt, bin ich sehr beruhigt . . . Ein bedenklicher Punkt war nur, daß Klaus, im Gegensatz zu seinem Weibe, dem kein Wasser kalt genug war, die unmittelbare Berührung mit dem eiskalten Element nicht sonderlich schätzte. Er war als Rasensportler und Leichtathlet mehr Landmensch. Aber bei einem Umschmiß würde ihm das kalte Wasser wirklich nichts ausmachen, erklärte er.

Wir wanderten also durchs Gesäuse, übernachteten im Gesäusehotel in Gstatterboden und auf dem „Wasserfallweg" stiegen wir zur nächsten Hütte empor. Die war überfüllt, aber es focht uns wenig an, auf dem Boden zu übernachten, auch so etwas gehörte zu den Bergen. Durch die geologisch merkwürdigen „Tellersäcke", große, durch Verwitterung ganz regelmäßig geformte, fast kreisrunde Klüfte, kletterten wir auf der unschwierigen Rückseite zum Hochtor und zur Planspitze hinauf. Wir sahen Gemsen so unbeeilt vor uns enthoppeln, daß wir, ihre Gelassenheit frevelnd erprobend, kleine Steinchen nach ihnen warfen. Von oben sahen wir auf die schauerlichen Klüfte, und tief unten zog dünn das silberhelle Band der Enns durchs dunkle Gesäuse, das von dieser Warte aus seinen ganzen Zauber entfaltete.

Vor uns waren alle Herrlichkeiten der Ostalpen ausgebreitet. Der dunkle Klotz des Grimming bot sich uns wieder dar, der Dachstein und das ganze Salzkammergut, über dem ein unwichtig scheinendes Wetter aufzog. An der Neige des Tags reicht der Blick über Niedere und Hohe Tauern bis zum Großglockner, wenn wir uns nicht sehr irrten. Dann brauste mit mächtigen Windstößen das Wetter schneller als gedacht heran, und wir mußten uns mit dem Abstieg zur Hütte beeilen.

In stundenlangem Niedersteigen gelangten wir am anderen Tag über das stille Hartlesgrabental unweit Hieflaus wieder zum Fluß. Dort erwischte uns aus sonnigem Wetter heraus ein mächtiger Hagelsturm. Das Aveckle und ich flüchteten in ein Bahnwärterhaus. Friedrich und Klaus waren schon langsam weiter vorausgegangen, weil Friedrich sich den Fuß verknackst hatte, während wir beiden noch einen kleinen Abstecher gemacht hatten.

Der Bahnwärter war ein alter, aufrechter Mann, freundlich und verschmitzt, der uns gleich in die gute Stube führte. Draußen schloßte es. Es kam dann noch ein naßgewordener, rüstiger alter Mann, ein Fremder, dem Anzug nach zu urteilen, mit einem derben Knotenstock herein.

Dieser Wandersmann war ziemlich aufgeregt. Er murmelte vor sich hin, und schließlich rief er: „Pfui!"

Wir wunderten uns.

Dann rief er aus: „Nein! So etwas! Nein, pfui, pfui . . ."

Dies bezog sich nicht aufs Wetter, sondern auf die Gesäusestraße.

Der Mann war ein Sandstrahlgebläsefabrikant aus Wien. Ja. Früher sei er jedes Jahr im herrlichen Gesäuse gewandert. Aber zwölf Jahre sei er nun nicht dagewesen, dieses Jahr zum ersten Mal wieder — und welche Enttäuschung müsse er nun erleben! Nein, pfui! So eine häßliche Autostraße, die die Schönheit und Ursprünglichkeit des Gesäuses derart zerstört habe! Nein, er komme nie, nie wieder!

Nun — ich kannte das Gesäuse auch, als seine Straße mehr ein abenteuerlicher Weg gewesen war, auf dem in der Mitte Gras wuchs. Sie wurde damals hauptsächlich von vierspännigen Langholzfuhrwerken benutzt. Wenn sich einmal ein Auto in diese Gebirgsidylle verirrte, sprach es sich gleich in der ganzen Gegend herum; sie blieben oft stecken, die Autos. Damit war es nun schon seit einigen Jahren aus. Heute zieht sich eine herrliche, breite, asphaltierte Autostraße durch dieses einzigartige Engtal, mit nivellierten Steigungen, die auch der kleinste Zweitakter bewältigt. Die alte Wandauer Holzbrücke, die für mich Begriff und Sehnsucht war, hat, nebenbei bemerkt, einer modernen Betonbrücke Platz gemacht. Zugegeben, daß diese Eingriffe auch für mich eine gewisse Enttäuschung waren, und daß eine neuerliche Befahrung des Gesäuses, so lächerlich es klingt: für mich heute wegen der modernen Autostraße am Ufer wenig Reiz mehr hat (es könnten zu viele zusehen) — dies alles zugegeben, frage ich: Wo blieben wir, wenn alles beim alten bliebe! Dies ist der Weg der Welt und der Zivilisation. Die Leute wollen heute fahren und nicht mehr gehen. Außerdem war die Straße trotz der Hochsaison gar nicht so belebt. Und wo sollte denn überhaupt so eine Straße geführt werden, wenn nicht durch den vorgezeichneten Durchbruchsweg der Flüsse?

Unser seltsamer Wanderer gab zu, daß er zu seinen üblichen geschäftlichen Reisen und um seine Sandstrahlgebläse zu verkaufen natürlich einen Wagen benutze, aber damit wolle er nicht ins Gesäuse. Er verfiel dann wieder auf sein Nein und Pfui.

Es war der merkwürdigste Sandstrahlgebläsefabrikant, der uns je vorgekommen war.

Dann erzählte der gute Bahnwärter eine Geschichte von zwei Faltbootfahrern im Gesäuse, die vor zwei Jahren passiert sei. Er habe es zuerst gar nicht glauben wollen, daß welche direkt durchs Gesäuse kämen. Dann sei er jedoch selbst an den Fluß geeilt, und er habe sie vorbeisausen sehen, einen Mann und eine Frau, himmelangst sei ihm geworden. Am Hartlesgraben, unterhalb der Kummerbrückenstrecke, hätten sie eingesetzt. Nach einer Stunde aber seien Bergarbeiter gekommen, ihn zur Hilfeleistung zu holen. Einer der beiden Faltbootfahrer habe auf einem Felsen gehockt, sehr lustig, haha! und sie hätten ihm mehrere Male ein Seil zugeworfen. Er habe wie ein Häufchen Unglück auf seinem Felsen gehockt und sich zuweilen wie irrsinnig gebärdet, als sie ihn retten wollten, vielleicht habe er die Nerven verloren gehabt. Aber nach vielen vergeblichen Versuchen hätten sie ihn schließlich am Seil herübergezogen, mitten aus dem tobenden Fluß heraus.

Die Geschichte klang zuerst ziemlich spaßig, wie sie der Bahnwärter erzählte — aber sie war gar nicht spaßig: die junge Wildwasserfahrerin war nämlich verschwunden. Sie kam niemals wieder, und auch das Boot tauchte niemals wieder auf. Die Enns hatte sie und das Boot verschluckt, kein Mensch hat von beiden jemals wieder etwas gesehen . . .

Der gerettete Faltbootfahrer sei gleich flußabwärts geeilt, und er habe immer: „Luisl!" geschrien. Er habe die ganze Nacht toll und wie irrsinnig „Luisl!" geschrien, und besonders schauerlich habe es im Steinbruch von Hieflau geklungen. So schauerlich, daß es die Leute von Hieflau noch heute erzählen. Aber nie sei Luisl wiedergekommen.

Wir sahen uns betreten an. Ich hätte gerne gehabt, daß das Aveckle diese Geschichte nicht erführe. Diese Geschichte von Luise Pranzl aus Steyr — die nicht zuletzt so tragisch ist, weil Luise Pranzl die Berge und das freie Wasser der Berge und die tiefe Freude, die es spendet, über alles geliebt hatte, und weil sie, gleich ihrem Mann und Kameraden, an und mit der Enns gelebt und im Wildwasser heimisch gewesen war wie ganz wenige. Kein edleres Opfer hätte sich der grimme Fluß wählen können als diese menschlich liebe Sportskameradin in der schönsten Blüte ihrer Jahre.

Ihr und ihrer letzten Fahrt im Jahre 1937 seien diese Zeilen gewidmet.

Wir hatten schon viele Geschichten von ertrunkenen Faltbootfahrern gehört. An der oberen Drau hatten uns die Leute von einem gerade verheirateten jungen Lehrersehepaar erzählt, das an einem Brückenpfeiler gescheitert war, die Frau ertrunken. Die Anwohner bewahren solche Geschehnisse viel nachdrücklicher und länger in der Erinnerung als die viel häufigeren und üblicheren Unglücksfälle des täglichen Lebens. Ein tragischer Zufall unter zehntausend möglichen Unglücksfällen . . .

Aber diese Geschichte hier ging uns weiß Gott nahe. Wir kamen nicht los von der Vorstellung, wie der gerettete Kamerad die ganze Nacht lang herumirrt und seine verlorene Gefährtin ruft. Der Bahnwärter übrigens enthielt sich jeglicher Meinungsäußerung über Wert oder Unwert des Kanusports auf der Enns. Er war erstaunlich tolerant — wie alle Ennstalbewohner in dieser Hinsicht.

Dann war das Unwetter vorbei.

Auf dem Bahnhof von Hieflau trafen wir unsere beiden Kameraden wieder. Wir saßen dann auf einer Bahnhofsbank, weil wir nach Groß-Reifling fahren und dort übernachten wollten. Morgen wollten wir mit der Bahn wieder nach Hieflau zurück, um die „Höll" zu befahren.

Ein Auto auf einem Güterwagen wurde siebenmal an uns vorbeirangiert. Das Auto war nur noch das Fragment eines Autos, es war zertrümmert und sah nicht mehr schön aus. Es sei den Prebichl hinuntergestürzt, erklärte uns der Bahnbeamte. Von der Paßstraße in den Abgrund.

Es war absonderlich, wie das Auto siebenmal auf dem kleinen Bahnhof vor allen Leuten hin- und hergeschoben wurde.

DIE „HÖLL"

Die Enns ist ein h a r t e r Bergfluß. Die Drau ist ein mächtigerer Bergstrom, mit mehr Wasser — aber gelockerter und zugänglicher. Die Enns ist eng und zusammengepreßt. Ihre grünklaren Wasser stürmen mit ungeheurer Wucht dahin, und alles, was ihnen in den Weg kommt, wollen sie erbarmungslos hinwegräumen. Man hat das Gefühl, als habe es die Enns viel schwerer als die Drau.

Die schwierigste Strecke außerhalb des Gesäuses ist der Flußteil von Hieflau bis Groß-Reifling, die berühmteste „glatt" fahrbare Wildflußstrecke der Welt! Vor Jahren lief sogar einmal ein abendfüllender Spielfilm in den Kinos, der den bombastischen Titel führte: „Die Wasserteufel von Hieflau". Erfreulicher und hinreißend war Guzzi Lantschners, eines der beiden prominenten Skibrüder, auf der Biennale in Venedig preisgekrönter Kulturfilm von der Enns, „Wildwasser", wenn er auch mehr fürs breite Laienpublikum zugeschnitten war und dem „Fachmann" wenig sagen konnte.

Natürlich sahen wir uns die Höll vorher an, obwohl ich sie schon genugsam kannte. Wenn man mit der Bahn im Ennstal fährt, die vielfach — aber meistens nicht an den schönsten Stellen — den Blick auf den Fluß freigibt, sehen die Stromschnellen von oben gar nicht so schlimm aus. Aber wenn man erst einmal unten steht und die Gewalt dieses Wassers spürt, bekommt man eine ganz andere Ansicht.

Im Ausgang der „Hieflauer Höll“
Foto: H. Rittlinger

Friedrich war mit ihrem verknacksten Fuß, der Ruhe brauchte, in Groß-Reifling zurückgeblieben. Aber das Aveckle hatte die Kameratasche umgehängt bekommen mit der Makina, Contax, Weitwinkel- und Teleobjektiv und andern Schikanen. Es sollte unsere Fahrt zu Lande über Berg und Tal begleiten, wir wollten immer genügend lange warten, bis es nach- und wieder vorausgekommen war.

Wir standen dann auf einem mächtigen Felsblock über der Höll, die brauste und schäumte wie am Jüngsten Tag. Wir verstanden kaum unser eigenes Wort.

Grüß Gott, liebe Höll! Bisher war ich immer durchgekommen; ich liebe dich fast wie mein eigenes Weib.

Wir machten die Fahrbahn aus. Wenn einer umwirft, soll er besser die Bucht am anderen Ufer als die diesseitige zu erreichen trachten, der andere eilt zu unverzüglicher Hilfe hinzu.

Als erster begab ich mich ein Kilometer stromauf nach Hieflau, wo die Boote lagen.

Ich stieg ins Boot. Liebes, gutes Boot! Dir war schon Schwereres zugemutet worden, das sich nicht so offen zu reiner Sportfreude dargeboten hatte, und das in keinem Führer verzeichnet war! Und heute hatte ich keine wertvollen Apparate im Boot. Die waren in ihrer Unersetzlichkeit in mancher Wildnis bei aller wasserdichten Verpakkung immer die zehrendste Sorge gewesen. Obwohl nun ihr Verlust hier in keiner Weise unersetzlich wäre — war allein der Gedanke bezaubernd, einmal ohne Apparate und wertvolles Gepäck wildflußzufahren ... Lieber alter Jonas, du treues Amazonasboot! das ich eigentlich drüben lassen wollte und nur wieder mitgenommen habe, weil es noch so sehr intakt geblieben war — eigentlich könnten wir uns nun einmal aus purer Lust in der Enns wälzen!

Ich machte die Spritzdecke dicht, eine erregende Beschäftigung vor großen Ereignissen. Dann paddelte ich im

Kehrwasser scharf stromauf, nahm die richtige Tuchfühlung und ließ den Jonas im Strome blitzschnell herumturnen.

Es waren einige Sekunden, bis ich auf der rechten Stromseite in starkem Wellengewühle saß. Der Strom zog mächtig in die Höll hinein. Aber vorher gab es schon eine Stromschnelle, die wir nicht hatten ansehen können, weil das Gelände an beiden Ufern unzugänglich war. Das Boot sprang in großen Sätzen und tauchte kurz und tief in die Widerwellen ein. Ich mußte die Brust vorstrecken, das Paddel hochnehmen und weit vorn einsetzen. Es war, als flöge ich am Hals eines braven, aufgeregten Pferdes vorweg, das wunderbar durchs Gegischte zog.

Hoffentlich fällt er nicht schon hier um, dachte ich. Die Floßgassen der Traun waren eine gute Vorschule für Klaus gewesen, und er hatte schnell gemerkt, auf was es in Wirbel und Widerwelle ankam. Aber würde er nun gleich die Hohe Schule des Wildflußfahrens meistern? Ich war noch nie auf der Enns gewesen, ohne daß ich Boote gekentert und mehr oder minder zertrümmert gesehen hätte, und diese oder jene Kameraden hatten die Fahrt vorzeitig abbrechen müssen.

Da sah ich Klaus und das Aveckle auf dem Felsen, und ich schoß in die Höll hinab.

Fast über die ganze Breite des tobenden Stroms stand eine mächtige, weiße Wasserwalze. Die Fahrkunst bestand darin, der zermalmenden Wasserwalze, die gierig und geifernd wie ein gefräßiges Maul sich steil und tief öffnete, auszuweichen und am umgischteten Felsen vorbei eine schmale Stromzunge zu erwischen, die an ihrer rechten Seite hinunter in langen Aufhupfern auslief, immer von seitlich überfallenden Wellen bedroht.

Wir hatten keinen hohen, ja, nicht einmal mittleren Wasserstand. Bei hohem und mittleren Wasserstand ist

Nur noch Erinnerung: Im rhythmischen Wellenspiel der Hieflauer Höll'.
Foto: H. Rittlinger

Der Anfang vom Ende der Verbauung der Enns. Das Kraftwerk vor der Kummerbrücke war die erste einer Reihe von Anlagen, die den einst vielfach gerühmten Wildfluß über weite Strecken zum bedeutungslosen und langweiligen Gewässer machten. Der Gesäusedurchbruch und kurze Abschnitte beim Mandling-Paß sind die letzten noch verbliebenen Teile einer verlorenen Perlenkette.
Foto: M. Pollner

daß wir rechts um weißgischtende Klippen herumkamen und ganz knapp die Stromzunge neben der mörderischen Walze erwischten.

Ich erwischte sie. Die Wellen unterhalb stießen hart über mich und das Boot. In der Geschwindigkeit eines Augenblicks hatte ich es danach herumgerissen und landete in der sandigen Bucht unterm Felsen.

Dann lief Klaus stromauf zu seinem Boot. Das Aveckle und ich legten uns in die Sonne, und die Höll sang die herrlichste Musik dazu. Nach einer halben Stunde sahen wir nach unserem Kameraden aus. Aber er kam nicht, es verging noch eine halbe Stunde.

Es wurde allgemach eine qualvolle halbe Stunde. Ob er auf dieser kurzen Strecke schon zu einer richtigen Wasserleiche werden könne, wollte das Aveckle wissen. Der Teufel soll dich in die Höll schicken! Nein — irgendwie wird er schon angeschwommen kommen.

Er kam! Wir jubelten, er saß noch im Boot. Das Boot hüpfte im Hintergrund des dunklen Tales klein und wild umher. Es wurde schnell größer, und Klaus hielt zum rechten Ufer. Aber er hielt etwas zu sehr hinüber — und je näher er herangerissen wurde, desto mehr geriet er in den Bereich der gefährlichen Klippen. Schließlich raste er — es spielte sich alles in Sekunden ab — fast breitseits viel zu weit drüben einem Block zu, an dem sich das Wasser brach.

Wir hielten den Atem an.

Du lieber Himmel, da kann er auch gleich richtig durch die Walze gehen!

Das Boot lag — noch lange vor der Walze — schräg vor dem Block. Klaus tat instinktiv das Richtige: er hatte in kraftvollem Durchzug das Paddelblatt auf der schrägen und somit richtigen Seite im Wasser, das war die beste Stütze. Anfänger legen sich in solcher Lage vor Schreck meist auf die andere Seite und werden um so schneller umgeworfen. Allerdings sah es aus, als wollte er nun erst recht an dem Felsblock zerschellen — aber das wäre geschehen, wenn er gerade durch Paddelschläge auf der anderen Seite versucht hätte, klarzukommen. So arbeitete er dem Wasser nicht entgegen, sondern nutzte seine Gewalt aus. Zur Belohnung dafür führte er das Boot schlank am Felsen vorbei und ordentlich auf die schmale Stromzunge neben der Walze.

Wir nahmen ihn an der Bucht unten in Empfang, und Klaus strahlte. Mein lieber Junge! Wenn du durch die Schnelle vor der Höll und hier hindurch bist, braucht dich nichts weiter zu stören!

Klaus stieg aus, und das Aveckle barmte. Nein, sie will nun auch die Höll fahren, sie ist ganz begeistert. Aber sie war ein gutes Mädchen, das von Groß-Reifling aus noch genug Enns fahren konnte, und es war Klausens letzter Ferientag. Es war ihr Plan gewesen, daß hier Klaus in ihrem Einer fahre, damit er das Erlebnis noch habe. Daß ich verzichten und sie fahren könnte, war weder ihr noch mir ins Bewußtsein gekommen. Wahrscheinlich bringt so etwas die Ehe mit sich.

Sie stieg also, den Affen mit unseren Trainingsanzügen auf dem Rücken, die schwere Kameratasche mit allem Krempel umgehängt, in Khakishorts und -hemd und mit schweren Tiroler Schuhen bergwärts, um vorauszulaufen und uns an der Wandauer Brücke zu erwarten. Bis dorthin hatte sie Berg und Tal, ein kleines Plateau mit Weiden und Staketen und Wald und Dickicht zu überwinden. Die bequeme Bahnlinie lief auf der anderen Seite. Wir gaben ihr drei Viertelstunden für eine Strecke vor, für die wir nur wenige Minuten brauchen würden. Der Tag war heiß, und sie hatte es schwer.

Nach drei Viertelstunden saßen wir also wieder in den Booten und brausten los. Der „Lawinenschwall" tauchte auf. Die Schwälle der Enns haben alle schöne Namen, die nicht erst von den Faltbootfahrern erfunden worden sind, sondern schon seit Jahrhunderten so heißen (die Flößerei, von der Salzamündung ab, ist alt): Weaner Welln, Kripp, Luder-Leiten, Strub, Flößerfreithof (= Friedhof, eine Bezeichnung, die manche Tragödie erzählt), Wildling, Goldgrubenfurt mit den „Wellen des Überrinnens", Dürnbacher Wolf und so fort. Der Lawinenschwall warf sich uns an die Brust, unsere Haare trieften. Aber nach jedem Eintauchen sprangen die Boote hoch in die Luft hinaus. Sie machten richtige Luftsprünge, die Boote, es war herrlich.

Aber als ich mich einmal nach Klaus umdrehte — —

Klausens Boot warf sich plötzlich mit dem Vorderteil übertrieben hoch ins flimmernde Gestiebe über den weißen Wellen.

Dann dreht es sich um die eigene Achse und verschwindet.

Ach . . .

Ja. Das Boot taucht kieloben auf. Ist er gleich aus der Spritzdecke herausgekommen? . . . Dann taucht also auch Klaus auf. Seine Miene zeigt einen unsagbar verblüfften Ausdruck. Er will es nicht glauben.

Meinen Jonas habe ich schon herumgerissen, noch immer im Strom rasch treibend — neue Schnellen voraus. Aber da ist das kleine Kehrwasser, und dann ist der schwimmende Klaus samt Boot schnell da und in Hut und wir alle zusammen am Ufer. Es geht alles wirklich unerhört fix und programmäßig. Zehn Sekunden nach dem Unfall sind wir schon dabei, das durch das Vollaufen schwergewordene Boot herauszuheben. Das geht langsam, weil erst das Wasser herauslaufen muß. Wenn wir beide genügend Kraft hätten, das schnell zu machen, würde das starke Boot mit den T-Holzträgern innen brechen, so schwer ist es vom hineingelaufenen Wasser. Dann erst haben wir Zeit, zur Besinnung zu kommen.

Ich sehe Klaus an, der wie geistesabwesend dasteht.

„Nein", sagte er, „– daß mir das jetzt noch passieren muß!"

In einer Schnelle, die nicht einmal einen Namen hat. Aber sie war — Mensch, ich sage dir: die hat es in sich!

Klaus stand noch so ein bißchen verblüfft da. Das Tal war ganz einsam. Drüben war der dunkle Bergwald. Der sonst grünklare Fluß schäumte und lärmte, und wir standen auf der Uferböschung, die zum Bahngleis hinaufging. Auch das Bahngleis war einsam und verlassen. Eine Wolke zog vor die Sonne, und Klaus fröstelte, so im Schatten. Er liebte kaltes Wasser gar nicht, und die kalte Enns.

„Ich habe das kalte Wasser gar nicht gemerkt. Ich war im Nu aus der Spritzdecke heraus, und ich habe gar nicht daran gedacht, das kalte Wasser zu merken. Ich habe überhaupt nichts gemerkt!"

Aber nun war die Wolke da, und Klaus fröstelte. Dann war die Wolke vorbei, die Sonne schien wieder heiß, und ich fragte Klaus, ob er lieber aufgeben wolle. Aber Klaus sagte: das komme ja gar nicht in Frage, nun erst recht nicht! „Prima", erwiderte ich.

Nein — daß ihm das gerade jetzt noch passieren mußte!

Klaus war ein guter Kamerad und Sportsmann. Der Umschmiß auf der Enns ärgerte ihn gewaltig. Ich bin in dieser Hinsicht viel charakterloser. Über jeden gelungenen Umschmiß, auch wenn er mich selbst betrifft, freue ich mich ebenso, wie sich mancher darüber ärgert.

Es seien schon ganz andere alte Wildflußhasen in die Enns geflogen als er, tröstete ich ihn. Außerdem wäre es mir wunderlich vorgekommen, einmal eine Ennsfahrt ohne derartigen Zwischenfall zu erleben. Und daß er die Flinte so wenig ins Korn werfe, obwohl er doch kaltes Wasser nicht schätze — nein, das sei ganz prima!

Manche Schwallfahrt endete mit einem Umschmiß
Fotos: J. Schächner

DIE MERKWÜRDIGEN GESCHICHTEN VON DER ENNS

Nach diesem bemerkenswerten Zwischenfall bestiegen wir also wieder unsere Fahrzeuge. Das Aveckle mußte schon längst an der Wandauer Brücke sein und sich weiß Gott was denken, daß wir nicht kamen.

Das Aveckle berichtete dann, daß es von der Kletterei über Stock und Stein reichlich mitgenommen die Brücke — die neue, die hohe Betonbrücke — erreicht habe. Es sei völlig verschwitzt gewesen, und es habe ein lebhaftes Bedürfnis verspürt, sich im Fluß zu erfrischen. Aber der Fluß sei dort schwer zugänglich, es habe sich das Schweißtüchel abgebunden und damit abgetrocknet. Weder auf der Brücke noch auf der Straße sei anfangs jemand zu sehen gewesen.

Dann sei jedoch ein Mann mit einem Jodlerhütl gekommen, ein richtiger kerniger Steirer, und den habe sie gefragt, ob er Faltbootfahrer den Fluß herunterkommen gesehen habe.

Er habe keine gesehen, sagte er, aber es sei gut, daß er nun erfahre, daß welche herunterkämen. Er müsse dann nämlich blasen, sagte der Mann weiter auf steirisch. Er hatte ein Horn umhängen, eine große Tute, und damit müsse er auch blasen, wenn ein Auto auf der Straße oder der Zug komme, damit die Waldarbeiter hoch oben in den Bergen gewarnt seien und aufhörten, Bäume zu fällen. Manchmal komme dabei Gestein oder auch ein ganzer Baum herunter.

Es war ein netter Mann. Die beiden standen da und unterhielten sich, das Aveckle in Bergschuhen, seiner Kluft, den Tornister auf dem Rücken, die Universalphototasche umgehängt, eine bereitgemachte Kamera auf der Brust. Sie schauten auf die tief unter ihnen rauschende Enns und nach uns beiden aus, die nicht kommen und kommen wollten. Das Aveckle wurde ganz unruhig.

Dann fing der freundliche Mann plötzlich auf seiner Tute zu blasen an. Ein Auto kam die Straße herabgerollt. Es klang sehr schön und melodisch, wie der Mann blies, es hallte wunderbar von den Talwänden wider. Das Auto kam ganz langsam herabgerollt. Es war ein funkelnder Achtzylinder aus Berlin. Der Wagen blieb stehen, drei schwere Männer entstiegen ihm.

Die drei schweren Männer traten ans Geländer, und tief unten rauschte grün und klar die Enns. Dann ging einer der drei schüchtern aufs Aveckle zu und fragte, ob sie nicht noch einen blasen wollte. Es habe so schön und urwüchsig geklungen und sei sicher echt steirisch ...

Ja, so was, nein — — staunte das verblüffte Mädchen.

Die drei schweren Männer hatten es mit dem Wächter zusammen für Straßenmusikanten gehalten — die Kamera auf der Brust wahrscheinlich für eine volkskundlich besonders interessante steirische Kleinharmonika ...

Nein, so was sei ihr wirklich noch niemals vorgekommen, berichtete das Aveckle später. Straßenmusikanten!

Sie sehe eben manchmal besonders abenteuerlich und musikalisch aus, meinten wir.

Na, schön. Der Mann sagte: „Na, denn tschuljn'se mal, Frollein!", und das Aveckle sagte, sie sei glücklich verheiratet, und ob sie nicht Faltbootfahrer gesehen hätten? Aber auch sie hatten keine gesehen und hätten auch gar keine sehen können, weil von der Straße aus der Fluß nur auf einem kleineren Stück sichtbar ist. Das Aveckle gab dann verwirrt das lange Warten auf. Vielleicht waren sie schon längst hindurch! Sie stieg zu den drei schweren Männern in den Wagen, um das Stück bis zur Lainbacher Brücke mitzufahren. Aber der Wagen war kaum ins Rollen gekommen, als der gute Wächter aus Leibeskräften blies und „Sie kemma! Sie kemma!" schrie und gleich wieder blies.

Die drei schweren Männer hielten ihren Achtzylinder an, das Aveckle rannte wieder auf die Brücke. Im Rennen machte sie die weggesteckte Kamera abermals zurecht, um ein packendes Bild zu machen, wie wir auf dem reißenden Flusse fahren. Aber in der Aufregung vergaß sie, den Objektivdeckel herunterzunehmen, und ich schrie von unten:

„Objektivdeckel!"

Ich sah es ganz deutlich, daß sie ihn noch drauf hatte, aber da waren wir schon hindurch und vorbei.

Das Aveckle ging zu ihren drei netten, schweren Männern zurück, die sie mitnahmen und an der Lainbacher Brücke absetzten. Wir waren schon eher da und machten es uns auf einer Geröllbank vorm Lainbacher Schwall bequem. Das Aveckle überkletterte eine Planke, mehrere Zäune und die Bahn und stieß nun wieder zu uns. Die netten Männer zogen es aus technischen Gründen vor, auf der Holzbrücke zu bleiben, und von dort aus machten sie mit ihrem Apparat eine reizende Gruppenaufnahme von uns. Wir kamen ihnen sicherlich wie Halbverrückte vor. Aber das Aveckle meinte, sie seien begeistert. Es fragt sich bloß von was, höhnten wir, und: „Du mit deiner Weiblichkeit!" Wir waren klassenbewußte Faltbootfahrer, die verächtlich auf jeden schweren Achtzylinder schauten (solange wir selbst keinen hatten). Dann rollten sie bergwärts, und eigentlich waren es nette, schwere Männer gewesen.

Das Aveckle zog dann weiter. Das brave Weib hatte es nun am rechten Ufer einfacher, sie konnte jetzt auf den

Schwellen der nach wie vor einsamen Bahnstrecke entlanggehen. Am „Landl-S" sollte sie uns erwarten, wir gaben ihr eine halbe Stunde vor.

Der Lainbacher Schwall wartete bei diesem Wasserstand mit einer ähnlichen tiefen und steilen Wasserrolle auf wie die Höll. Aber sie war noch gut zu nehmen, und dann brausten wir durchs lange, bezaubernde Landl-S, das Aveckle begrüßte uns schreiend auf den Steinen an der Seite. Hier machte sie zur Vorsicht gleich zwei Aufnahmen auf denselben Film. Die Boote sprangen wie toll, und ich sah mich oft nach meinem Kameraden um. Aber er kam vorbildlich durch.

Von hier ab entschwand unsere gute Begleiterin, die uns bei dem Unfall durch die Ungunst der Unstände doch nicht hatte helfen können, unserm Gesichtskreis. Sie versuchte erst, auf der Station Landl einen Zug nach Groß-Reifling zu erwischen. Aber es fuhr keiner, und nach der bisherigen beschwerlichen Kletterei mußte sie nunmehr eine lange Wanderung über das kleine Plateau ins Ennstal unternehmen. Sie hoffte, ein Auto anhalten zu können; aber die Straße war nun keine asphaltierte Gesäusestraße mehr, und es kamen keine weiteren Achtzylinder, nicht einmal ein alter DKW. Dafür kam ihr in der Nähe eines Wirtshauses an der Landstraße oben laut kreischend und krähend ein ganz merkwürdiges Tier entgegengelaufen.

Das Tier war ein großer bunter, prachtvoller Hahn.

Das Aveckle staunte. Das Gehaben des Hahns war bar jeder Würde. Das Aveckle kann hysterisches Hühnervolk ebensowenig leiden wie ich, vom Verspeisen desselben und dem Eierlegen abgesehen. Dies mag ein arges Vorurteil sein — aber wir schätzen wirklich mehr die klugen, nur von Ungebildeten als dumm verschrienen Gänse, die übrigens niemals in ein vernünftig daherkommendes Auto hineinlaufen, sondern im Gegensatz zu den aufgeregten Hüh-

Alte Erinnerungen an eine wildwasserbewegte Zeit
Fotos: E. Keaufer

Die STEWEAG (Steirische Elektrizitätswerke Akten-Gesellschaft) läßt grüßen. In der einst vom Brausen des Wassers widerhallenden Schlucht unterhalb von Hieflau hat ein Betonklotz der Vitalität des Flusses ein Ende gesetzt.

Das Betreten dieses Uferstreifens wurde wegen der Gefahr eines „Wasserschwalls" verboten. Im Bild Restwasser der Enns unterhalb der Wehranlage von Wandau.

Restwasser nach Ausleitung (Wehranlage Wandau)
Foto: M. Pollner

nern, dessen Vorüberfahrt gelassen schnatternd am Straßenrand abwarten. Der bunte Hahn raste jedenfalls wie angestochen am Aveckle vorüber. Er hatte sich in einen Fliegenfänger verfangen.

Er raste in ein Feld hinein, vom zähen Leim des Fliegenfängers völlig aus der Fassung gebracht.

Nach diesem Begebnis trat das erhitzte Weib ins Gasthaus, um sich an einer Selter mit Himbeerschuß zu erfrischen. Dort traf es eine Wirtin an, die sich vor Lachen schier kugelte. Die Wirtin war die Besitzerin des Hahns, und der Hahn hatte sich auf dem Küchentisch mit dem Fliegenfänger verfitzt.

Der aufgeregte und würdelose Hahn kam dann wieder aus dem Feld herausgeschossen. Er war nun noch mehr verfitzt und mit Schmutz, Stroh, Pflanzen und anderen Dingen wunderbar bestückt. Die beiden Frauen schnappten nach Luft, während das Tier stracks in die Küche sauste und sich in der Tiefe unterm Tisch verkroch. Dort zog das Aveckle das zitternde Wesen hervor, das ihr nun leid tat, während die kichernde Wirtin einen großen Zuber mit lauwarmem Wasser füllte. Dort wurde der Hahn trotz allem Sträuben hineingetan und sein prächtiges Gefieder vom Fliegenfänger befreit.

— — — — —

Wir beiden Männer fuhren unterdes auf dem strahlenden Fluß weiter.

Das Tal war eng, mit Fels und hoch hinauf von dunklem Wald umrahmt. Die Sonne platzte heiß in das Tal. Der Fluß schäumte weiß und kühl in seinem schmalen Bett, und immer sprangen die Boote wie toll. Auf der ganzen Strecke gab der Fluß kaum einen Augenblick lang Ruhe, eine Stromschnelle folgte der anderen. Ja, und hier war es, wo vor Jahren zwei Kameraden das zerbrochene Boot herausgezogen hatten! Es war ein schöner und verdammt männlicher Fluß, mir fließt das Herz über, wenn ich ihn noch weiter beschreiben sollte!

Als wir dem Schwall an der Einmündung der steirischen Salza zusteuerten, kam Klaus mit seinem Boot neben mich, und in dem dunklen Sonnental und auf dem herrlichen Fluß sagte er nur:

„So eine Schande, daß ich morgen zurückfahren muß!"

Er sagte aber nicht „Schande", sondern ein üblicheres Wort, das auch mit Sch anfängt. Weil wir immer aufpassen mußten, hatte er keine Zeit, einen gewählteren Ausdruck, wie den hier gebrauchten, zu finden. Es war sein letzter Urlaubstag — auf dem großartigen Fluß in diesem Tal. Und es war das Schönste, das Klaus mir überhaupt hätte sagen können. Es war echt, und ich war ihm richtig dankbar.

Später, als wir beide Soldaten waren und uns während eines Fronturlaubs trafen, schwärmte er noch von diesem Tag auf der Enns. Er gestand, daß es ihm nach der Kenterung wirklich nicht mehr ganz geheuer gewesen sei, das Wasser sei zu mächtig gewesen . . . Aber daß er durchgehalten habe, sei groß, erwiderte ich, und dann ergingen wir uns gemeinsam in der Erinnerung an diesen phantastischen Tag auf der Enns, man verzeihe mir diesen Ausdruck.

Dies war der Höhepunkt der ganzen Reise — diese Fahrt in dem dunklen Gebirgstal mit der heißen Sonne auf dem wilden Fluß — auf der guten, alten Enns, die mich noch nie enttäuscht hatte. Wie schade, daß gerade hier das Aveckle nicht mit dabei sein konnte.

Dann waren wir bald in Groß-Reifling, und Klaus war es viel zu kurz gewesen. Friedrich hatte sich am Ufer gesonnt und erwartete uns. Wir ließen die Boote auf der Floßlände und gingen noch ganz benommen in den kleinen Ort, der verlassen in der Nachmittagssonne brütete. Friedrich und Klaus waren im Gasthof Raffelsberger* untergekommen, während wir beiden andern im „Posthof" wohnten. Die Mahlzeiten nahmen wir gemeinsam ein.

Das Aveckle kam erst spät am Abend. Es hatte in der großen Hitze wirklich eine arge Schinderei hinter sich. Es ertrug unser Bedauern mit anzuerkennendem Gleichmut.

Die Posthofwirtin war eine charmante, ins Steiermärkische verschlagene Salzburgerin. Sie setzte uns einen steierischen Sterz vor, der aber noch weitaus von ihren Salzburger Nockerln übertroffen wurde. Die Nockerln zergingen wie ein Gedicht auf der Zunge, aber das Rezept wollte sie dem Aveckle nicht geben. Jede Salzburger Hausfrau hat da ihr eigenes Rezept, das sie wie ein heiliges Geheimnis hütet. Das Rohrezept, liebe Leserin, könnten wir Ihnen natürlich mitteilen — aber das verhält sich zu einem echten Salzburger Geheimrezept wie Kohlrüben zu einem Omelette soufflé à la fin de siècle . . .

In der weitläufigen Küche des alten Posthofs waren am Abend die merkwürdigsten einheimischen Leute versammelt. Alles in allem reizende Menschen: der Apotheker irgendeines kleinen Ortes, der munter schäkerte; ein Schmiedemeister; ein Reisender für Sebalds Haartinktur; der Briefträger, der nie seine Mütze abnahm, und andere. Ein junger Verwandter der Wirtin war Flößer, ein großer, blonder Brocken, dem die Lebenslust selbst aus den Augen strahlte. Die anderen zogen ihn auf, weil er es nur bis zum Flößer gebracht hätte. Was die Leute bloß haben! Wenn ich nicht Faltbootfahrer wäre, möchte ich Flößer sein. Ich habe schon viele Flößer kennen und kameradschaftlich schätzen gelernt: in Rumänien, in Vorderasien, in Südamerika. Sie sind kräftig und hart und überall eine ganz besondere Sorte prachtvoller Kerle. Ihr gefährliches Hand-

Das große Floß auf der Fahrt durch den berühmten Salzarechen. Diese großartige Passage ist längst im Rückstau einer Kraftwerksanlage untergegangen.

Foto: H. Rittlinger

werk, das so schön ist, bringt wenig ein — aber ich habe noch keinen Flößer getroffen, der einen unglücklichen Eindruck gemacht hätte. Das Glück hängt nicht immer an den Pfennigen, die aufs Bankkonto gehäuft werden.

Morgen früh um drei, sagte der blonde Brocken, fahre er mit seinen Kollegen im Lastauto die Salza hinauf zur Bresceni-Klause, wo die Flößerei anfängt. Ob wir mitkommen wollten? Aber weiß der Teufel, auch wir waren nun in Terminnot geraten. Wir waren schon lange unterwegs und mußten zu einem bestimmten Zeitpunkt zu Hause sein. Außerdem war das Aveckle von seiner wüsten Wanderei zerschlagen und wollte so gerne ausschlafen ... Heute sind wir uns einig, daß wir uns ohrfeigen können, die Floßfahrt auf der gefährlichen Salza nicht wahrgenommen zu haben. Wir müssen wirklich wieder zur Enns.

Jeder in der würzigen Runde gab etwas zum besten.

So wurde die Geschichte von dem Flößer erzählt, dem in einer Enns-Stromschnelle zwischen den Stämmen das Bein abgequetscht wurde. Der Flößer bekam ein Holzbein, und er lebte noch lange glücklich und zufrieden. Er hauste behaglich in einer Hütte im Bergwald, und eines Tages war es sehr kalt. Der Flößer kachelt also richtig ein und macht sich's gemütlich. Er zündet sich die Pfeife an und legt sein Holzbein auf den Kanonenofen. Aber er schläft ein, und er hat zu sehr eingekachelt — sein Holzbein fängt an zu brennen ...

Das war eine komische Geschichte, wenigstens, wie sie so erzählt wurde, und wir mußten lachen, haha!

Es war aber ganz merkwürdig mit den komischen Geschichten, die uns an der Enns erzählt wurden. Zum Beispiel stellte sich heraus, daß nicht nur das Holzbein, sondern auch der Flößer und die Hütte verbrannt waren.

Die Ennstaler sind ein urwüchsiges und ziemlich gesundes Geschlecht.

Es gibt – sagt man – neue Pläne zur energetischen Nutzung auch der Oberen Salza. Die touristische Vollnutzung des Flusses zwischen Gußwerk und Palfau durch den Kanusport und kommerzielle Rafting- und Kajakschulen wird möglicherweise zu einer Konfrontation zwischen Stromherren und Bürgermeistern führen.

Im Bild der untergegangene Salzarechen
Foto: E. Keaufer

„Wohl manches Fahrzeug, vom Strudel gefaßt,
Schoß gäh in die Tiefe hinab . . .“

DER MAHLSTROM

Alles mußte einmal ein Ende haben. Klaus und Friedrich hatten zusammengepackt, wir brachten sie am andern Tage an den Zug. Sie winkten, bis der Zug in der Talbiegung verschwand.

Nun waren allein wir übriggeblieben.

Die Kameraden waren prächtig gewesen, aber es war nun auch schön, daß wir wieder einmal für uns waren. Die Zeit war jedoch knapp geworden, ein großer Teil des Sommers war vorbei. Die Enns wollten wir noch ausfahren, aber zu einer anschließenden Donaufahrt langte es nicht mehr.

Wir bummelten im Ort herum und gingen dann zum „Salzarechen“. Gegen drei Uhr nachmittags sollten dort die Flöße herunterkommen. Das Aveckle war noch ganz zerschlagen von der Kletterei am Tage zuvor.

Die Flöße kamen gegen drei Uhr, und sie kamen alle gut durch den Rechen hindurch, sieben Stück. In einer älteren Ennsbeschreibung steht, daß die steirische Salza für Faltboote unbefahrbar sei, obwohl auf ihr Holz geflößt werde. Vor den gefährlichsten Stellen schwängen sich die wagemutigen Flößer ans sichere Ufer, wo sie laufend das dem Element überlassene Fahrzeug begleiteten. — Einmal ist sogar ein ausgezeichneter Kulturfilm über die Flößerei auf der Salza und Enns gedreht worden. In der Besprechung einer Filmzeitschrift war darüber zu lesen: „Der Film ‚Die Flößer‘ zeigt uns die wilde Romantik des S a l z a c h -

Foto: H. Rittlinger

Das bewegte Wasser der Salza, eine echte Herausforderung für Flößer und Kanuten. Heute untergegangen im Rückstau (siehe folgende Bilder), eine sichere Geldquelle für die „Steweag“.
Foto: J. Schächner 1965

„Technische Ufergestaltung" der Salza vor dem Vollstau
Foto: J. Schächner
Das Kraftwerk Großreifling beim Zusammenfluß von Salza und Enns. Folge: Auch die steirische Salza staut kilometerweit zurück. Klassische Schwallstrecken wie Weiberlauf oder Salzarechen sind für immer verschwunden. Abgestorbene Baumleichen kennzeichnen die Ufer. Da und dort kreisen Schauminseln im fast stehenden Wasser.

Als es noch kein Kraftwerk gab, hatte sich an dieser Stelle ein klassischer Tellerwirbel entwickelt. Heute gibt es hier nur noch die träge Bewegung des zur Ausleitung abfließenden Wassers.

Wehr Großreifling Wasserfassung Ausleitung

... danach

Fotos: M. Pollner

und E n z tales. Er schildert in packenden Bildern das gefahrvolle Leben der Hochgebirgsflößer, die das geschlagene Holz von den Wildbächen bis weit hinein ins Flachland bringen." Warum muß so ein Besprecher so dumm und gedankenlos schreiben? Die Kollegenehre legt mir diese harten Worte in den Mund. Wenn ich über etwas mir Fernliegendes zu schreiben habe, unterrichte ich mich auch vorher. Die Salzach mit ch ist ein ganz anderer Fluß, und die Enz mit z und einem n ist keine Enns, sondern ein hübsches Flüßchen aus dem Schwarzwald, nur bei gutem Wasserstand zu befahren. Daß in den Tageszeitungen, zum Beispiel bei den seinerzeitigen Ankündigungen des Lantschner-Films, die Enns immer wieder als Enz ausgegeben wird, verbittert jeden alten Ennsanhänger.

In den letzten Jahren ist die Salza, die landschaftlich und fahrtechnisch hervorragend schön ist, häufig von Kajakfahrern befahren worden. In ihrem Oberlauf durchfließt sie die Bergwelt nördlich des Hochschwabs. Nach der Bresceni-Klause, dem Anfang der Flößerei, gräbt sie sich immer tiefer ins Gebirge ein und strömt durch wildromantische Schluchten von Eiszeitschotter-, Kalk- und Sandstein, die sie erst bei ihrer Mündung, knapp oberhalb Groß-Reiflings, wieder verläßt. Von der Klause aus steigert sich die Salza in einer einzigen, prächtigen Schußfahrt von Schwierigkeitsgrad II bis IV. (Post festum muß leider hinzugefügt werden, daß seit 1967 auch der „Rechen" dahin ist. Ersoffen im Stau von Groß-Reifling. Die Bresceni-Klause, eine malerische alte Wehranlage, zerfällt immer mehr. Obwohl jetzt immer offen, ist sie mit zerstörten Wehrteilen, Pfählen und Treibholz verblockt. Umtragen rechts durch den Straßentunnel. Die Salza lohnt schon ab Gußwerk noch immer! Vom Talbauern unterhalb der Klause oder von Weichselboden aus schöne Bergwanderungen ins Hochschwabgebiet.)

— — — — —

Am späten Nachmittag fuhren wir beiden Übriggebliebenen weiter. Wir wollten nur „um die Ecke fahren". Unterhalb der steilwandigen Schlucht des Hirschensprungs gebe es einen großartigen, einsamen Talkessel mit herrlicher Sandbankwildnis, erklärte ich dem Aveckle. Dort wollten wir das Lager aufschlagen und einen Tag bleiben.

Das Aveckle war vertrauensselig. Sie tat den neueingekauften Küchenproviant einfach so ins Boot und wollte ihn nicht erst anbinden — für dieses kurze Stück. „Binde ihn aber doch lieber fest", sagte ich, „der Reiflinger Schwall liegt dazwischen".

Es hätte ja auch alles gut gehen können, wenn —

Ja, wenn wir zum Beispiel kein Niedrigwasser gehabt hätten.

Der Reiflinger Schwall war unbedeutend. Aber dann kam die „Kripp", die Einfahrt in die Schlucht des Hirschensprungs.

Nie hatte ich auf meinen bisherigen Befahrungen die Kripp für voll genommen. Ich war immer bei reichlich hohem Wasserstand auf der Enns gewesen, und Wächterschwall, Höll und Flößerfreithof — d a s waren die Sachen gewesen, die uns zu schaffen gemacht hatten. Die Kripp hatte ich bisher immer als völlig harmlos und unbeachtlich durchfahren.

Als ich diesmal einfuhr, stutzte ich.

Die Schotterbank am Waldhang vor den Felsen rechts, die sonst zum größten Teil überflutet war, ragte ziemlich hoch aus dem dunkelgrün dahinschießenden Fluß heraus. Das Wasser hatte keinen Überlauf mehr. Es stürmte zusammengepreßt und mit großer Wucht geradewegs auf eine steile, unterwaschene, überhängende Felswand zu. Der Fluß bäumte sich in und vor dem gebildeten Felsenloch, das ich früher auch nie beachtet hatte, mit gewaltigen Widerwellen auf — in wildem Anprall und blinder Wut, als wollte er den ganzen Berg, der ihm im Wege stand, und gleich alles mit zermalmen, was sich ihm leichtsinnig anheimgegeben hatte . . .

Wenn mir die Kripp von früher her nicht als so harmlos in Erinnerung gewesen wäre, hätten wir uns ja die Geschichte vorher angesehen.

Aber nun sah es hart aus, und es gab keinen Ausweg.

Doch. Es gab einen — aber was für einen!

Rechts neben den vom Felsen zurückgeworfenen Wassermassen — weißen, brüllenden Rollen — hatte sich ein mächtiger, saugender Trichterwirbel gebildet. Es war Präzisionsarbeit, die große Kraft erforderte, genau auf die Kimm zwischen Wirbel und die breitseits sich übers Boot schüttenden Fluten zu kommen . . .

Ich war in Sekundenschnelle hindurch. Ich sah ängstlich nach dem Aveckle zurück. Das Aveckle schoß gerade bergab und saß im Getobe — aber ein kleines bißchen zu weit an der unterwaschenen Felswand!

„Heuh —!" schrie das Aveckle über allen Lärm hinweg.

Dann bäumte sich das Boot auf, und Boot und Mensch wurden rasch von den stürzenden Wassermassen begraben und geschluckt.

Im Nu war ich an der Sand- und Schotterbank und aus meinem Boot heraus. Ich warf mich ins Wasser. Aber das mit Macht zurückströmende Wasser warf mich sofort wieder an die steilabfallende Sandbank.

Ich kroch schnell wieder heraus, ich hatte Angst wegen des Aveckles, das verzweifelt am gekenterten Boot hing. Das Boot war nicht fortgetrieben worden, sondern war in den großen Wirbel geraten. Die Schnelle, in der Klaus umgeworfen hatte, war hoch und mächtig — aber sie war „glatt" und ein Kinderspiel gegen das hier gewesen. Da hatte es keine saugenden Trichterwirbel gegeben, da konnte man schnell heraus.

Es gab keinen anderen Weg, ich hetzte über die große Geröllbank und warf mich oberhalb der Schnelle ins Wasser. Der Fluß tobte an die unterwaschene Wand. Es ist Unsinn, daß man an so einer Wand zerschmettert werden könnte. Das zurückprallende Wasser ist so mächtig, daß man gar nicht bis an den Fels kommt.

Aber das überlegte ich mir nicht in diesen Augenblicken.

Ich wurde einfach durch die tückische Schnelle hindurchgespuckt. Auf einmal war ich im großen Wirbel und am kieloben treibenden, umgeworfenen Boot, ich wußte nicht wie. Alles hatte sich in Sekundenschnelle abgespielt.

Das Aveckle klebte am anderen Ende des Bootes und sah mich ängstlich an. Das Boot trieb schnell in dem großen, mahlenden Wirbel herum, immer im Kreis herum. Das Aveckle hing am anderen Bootsende, und es war vorderhand gut, daß es dort war. Es sah mich mit einem unsagbar komischen Gesichtsausdruck an, und weiß der Teufel! ich mußte plötzlich lachen, trotz unserer Lage, als wir immer so im Kreise herumtrieben . . .

Aber es war wenig erfreulich. Es war Abend, die eisige Kälte des Gebirgswassers machte sich bald fühlbar, und wir trieben immer im Kreise in dem Mahlstrom herum. Wenn das Boot auf seiner Rundfahrt in den Bereich der stürzenden Widerwellen kam, war der Lärm unbeschreiblich. Es umkugelte sich und bekam heftige Stöße — aber die reichten nicht aus, um es aus der Gewalt des großen Wirbels zu bringen, der es immer wieder zurückriß.

Es war unglaublich. Ich wurde abwechselnd wütend und verzagt. Das Boot konnte nicht mehr lange mitmachen. Es drehte sich ein paarmal um seine Längsachse, ohne daß wir es verhindern konnten, wurde gestoßen und mußte bald absacken . . .

„Schwimm zum Ufer hinüber!" schrie ich dem Aveckle zu.

„Nein!" schrie das Aveckle zurück. Es hatte, wie es später berichtete, gleich zu allem Anfang versucht, das Boot fahren zu lassen, um sich selbst aus dieser Hölle zu retten. Aber sie war tief hinuntergezogen worden vom Wirbel, es war ganz unheimlich dunkelgrün über ihr geworden, und sie hatte Mühe gehabt, wieder hinaufzukommen, um das Boot als Halt zu erreichen. Als ich schon bei ihr war, versuchte sie das Boot aus dem Wirbel herauszuziehen — aber das war ein unmögliches Unterfangen der Gewalt des Wassers gegenüber. Man mußte vielmehr versuchen, an jener Stelle des Mahlstroms, die an den Bereich der tobenden Widerwellen grenzte, das Boot tief in diese zu stoßen. Der Strom selber verfügte allein über die Macht, uns und das Boot aus dem unheimlichen Wirbel zu bringen. Bei diesen Versuchen wurden wir immer wieder von den stürzenden Wassern begraben und hatten Not, wieder Luft zu schöpfen.

Nein, es war keine erhebende Angelegenheit. Wir trieben hilflos im Kreis herum, eine Ewigkeit lang. Vielleicht zwanzig Minuten lang, vielleicht länger — immer im Kreis herum, und der Lärm des Wassers fiel uns auf die Nerven. Soll ich hier meinen ersten Tribut an die Enns zahlen und ein Boot verlieren? Lange macht es nicht mehr mit, es ragt kaum noch aus dem Wasser. Aber gut, wenn es nur das Boot ist —

Wir arbeiteten unentwegt. Ein paarmal haben wir das Gefährt auf der äußersten Kante des Mahlstroms — er läßt es einfach nicht los! Aber dann gelingt es uns doch, klamm vor Kälte, das Boot vom äußersten Rand des Wirbels tief in die Wellen zu stoßen. Wir werden gepackt und unter Wasser gezogen. Aber dann spuckt uns der Strom aus — und das war jenseits des Wirbels . . .

Während der letzten Minuten hatte ich zwei Paddler am Ufer oberhalb der Schnelle gesehen. Es waren zwei Augsburger, erfahrene Wildflußleute, denen wir schon in Admont begegnet, und die nach uns von Groß-Reifling abgefahren waren. Nun waren sie da, und ich schrie ihnen zu, als wir noch Karussell fuhren.

Ich war zwar nicht mehr so ängstlich wegen des Aveckles wie am Anfang. Ich traue mir zu, in jedem wilden Wasser herumzuschwimmen und auch jemand Beistand zu leisten, und das Aveckle kann ja ebenfalls gut schwimmen. Aber das Boot konnte jeden Moment absacken, die Vorbedingungen für ein Schiefgehen waren noch immer gegeben.

Ich schrie also: „Hallo — kommt mal her!" Aber sie kamen nicht. Ein Schreck schien ihnen in die Glieder gefahren zu sein. Als sie dann kamen, waren wir schon aus allem heraus. Sie kamen übrigens wild paddelnd ganz rechts und noch diesseits des Wirbels und aller Widerwellen recht hübsch über die schwierige Stelle, und ich ärgerte mich geradezu, daß sie so schön durchkamen. Der Mensch ist in den unpassendsten Augenblicken eitel. Ich tat ihnen jedenfalls bitter Unrecht in meinem Grimm, und sie halfen uns dann, am Ufer das Boot zu bergen.

Der Dreß des Aveckles war zerfetzt. Er war einfach vom Wasser zerfetzt. Weder sie noch ich waren mit Grund oder Felsklippen in Berührung gekommen. Die klatschnassen Reste klebten ihr am Körper.

Wir waren ganz klamm und erstarrt und liefen auf der Sandbank vor der Felsenge umher, um uns warmzumachen. Im Unglücksboot sah es wüst und durchweicht aus: Küchenzeug, Proviant, Zelt, Schlafsack trieften; aber abgeschwommen schien nichts zu sein.

Es war alles in allem eine verdammte Sache.

„Wenn du aus so etwas herauskommst, kommst du überall heraus!"

„Du hast sogar das Photographieren vergessen!" lächelte meine tapfere Frau.

„Schade um die schönen Aufnahmen!" erwiderte ich. Aber es war mir wirklich gar nicht nach Photographieren zumute gewesen. Bei einer früheren, harmlosen Kenterung hatte ich sie erst einmal in aller Ruhe geknipst, wie sie im Wasser lag, und dann hatte ich ihr erst geholfen.

Oft kann der Retter im Boot bessere Hilfe bringen als im Wasser, es kommt auf die Umstände an. Hier war es mir richtiger erschienen, gleich ins Wasser zu eilen.

Wir fuhren dann noch notdürftig durch die enge Klamm mit ihren fußlosen Steilwänden. Der Fluß war dort wirblig, aber glatt. Auf der Sandbank des großen Kessels unterhalb der Schlucht schlugen wir das nasse Zelt auf, die Augsburger Kameraden bereiteten ebenfalls ihr Lager. Wir machten ein mächtiges Feuer, Holz war genug da, und ließen auf schnell errichteten Gestellen die Sachen trocknen und uns von der zurückgeworfenen Hitze selbst wunderbar anwärmen.

Aber Appetit zu einem Abendessen hatten wir merkwürdigerweise nicht. Er war uns irgendwie vergangen.

DIE KRIPP IST VERRÜCKT GEWORDEN, DER AUTOR HAT EIN REICHES INNENLEBEN

Die beiden Augsburger Kameraden fuhren am nächsten Tage bald weiter, wir blieben allein zurück auf den Geröll- und Sandbänken des wilden Talkessels. Wir waren völlig zerschlagen von der schweren Kenterung am Abend zuvor, von der Balgerei mit dem kalten, gewalttätigen Wasser. Es schien uns, als wären wir noch immer durchfroren. Wir legten uns in die heiße Sonne und dösten.

Wir hatten einen schönen Blick in die domartige Schlucht des Hirschensprungs. Rechtsufrig waren die Reste eines dem Fels abgerungenen Treidelwegs wahrzunehmen. Durch das Ennstal läuft die alte, heute bedeutungslos gewordene „Eisenstraße" zum unfernen, bekannten Erzberg bei Eisenerz, der in großzügigem Terrassenbau ausgebeutet wird. Ihn kannten schon die Römer, die bei Lorch (Laureacum), an der Mündung der Enns in die Donau, eine Schild- und Schwertfabrik hatten. Im Mittelalter war das ganze Ennstal unterhalb des Gesäuses seiner zahlreichen Hammer- und Eisenwerke halber berühmt. Wichtiger noch als die Straße war damals der Fluß als Weg — trotz seiner Wildheit! Mühselig wurden die mit Lebensmitteln beladenen Kähne bis zur Salza heraufgetreidelt, um dann schwer mit dem Erz des „Innerbergs" beladen hinabzufahren. Von der Schwierigkeit und Gefahr dieser Flußfahrerei erzählen die Chroniken des Ennstales. Mit dem Maschinenzeitalter und dem Aufkommen der Schwerindustrie um Steyr und Linz gingen jedoch die ganzen Kleinbetriebe

So schön wird's nie mehr sein. Im Ausgang der Kripp (Hirschensprung)
Foto: Thom Steyr

Die Flößerei gehörte zum romantischen Bild der Enns. Unsere Aufnahmen zeigen eines der großen Flöße beim Ansteuern des Stromzugs am Ausgang der Kripp.

Foto: H. Rittlinger

von Altenmarkt bis Ternberg ein, das Ennstal und seine Bewohner verarmten.

Es war unglaublich, wie kaputt wir waren. Als hätte uns ein schlecht aufgelegter Boxweltmeister zwölf Lehrrunden verpaßt. Das Aveckle hatte grüne und blaue Flecken an den unmöglichsten Köperstellen. Na ja — sie hatte ein Anrecht darauf, etwas mitgenommen zu sein, schon wegen ihrer bemerkenswerten Wanderung am Tage vor dem Umschmiß. Aber auch ich war zerschlagen von dieser lächerlichen Enns — die ich wie meine Tasche zu kennen geglaubt hatte.

Gegen Mittag sahen wir eine Menge Kajakfahrer an der tückischen Schnelle oberhalb der Klamm. Sie krabbelten dort lange Zeit auf der Geröllbank herum, anderthalb oder zwei Stunden lang. Der alte Treidelweg durch die Schlucht am senkrechten Fels war längst vom Wasser zerfressen und unpassierbar geworden. Ich hätte über den Berg klettern müssen, um nachzusehen, was los war.

Nach einer Weile kamen zwei durch die Schlucht gefahren. Sie riefen laut hallo und winkten, als sie bei uns vorbeikamen. „Ihr seid wohl auch reingefallen!" riefen wir hinüber.

„Na — aber bloß die beiden ersten. Die anderen haben dann lieber umgetragen, die kommen gleich noch . . ."

Es war eine Gruppe Münchner Sportskameraden. Aus jedem Boot, das vorbeikam, wurden wir mit einem Witzwort begrüßt, das entsprechend zurückgegeben wurde. Andere fallen auch dort rein, tröstete ich das Aveckle.

Am Nachmittag kletterte ich dann so aus Spaß ein bißchen in den Felsen über der Schlucht herum. Von oben sah ich zwei Leute, wieder andere Faltbootfahrer, beim Aveckle stehen. Als ich unten anlangte, begrüßte mich der eine mit den Worten:

„Nein — müssen Sie ein reiches Innenleben haben!"

Das war mir wirklich noch nicht weiter aufgefallen.

„Monatelang so allein!"

„Ach, so —", sagte ich.

Er war ein Leser von mir, der begeistert war, einen Bücherschreiber unter so komischen Umständen kennenzulernen.

„Es kommt drauf an —", sagte ich erschüttert.

Sie waren Wiener, Brüder, reizende Menschen. Der eine war klein und lebhaft, der andere groß und schweigsam. Ich habe noch nie so gegensätzliche Brüder gesehen. Beides alte Wildwässerer, alte Ennsanhänger.

„Wir nutzen jeden kleinen Urlaub aus, um noch einmal auf der Enns zu fahren — ehe sie verbaut wird!"

Sie hatten die Enns schon zehn- oder fünfzehnmal befahren, vier Umschmisse erlebt und zwei Boote verloren. Aber noch nie hätten sie in der lächerlichen Kripp umgeworfen . . .

Nun — das Aveckle, allein mit seinen Sandbänken, hatte plötzlich etwas Sonderbares in der Schlucht bemerkt: einen dunklen Punkt, einen Ball im Wasser; daneben ein bemanntes Faltboot, das hin- und hertorkelte und sich im Kreise herumdrehte. Der Fußball stellte sich dann als der Kopf eines Schwimmers heraus, der sich am noch aufrechten Boot seines Mitfahrers festhielt, das dadurch in dem glatten, aber immerhin wirblig stoßenden Wasser wie verrückt hin- und hertrieb. Schließlich kamen sie langsam in die ruhige Verbreiterung des Kessels heraus, und das Aveckle sah, daß der Schwimmer ein umgeworfenes Faltboot bei sich hatte, das sich gerade noch unterhalb des Wasserspiegels befand, so weit war es schon abgesackt.

Das Aveckle ist ein mutiges und hilfsbereites Weib. Als sie sah, daß das Boot des Schwimmers am Absaufen war, zögerte sie nicht, sich furchtlos ins Wasser zu stürzen. Aber der Gekenterte hatte gar keine Lust, gerettet zu werden. Er war sogar wütend darüber, von einer Frau gerettet zu werden. Er bemühte sich dann am Ufer um sein Boot und war immer noch wütend. Er war einer, dem ein Umschmiß peinlich ist, und er wollte weiterfahren. Das ist Charakterveranlagung, und nicht die schlechteste. (Andererseits sagt man einer Gruppe Münchner Wildwasserleute nach, daß sie geradezu mit Grazie umzuwerfen — aber ebenso schnell mit dem Boot herauszukommen verstehen!)

Der andere unterhielt sich dafür um so anregender mit dem Aveckle. Nein — wie gesagt: zehn- bis fünfzehnmal Enns — und nun dies in der sonst so harmlosen Kripp! Sie hätten den ungünstigen Wasserstand schon von der Bahn aus gesehen und seien deswegen gleich in Landl ausgestiegen. Im Landl-S überdies seien sie früher einmal bei Hochwasser schwer reingefallen — alle beide Boote weg, funkelnagelneue Klepperboote, auf Nimmerwiedersehn . . . Na ja — plötzlich und verdutzt hätten sie sich da am Ufer befunden, in nichts als einer Dreiecksbadehose der eine, notdürftig mit einem zerrissenen Dreß bekleidet der andere . . .

Es war eine lustige Geschichte, der Erzähler freute sich in der Erinnerung, und das Aveckle lachte auch. Und diesmal kam wirklich keine merkwürdige Pointe weiter — höchstens die, daß es gerade Pfingstsonnabend und die Bahnfahrt in diesem Aufzug ein Gaudi gewesen sei. Ein mitleidiger Mann habe seinem Bruder eine alte Jacke vermacht. Auf den Bahnhöfen seien die Leute zusammengelaufen, und es sei ein Abenteuer gewesen, barfuß durch die nächtlichen Gassen Wiens zu schleichen, sie ständen beide in achtbaren Stellungen.

Solche Geschichten passierten häufig auf der Enns. Der Paddlerwirt in Steyr unterhielt direkt ein Ausstattungsasyl für Bootsverlierer. Es war peinlichste Zunftehre, ihm die Kleider — sowie das entliehene Geld! — postwendend zurückzusenden.

Die Enns ist (war ...) ein herrlicher Fluß!

Aber daß es nun seinen Bruder gerade in der Kripp erwischen mußte! Er sei jedenfalls nicht in den großen, mahlenden Wirbel geraten, sondern gleich darüber hinausgespült worden, zum Glück. Er habe ihn gleich mit seinem Boot aufgefangen, und weil sie als besonders erfahrene und sorglose Wildwasserfahrer keine Fangleinen an den Booten hätten (aber zu Hause kommen gleich welche dran!), seien sie so komisch durch die Klamm getrudelt, an deren fußlosen Wänden kein Herauskommen möglich ist.

Das Aveckle tröstete den schweigenden Bruder mit unserer eigenen Erfahrung und der der Münchner Kameraden.

Die Kripp war völlig verrückt geworden.

Dann stellten sie sich namentlich vor, das Aveckle auch, und der kleinere lebhafte Bruder wurde ganz begeistert. Als ich schließlich hinzukam, wollte er viele Einzelheiten wissen, wie es mir so allein in der Wildnis ergangen sei, er war ein großer Romantiker. Sie blieben noch ein Weilchen bei uns, und der charmante Lebhafte erzählte uns noch viele herzerfrischende Ennsabenteuer. Sie waren hervorragende Brüder. Sicherlich konnte sich in ihrer Verschiedenheit der eine ohne den andern gar nicht vorstellen. Entschieden mußte der Schweigsame auch „ein reiches Innenleben“ haben; beim andern drängte es nach außen. Als sie abfuhren, rief er uns noch vom Wasser aus zu:

„Kommt, sooft ihr könnt, noch zur Enns — ehe es aus ist! ...“

Mit der Kripp aber war es wirklich seltsam. Zwei Leipziger Sportskameraden waren etwa zwei Wochen nach uns ab Groß-Reifling hinuntergefahren. Sie hatten, wie sie uns erzählten, im Gasthof ein Wiener Ehepaar getroffen, das

Auf den ersten Blick könnte man meinen, daß zwischen den beiden Bildern – deren erstes vor 50 Jahren aufgenommen wurde – kein wesentlicher Unterschied im Landschaftsgefüge zu erkennen ist. Bei genauerem Hinsehen bemerkt man in der jüngeren Aufnahme aber einen in breiter Front erfolgten Uferabriß. Auch hier ist die Zurückhaltung des Geschiebes durch Stauanlagen im Oberlauf Ursache für die negative Veränderung im Landschaftsbild. (Im Bild der Enns-Treidelweg der Kripp.) Foto: links E. Keaufer, oben M. Pollner gleich am Anfang in der Kripp seinen Zweier mit voller Bergausrüstung: Bergschuhe, Seil, Pickel — neben allem übrigen — verloren und gerade noch das nackte Leben hatte retten können. Sie hätten einen wenig stimmungsfördernden Eindruck gemacht. Sie selbst hätten dann, also gewarnt, vor der fraglichen Stelle gestanden und sich angesichts des gegen die Felswand tobenden Flusses nicht anders zu helfen gewußt, als über die Geröllbank umzutragen, während sie dann alles übrige glatt ausgefahren seien. Am übernächsten Tag, weit unten, hätten sie plötzlich ein Bootswrack unter Weidengestrüpp am Ufer gesehen — das Boot des Wiener Paars! Eingedrückt und versandet, aber die Ausrüstung darin noch völlig vorhanden und intakt ... Es habe leicht geregnet, und das einsame, angetriebene Boot sei ein überaus melancholischer Anblick gewesen. Sie hätten dann zuverlässige Leute im nächsten Ort aufgetan und die Eigentümer benachrichtigt.

Wir fuhren dann weiter durch die an Höhe allmählich abnehmende Bergwelt des Ennstals. Wir pirschten uns vorsichtig an jede Stromschnelle heran. Das Aveckle hatte etwas den Schneid verloren, und vor den Schwällen der tief eingeschnittenen Strub, die wir uns vorher ansahen, verlor sie einen Augenblick lang die Nerven, als ich ihr erklärte, wie sie zu fahren habe. Das war eine wohltuende Reaktion. Sie biß gleich wieder die Zähne zusammen. Umtragen wäre in dem schwierigen Gelände eine Schinderei gewesen, wir hätten dann die Fahrt auch gleich aufgeben können. Aber ich brauchte ihr erst gar nicht weiter zuzureden, und wir kamen ganz leicht durch die Strub, die nur von oben schwierig aussah.

Die Enns sei ein verdammter Fluß, sagte meine tapfere Frau.

So ein Wildfluß wie die Drau, die wir bei Hochwasser

erlebt hatten, ist in seiner Wasserführung viel imposanter — aber diese zusammengeballte Wucht der Enns ist irgendwie härter. Sie ist ein verdammt harter Fluß, und das Gesäuse ist ihre Krone.

Und sie war der alte, herrliche, klassische Wildfluß Europas.

Vom Kajakaltmeister Johannes Pitschmann mit seiner Erstbefahrung im Kriegsjahre 1916 jenem schönen Faltbootsport erschlossen, der keine Sonntagsgondelei ist.

— — — — —

Der „Kasten" tauchte auf. Ein uralter, trutzig burghafter Bau, im Mittelalter einer der reichen Einkehrgasthöfe der Flößer an der Eisenstraße, deren Ansehen mit dem Bau der Bahn zurückgegangen war. Auf meinen früheren Befahrungen habe ich mich noch jedesmal in der dunklen Gaststube in den dicken Mauern gestärkt. Aber seit einem Jahr war nun auch sein Wirtschaftsbetrieb geschlossen, er war nur noch so bewohnt. Diese Tatsache paßte nur zu folgerichtig in die Untergangsstimmung eines auch für uns baldverlorenen Paradieses.

Unterhalb des Kastens war einmal der Flößerfreithof — jene Felsenenge, deren Namen von manchem traurigen Tod in ihren Wellen erzählte. Bei hohem Wasser war sie lebensgefährlich. Aber bei dem Wasserstand, den wir hatten, war der gefährliche Flößerfreithof — inzwischen ist diese ehedem berüchtigte Stromenge im 13 km langen Stau des Kraftwerks Großraming „ertrunken" — ganz harmlos, wir spürten bei der Durchfahrt kaum ein paar kleine Wirbel. Es schien, als könnte er nie anders sein.

Unterhalb des so überraschend friedlichen Flößerfreithofes schlugen wir auf einer hochgelegenen Wiese unser Zelt auf. In einem nahen Bauernhaus erhielten wir von den freundlichen Leuten Milch, Butter und Eier. Aber das Aveckle hatte immer noch keinen richtigen Appetit, ich

Der Flößerfreithof – eine Erinnerung an die Faltbootzeit.
Heute sind Landschaft und Wasser gleichermaßen „geglättet" und nichts weist mehr auf eine stürmische, von Bootfahrern und Flößern gefürchtete Felsenge hin. Foto: H. Rittlinger

Zur Erinnerung eine alte Postkartenansicht

Der „Kasten", ein uralter Flößergasthof an der Enns, mit Hochwassermarken
Foto: H. Rittlinger

Floß-Einfahrt zum Freithof
Foto: H. Rittlinger

selber auch noch nicht. Wenn das Aveckle bei der Kenterung gleich von der Stromschnelle hinweggeführt und in die Schlucht getrieben worden wäre, wie der Wiener, wäre es einfacher gewesen. Aber so war sie in den Mahlstrom geraten, und wir waren immer noch irgendwie mitgenommen. Vielleicht hatte es sich etwas auf den Magen geschlagen. Erst nach acht Tagen bekamen wir unsern alten Appetit wieder.

Wir mußten ans Nachhausefahren denken, und wir mußten am nächsten Tag weiter, wenn wir die Enns noch ausfahren wollten. Aber am Morgen unserer Abfahrt regnete es, und wir blieben. Einen Tag später packten wir die Boote zusammen und hockten noch einmal für eine Nacht bei den freundlichen Bauersleuten und in unserm Zelt überm Flößerhof. Das bisherige Sonnenwetter hatte sich verändert, es war kalt und regnerisch geworden. Das Geld wurde auch alle.

Wir hatten einen selten schönen Sommer verlebt.

Als wir die beräderten Bootsbündel faßten, um zur Bahnstation zu ziehen, glitt ein Mädchen in einem Einer durch die Felsenge des Flößerfreithofs — nur ein Mädchen in einem Einer, kein anderes Boot weiter. Es war ein grauer und regnerischer Tag — aber das Mädchen jodelte uns zu, und die Lust eines ganzen Lebens lag in ihrer ungehemmten Freude an diesem grauen Tage. Sie schoß in ihrem Boote dahin, die kühne Kajakfahrerin, und wir sahen ihr lange nach, bis sie klein in der Talbiegung verschwand.

Dann liefen wir mit unseren braven, zusammengepackten Booten auf den kleinen Rädern über die Brücke über die Enns.

Es war wenige Tage, bevor der 2. Weltkrieg ausbrach.

Mit Hektik geht hier gar nichts: Abbauen des Faltboots.

Foto: H. Rittlinger

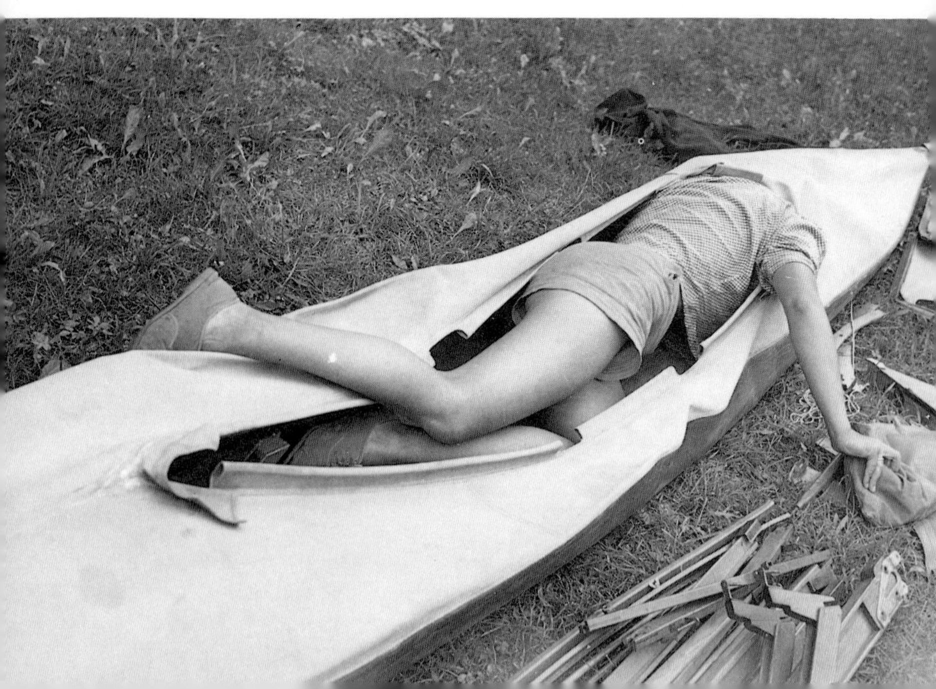

Was wär' ein Gott, der nur von außen stieße,
Im Kreis das All am Finger laufen ließe!
Ihm ziemt's die Welt im Innern zu bewegen,
Natur in Sich, Sich in Natur zu hegen,
So daß, was in ihm lebt und webt und ist,
Nie Seine Kraft, nie Seinen Geist vermißt.
(Goethe, aus dem Proömion)

DAS BALDVERLORENE PARADIES

„Der Techniker hat jene alte Scheu verloren, die den Menschen davor zurückhält, die Erde zu verwunden und die Gestalt ihrer Oberfläche zu verändern."
(Friedrich Georg Jünger)

Daß die Drau auf ihrem Lauf im schönen Land Kärnten so überraschend lange verhältnismäßig unversehrt geblieben ist, täuscht nicht darüber hinweg, daß leider gar kein Grund zu einem „Wird doch alles nur halb so schlimm"-Optimismus vorhanden ist. Die Verbauung auch des letzten Wildwassers geht noch immer unaufhaltsam – wenn auch nicht mehr ganz so unangefochten – weiter. Wir stehen vor einer weiteren Umgestaltung vieler uns liebgewordener Landschaftsbilder. Eine Entwicklung, die aus sozialen und wirtschaftlichen Gründen im Zeitalter des fortschritenden Wachstums des Sozialprodukts mit seinem ungeheueren Energie-Bedarf einmal zwangsläufig gewesen war, und der sich kein Volk entziehen konnte. Nur Wandervögel und ähnliche Romantiker haben sich darüber aufgeregt. Deren Bemühungen: der Umwandlung der Erde in ein einziges riesiges Fabrikgelände, in eine Arbeitsanstalt mit begrenzter Freiheit, entgegenzuwirken, wurden als sentimentaler Atavismus abgetan. Kein „Mann von Heute", auch wenn er nicht unmittelbar an Kraftquellen und Rohstofflager dachte oder daran beteiligt war, konnte solche ästhetizierende Gesellen ernstnehmen. Der „Fortschrittsglaube", war er auch noch so dumm, war Trumpf.

Daran hat sich — denn doch — ein ganz klein wenig geändert.

Daß der Mensch nicht vom Brot allein lebt und vom Mehrertrag entwässerter Talwiesen und von Kilowattstunden, sollte eigentlich schon immer bekannt gewesen sein. Doch die Schäden durch Mißgriffe im Wasserbau und andere Eingriffe in den Naturhaushalt, die — nicht eingeplante — Störungen hervorriefen, zeichnen sich jetzt immer schwerwiegender und in beängstigend fortschreitender Steigerung ab. Die Folgen der Ausplünderung und des Ausverkaufs der Natur, der inzwischen in eine hektische Endphasen-Stimmung geraten ist, sind heute statistisch nachweisbar.

Aber bis es soweit kam, daß man die Wissenschaftler und Statistiker wenigstens *anhörte*, mußten nicht nur Geschäft, Gedankenlosigkeit, Spezialistendummheit und noch einmal Geschäft — sondern auch unsere Flüsse ganz unmittelbar zum Himmel stinken ...

Ich will nicht die ganze Problematik sinnloser Naturverhunzung und sinnvoller Naturerhaltung — denn die gibt es, bei aller Wahrung wirtschaftlicher Belange, auch — hier aufführen.

In meiner Jugendzeit sind wir auf dem Main durch Franken gefahren, durch Sonne und Stille und die an- und abschwellenden Akkorde der lieblichen Landschaft, vorbei an altertümlichen Siedlungen und ehrwürdigen Städten — war das wirklich erst 1932 und nicht zur Zeit des Grünen Heinrich?

Heute ist der Main bis oben hinauf kanalisiert. Gebietsweise übertrifft er an Öl- und Abwasserverschmutzung noch den Rhein. Zwischen Aschaffenburg und Mainz gibt es heute Waschmittelabwässer, die sich erst nach zehn Tagen so weit chemisch zersetzt haben, daß ihre schädliche Wirkung auf den Fischbestand nachläßt. Alljährlich, wenn im Sommer der Wasserspiegel sinkt, setzt das große Fischsterben ein. Von Vertretern der Frankfurter Hafenkommission ist der Main ab Frankfurt offiziell zu einer „Verödungszone für Fische" erklärt worden.

Und es war einmal ein schöner Fluß — auch noch gar nicht so lange her, aber wer weiß das eigentlich noch?: der hieß Neckar . . . Heute ist der Neckar kanalisiert. Wo ehedem ein ungestümer und nicht erst seit der Erfindung des Kanusports klassischer Fluß der Landschaft Schönheit und Bewegung verlieh, laufen heute Turbinen, die ans Zeitalter der Dampfmaschine gemahnen (so unrentabel sind sie inzwischen geworden), steht eine schmutzige Kloake zwischen Steinwänden. Nicht alles, aber vieles von solchem Ausbau steht heute in gar keinem Verhältnis zum wirklichen volkswirtschaftlichen Nutzen — vieles war tatsächlich reines „Geschäft" gewesen. Auf Kosten des unwissenden Volkes.

Ein Kamerad aus Osnabrück schrieb mir vor kurzem: „Im letzten Jahr habe ich die Entdeckung von Kleinflüssen in unserer Umgebung fortgesetzt. Es waren Prachtbäche dabei. So z. B. die Nordradde (Nebengewässer der Ems, etwa 50 km lang) oder die ‚Engelmanns Bäke' (Nebenbach der Hunte, etwa 25 km lang) oder die Mittelradde (Nebenfluß der Hase, etwa 20 km lang). Überhaupt ist im Emsland (hier als langweilig verschrien) noch allerhand zu machen. Manchmal staunt man, daß es überhaupt in Deutschland noch derartig abgelegene Sachen gibt. Mit der Hunte hingegen ist nichts mehr los! Man hat sie total verkanalisiert. Auch die Hase ist nicht mehr so schön wie früher. Allerdings hat man wenigstens den wunderschönen Wacholderpark nicht versaut. Es bleiben die Kleinflüsse. Aber auch da haben sich schon ein paar Wahnsinnige gefunden, die unbedingt begradigen wollen, ohne sich die Folgen zu überlegen. Einige Emslandbauern sind allerdings im katastrophal trockenen Sommer 1959 wach geworden und lehnen nunmehr jeden Flußausbau ab, weil

Bei der Einmündung des Buchaubachs unterhalb des Kraftwerks Großreifling.

Fotos: M. Pollner

Beim Kraftwerksauslauf Altenmarkt.
Hier sind die Folgen der Unterbrechung des Geschiebe-Gleichgewichts überdeutlich erkennbar. Der Fluß hat den Hang gefährlich erodiert, weil sein natürliches Kiesgeschiebe in Staubecken zurückgehalten wird.

sie gemerkt haben, wohin ein ‚Ausbau' während trockener Jahre führt. ‚Je mehr der Mensch den Weg des Regentropfens zum Meere hin verkürzt, desto mehr arbeitet er am Untergang seines Landes'."

— — — — —

Wir sind weder Nabelbeschauer noch romantisierende Snobs. Wer die Unterwerfung der menschlichen und außermenschlichen Natur unter den Willen unqualifiziert als bösen „Fortschritt" verdammt, ist unwissend oder töricht. Aber das götzendienerische Verhalten zur Technik ist noch törichter — wenn auch dem Zeitgeist entsprechend „wahrer".

„Unser Land ist in Gefahr. Seine Flüsse sind üble, braungraue Abwässer, seine Luft ist regionenweise von Staubpartikeln und üblen Dünsten erfüllt, die nicht nur die Lebensfreude trüben, sondern auch die Gesundheit schädigen ..." Wasser und Luft dieses Landes lebten aber nicht nur — wie Karl Korn einmal in einem Appell an den Kulturkreis im Bundesverband der Deutschen Industrie (Frankfurter Allgemeine Zeitung Nr. 150/1959) aufrief: in der Regie der Industrie. Wasser und Luft seien auch die Basis des menschlichen Lebens überhaupt und der menschlich verstandenen Natur. Es könne keine Kultur im ursprünglichen Sinne des Wortes geben, wenn sich nicht die führenden Schichten daran erinnern, daß Kultur Anbau und nicht Abbau heiße. Unsere Flüsse aber seien tote, stellenweise sogar verpestete, infektiöse Schlammwässer geworden. Es sei der Industrie bekannt, daß die chemische Verschmutzung heute ein Vielfaches — das Verhältnis sei 7 : 3 — der Verunreinigung durch Abwässer darstelle ... Eine Verseuchung, die neue Methoden und neue Anlagen erfordere, die zwar erfunden und konstruierbar — in unserem Lande jedoch noch kaum vorhanden seien, weil sie viel Geld kosten. —

Betreten verboten! Nach Wasserfassung vor Altenmarkt
Foto: M. Pollner

Verlorene Träume
Foto: J. Schächner

Die Talseite der Wasser-Ausleitung vor Altenmarkt mit seinen Betonpfeilern und befestigten Ufern. Auch der Wald im Hintergrund vermag die Stillosigkeit der Landschaft nicht zu ändern.

Fotos: M. Pollner

Doch zurück zum unmittelbaren Wasserbau: Was in den letzten Jahrzehnten an unsinniger Geradelegung und Kanalisierung großer wie auch der unbedeutendsten Flüsse geleistet worden ist, ist wirklich erstaunlich — nur leider im negativen Sinne. Denn so ein Fluß ist ein Organismus, an dem alle Teile in engem Zusammenhang stehen. Es geschieht nichts an einer Stelle, was nicht sofort seinen Einfluß in Form von Veränderungen, Neubildungen, Störungen im Verlauf des ganzen Systems bewirken würde. Daß jeder Fluß das uneindämmbare Bestreben hat, sich selbst zu regulieren, ist eine flußmorphologische Grundtatsache. Immer wieder versuchen die Techniker, diese Tatsache zu überwinden, den Fluß zu überlisten — die Folgen zeigen sich überall!

Selbstverständlich ist heute Energie notwendiger denn je. Aber die Techniker sind einseitig und blind geworden und haben alle Scheu verloren, die Erde zu verwunden. Sie haben völlig vergessen, daß auch die „Kapazität" eines Flusses ihre Grenze findet. Es ist etwas ganz anderes, ob an großen Strömen und in Neuland kontinentalen Ausmaßes, in Afrika, Rußland, den Vereinigten Staaten, Riesenstaudämme und Werke gebaut werden — oder ob ein längst korrigierter Alpenfluß von zweihundert Kilometer Länge, der vielleicht vier oder fünf — aber nicht mehr zehn Kraftwerke ohne katastrophale Schädigung des gesamten biologischen Haushalts der Landschaft treiben kann, munter weiter verpatzt wird.

Das Ergebnis einer hundertjährigen Entwicklung ist eindeutig: Wasserarmut und Versteppung der Böden auf der einen Seite — schließen zuzeiten nicht gewaltige Hochwasserschäden auf der anderen Seite aus, die gerade durch die Regulierungen vermieden werden sollten. Ich kenne aus eigener Anschauung Flüsse, die nach einer „Regulierung" und Geradelegung (wobei

Busch und Baum mit riesigen Greifern erbarmungslos herausgerissen wurden) um so verheerender an anderen, früher „regulierten" Stellen ausgebrochen sind. Vielleicht aber fließt das Hochwasser wunschgemäß etwas schneller ab — aber dafür kann ihr altes, von Busch und Baum entblößtes Auland mit dem ehedem gewundenen Lauf auch nicht mehr seine biologische Funktion als aufsaugender Schwamm und Speicher erfüllen. Kurze Zeit nach dem Ablaufen des Wassers wirbelt der Wind schon wieder Staub auf den Feldern auf und verschleppt hoffnungslos die mühsam gewonnene Ackerkrume ...

Aber einige Lichtblicke gibt es doch.

So die gegen alle Bagatellisierungsversuche der Interessengruppen verschärfte Fassung des Wasserhaushalts-Rahmengesetzes der Bundesrepublik, das am 1. März 1960 in Kraft trat.

Als besonderen „Lichtblick" zähle ich auch die kürzlich dem Wirtschaftsteil einer Zeitung entnommene, meines Wissens erstmalig, man höre und staune: auf der Generalversammlung einer mächtigen Kraftwerks-AG. vorgetragene Meinung, „... jedes neue Staustufen-Bauvorhaben sorgfältig auf künftigen Ertrag zu prüfen, da die Konkurrenz auf anderer Basis arbeitender Energie-Erzeuger immer spürbarer wird und die Rentabilität der Wasserenergiewirtschaft immer mehr in Frage stellen ..." Töne, die man an solcher Stelle bisher noch niemals vernommen hatte.

Man braucht dabei nicht einmal an die friedliche, heute noch teuere, aber bald rationelle und zweckmäßige Auswertung der Atomkraft zu denken, die so sicher kommt, wie das Amen in der Kirche. Schon im Jahre 1955 hat ein Sprecher des Bayerischen Wirtschaftsministeriums verkündet, und die Entwicklung hat ihm recht gegeben: daß sich die Umstellung auf Atomkraft, die noch teuer sei, anstelle von Strom und Wasserkraft, viel schneller vollziehe, als man gemeinhin annehme. Es sei daher Unsinn, jetzt noch Wasserkraftwerke am unteren Inn und an der oberen Isar zu bauen oder etwa gar am Sylvenstein ein Kraftwerk zu errichten (es ist inzwischen errichtet worden), das 420 Millionen Mark kosten würde (es hat viel mehr gekostet) ...

Lassen wir die Atomkraft getrost beiseite: Das bayerische Dampfkraftwerk Schwandorf, das auf der oberpfälzischen Braunkohle steht, liefert nach dem Einbau eines modernen Turbogenerators seit 1959 jährlich 1,8 Milliarden kWh Strom. Man muß sich an den Kopf greifen, wenn man liest, daß allein dies 500 Millionen kWh mehr sind, als sie der gesamte, schon jetzt hoffnungslos verschandelte und künftig noch mehr verbaute Lech mit seinem gesamten, riesigen System von 23 bestehenden und 16 noch geplanten Wasserkraftwerken, Speicher- und Pumpspeicherwerken bringen würde!

Das ist nur ein Wärmekraftwerk! Ein anderer Vergleich: Allein das Kraftwerk Frimmersdorf der RWE wird nach Vollausbau nahezu 8 Milliarden kWh liefern!

Die lange Zeit umstrittene Stromstufe VI bei Schongau in Oberbayern, die eine der schönsten Flußstrecken am oberen Lech, eine naturräumliche Einheit von einzigartiger Geschlossenheit, weitgehend vernichtet hat — liefert nicht einmal 9 Promille des Bayerischen Strombedarfs von 1959!

Solche Zahlen offenbaren die Fragwürdigkeit dieser Eingriffe in ihrem ganzen Umfang. Eines Tages werden sie mit dem Fluch der Sinnlosigkeit belastet sein.

Bei dem gegenwärtigen Wettlauf der Energiequellen wird, wie Professor Kraus von der Universität und TH München in seiner Schrift: „Bis zum letzten Wildwasser?" (Aachen, 1960), feststellt, „... die Wasserkraft zuerst auf der Strecke bleiben." Erst viel später werden ihr die Kohle

Bei einem der vielen Ennskraftwerke. Sehenswert ist wohl nur der Ausdruck der Ungeniertheit, mit der dem Fluß eine neue Gestalt aufgezwungen wurde.
Foto: M. Pollner

— die als Rohstoff allerdings in ganz anderer Richtung bedeutend bleiben könne — und wohl auch das Öl folgen. Hieran ändere auch die augenblickliche Konjunktur der Speicherkraftwerke als Ergänzungslieferanten nichts.

In einer Sondernummer der Schweizerischen Verbandszeitschrift „Wasser- und Energiewirtschaft" schrieb ein Professor der Eidgenössischen TH allen Ernstes: „Bei einem *Heimfall* der Kraftwerke werden unsere *Kraftwerkbauten* vielleicht als *reine Abflußregulieranlagen* verwendet, also für den optimalen Ausgleich zwischen Niederschlag und Abfluß allein für den Wasserhaushalt des Landes." Denn die Wasserkraftnutzung habe die *gewaltige Eigenschaft*, daß sie jederzeit und sofort anderen, zwingenderen Bedürfnissen angepaßt werden könne. Es sei deshalb richtig, den Weiterausbau dem Bedarf der näheren Zukunft *entsprechend mutig* fortzusetzen ...

Die hochangesehene „Neue Zürcher Zeitung" (Nr. 320/1959) erklärt dazu, nur die Höflichkeit verwehre es ihr, dies anders als mit dem Epitheton „erstaunlich" zu qualifizieren! Das Blatt fügt hinzu:

„Ob sich unsere Elektrizitätswirtschaft wohl durch die frohe Aussicht besonders ermutigt fühlt, ihre Zyklopeninvestitionen eines Tages gerade noch für die Abflußregulierung nützlich zu sehen? Keine Frage ist, daß der gespendete Trost sich im Lichte der Wirklichkeit als eine Vertröstung ad calendas graecas (auf den St. Nimmerleinstag) darstellt."

Werden aber die Atomkraftwerke der Zukunft neue Naturschutznöte mit sich bringen? „Nein", sagte (in derselben o. a. Nr.) der Delegierte des Schweizer Bundesrates für Fragen der Atomenergie. „Denn Wissenschaft und Technik werden die neue Energiequelle zu nutzen wissen, ohne daß die ihr inhärenten Gewalten Menschheit und Natur gefährden. Wie Pharaonengräber würden unsere

Kraftwerksauslauf – dasselbe, unverwechselbare und trostlose Bild der Ausbeutung der Wasserkraft. Gibt es denn wirklich keine naturgerechteren Lösungen?

Fotos: M. Pollner

Atomkraftwerke im Berg verborgen liegen, unbetreten, ferngesteuert und dem Auge kein Schmerz. Ja, sie könnten vielleicht gar dazu beitragen, *abgefangene und erdrosselte Bäche wieder frei springen zu lassen* — die Technik würde dann die Natur von ihrem eigenen harten Griff befreien."

Da kann man nur — und vielleicht sogar etwas hoffnungsvoller als Dr. Faust — ausrufen: Die Botschaft hör' ich wohl ...

— — — — —

Zurück zu uns Wassernarren, zu uns Kajakfahrern, die wir in diesem entarteten, wie ein Krebsgeschwür wuchernden Riesenkomplex natürlich nur ganz kümmerliche „Interessen" geltend machen können. Aber sie decken sich mit den Ansichten und Idealen ungezählter anderer Gesinnungsfreunde, die kein anderes „Interesse geltend machen" können als ihre Liebe zur Natur und zur Heimat. Daß unser Sport durch die Verunstaltung der natürlichen Wasserläufe und ihre Verschmutzung arg betroffen wird, mag scheinbar unwichtig erscheinen. —

In Wirklichkeit geht es um eine Substanzverwüstung des ganzen Volkes.

Wer dieses Klagelied liest, muß meinen, wir Flußwanderer seien im Aussterben.

Wir sind es mitnichten.

Zu unserer eigenen Überraschung blüht der im heutigen motorisierten Massenzeitalter doch eigentlich ganz und gar „unattraktive" Kanusport nach wie vor. Wen das Wasserwandern einmal richtig gepackt hat, den läßt es so leicht nicht mehr los. Und um die wankelmütigen, reingeschmeckten Auch-Fahrer, denen jede Anstrengung zuviel wird, ist es niemals schade. Wir anderen aber finden immer wieder Wege, die unserer flinken Boote würdig sind.

Immer wieder verfallen junge Menschen auf unseren Sport — mit einer Unbedingtheit, die ergreift. Inmitten einer Welt lärmender Reize und der Apathie der Massen, deren Süchtigkeit nach Surrogaten doch nichts anderes bedeutet als Ablenkung und Vergessen in billigen, künstlichen Paradiesen, spricht diese Jungen ein Lebensgefühl an, das nicht leicht in Worte zu fassen ist. Irgendwie setzt es eine musische Grundanlage und Bereitschaft voraus. Ein neues und sehr „heutiges" Lebensgefühl, gewiß — aber auch ein uraltes Heimfinden zu Sonne und Erde, Baum und Berg, Fels und Gestade und zum Leuchten über den Flüssen und der Welt und Mensch und Tier auf der Suche nach dem verlorenen Paradies.

— — — — —

Konzerte, Gedichte, Traumbilder —
Hört man denn nicht aus den Musiken und aus den Versen die Klage um den gemordeten Pan und die verlorene Natur?

Gefährdung der Menschen durch Wasserkraftanlagen

Betreten verboten! –
Nicht nur an der Enns
Foto: M. Pollner

Es ist nicht Aufgabe des Buches, die Energiefrage zu lösen, sondern zu zeigen, wie die E-Wirtschaft mit unseren Flußlandschaften umgesprungen ist.
Foto: M. Pollner

Der Nachgeborene
Ich gestehe es: ich
Habe keine Hoffnung
Die Blinden reden von Ausweg. Ich
Sehe

Wenn die Irrtümer verbraucht sind
Sitzt als letzter Gesellschafter
Uns das Nichts gegenüber

Berthold Brecht, 1920

Ein Nachwort aus der Sicht eines Spätgeborenen

„DAS BALDVERLORENE PARADIES"
von Stefan Andreas Schmidt

Das wär's dann wohl gewesen, scheint Herbert Rittlinger in seinem Schlußkapitel unter dem Titel des Buches „Das baldverlorene Paradies" zu resümieren. Dieses Fazit zieht er am Ende der 50er Jahre. Die Wirtschaft der Bundesrepublik Deutschland entsteigt gleich Phoenix den Trümmern des zerbombten Deutschen Reiches. Wirtschaftlich ist man schon wieder wer. Es soll aber noch schlimmer kommen. Daß die Chemie der Wohlstandsgesellschaft Schaumteppiche auf den Flüssen und Bächen hinterläßt ist nur das erste Zeichen, wie dieser Wirtschaftsgigant in den beiden deutschen Staaten seine Wasserwelt vernichtet. Der am Horizont aus der Erfahrung von Hiroshima und Nagasaki aufsteigende Hoffnungsträger der internationalen Energieszene, die Atomkraft, auf die sowohl Herbert Rittlinger wie auch der vehement gegen den Ausverkauf der Fließgewässer kämpfende Professor Otto Kraus setzte, bescherte weder einen rapiden Gesinnungswandel der (Energie-)Verbraucher, noch der planenden Politiker. Vielfältig durch Aufsichtsratsposten in die Energiewirtschaft verstrickt, betrieben die Politiker in Deutschland, wie in all den anderen westeuropäischen Staaten, eine Politik des Sowohl als Auch. Die Atomkraft wurde protegiert, die Wasserkraft weiterhin hofiert. Die Flüsse waren der Vor- und Wegfluter der vielen Chemikalien und Abfälle dieser Wirtschaftswundergesellschaften. In den 70er Jahren wälzte sich weiterhin die vielfarbige

Schmutzfracht die europäischen Fließgewässer hinab, vergiftete eine in die Meere gespülte Schwermetallfracht die küstennahen Gewässer. Eine konsequente Verbauungspolitik der Fließgewässer, von der Quelle bis zur Mündung, brach dem freien Strömen das Rückgrat. In ein ingenieur-technisch genormtes Profil gezwängt, fand das Wasser auf einer schiefen Ebene seinen Weg, dem Gesetz der Schwerkraft entsprechend. Damit nicht genug! Viel Wasser wurde in den Giganten der modernen Zeit zurückgehalten: den Stauseen. Kaprun, österreichisches Wasserschloß der verschiedenen Ebenen, wurde als eines der Sieben Weltwunder der modernen Zeit gefeiert. Die domestizierte Natur als Sinnbild der Moderne? Begraben war die Erkenntnis der griechischen Philosophen, die mehr als zweitausend Jahre zuvor ihr Credo des Panthei Rei, des Alles Fließens, geschaffen hatten. Der Mensch als Maß aller Dinge schuf sich die Welt neu.

„Kennzeichnend für die modernen Industriegesellschaften (westlich-kapitalistischer wie östlich-sozialistischer Prägung) ist die möglichst weitgehende Ausbeutung und Ausnutzung natürlicher Gegebenheiten zur Realisierung eines kurzfristigen Nutzens. In Millionen von Jahren Erdgeschichte entstandene Ökosysteme und Organismen werden bei Fortsetzung dieser Politik in wenigen Jahrzehnten der Vernichtung preisgegeben, womit 'der Mensch' lediglich seine eigene Ausrottung betreibt." (Niemeyer-Lüllwitz, Zucchi, 1985)

Der Krieg ist der Vater vieler Dinge, so auch der Kunst-Stoffe. Mit ihnen wandelte sich das Weltbild der Nationen gewaltig. Unabhängig von den Bestimmungsgrößen der Natur ließen sich Stoffe erzeugen, die vorher nur über ein kompliziertes System von Warenaustausch und politisch-militärischen Zwängen aus fernen Weltbereichen zugänglich waren (Kautschuk, Öl/Kohlederivate). Die Welt, die Umwelt, ließ sich so einrichten, wie es sich die vorstellten, die die Macht dazu besitzen und damals auch eben besaßen. Betrachtet man die damalige und sicherlich auch die heutige Zeit ausgewogen, so waren auch diejenigen, die nicht die Macht besaßen, recht einverstanden damit, wie eingerichtet wurde. Das Leben für den Tag und nicht die große Vision in der Zusammenschau dessen was bislang erreicht war, stand zur Diskussion. Anders ausge-

drückt: Das goldene Kalb des Konsums war und ist umtanzt. Die Fähigkeit, außerhalb des materiellen Bereichs Werte zu sehen, sich mit diesen auseinanderzusetzen und für sich mit allen Konsequenzen in Anspruch zu nehmen, scheint abhanden gekommen zu sein. Zu hart? In mir rührt sich Widerspruch. Scheinbar gibt und gab es doch noch einige, die bereit sind, über den Tag hinaus zu denken.
Wenn Sie bis zu diesem Satz gekommen sind, verehrter Leser, gehören Sie offensichtlich zu diesen Menschen. Andere werden früher ausblenden und zur heilen Konsumwelt zurückfinden. Rittlinger gehörte auch zu denen, die erkannten. Leider blieb es mir versagt, ihn persönlich kennenzulernen. Zu früh starb er im Sommer 1978. Viel hätte er uns gewiß noch mitzuteilen gehabt. Viele andere Rittlingers habe ich in den Jahren des aktiven Paddelns kennengelernt. Menschen, die das Erlebnis des strömenden Wassers suchten, die sich in der Kunst probierten, im Einklang mit diesem fließenden Wasser zu leben. Wanderfahrten auf Kanälen, begleitet von der einheitlichen Tristesse der Beton- oder der rostigen Spundwände, kann ich mir genauso wenig als befriedigende Freizeitgestaltung vorstellen, wie viele andere auch. Die Standardisierung unseres alltäglichen Lebens, das Eingezwängtsein in vielerlei Regelwerk, in tausende von Normen, die die Individuen bestimmen, beherrschen, die das einzelne Leben so gleich mit dem des anderen machen wollen, die aus Individuen uniforme Massen walzen. Diese Krake unter dem verheißenden Begriff des Fortschritts scheint uns auch in unserer Freizeit einzuholen. Die freie, die ungebundene, ungeregelte, zwangsfreie Zeit, die Zeit, in der wir uns selbst erleben, selbst finden wollen, wird eingeschnürt, gebündelt, gemessen, gewertet, zum Sozialfaktor, zum Wirtschaftsfaktor. Durch die Hintertür kommt genau das wieder in unser Leben hinein, was wir gerade durch unsere Flucht in die freie Zeit abschütteln wollten. Woran liegt das? Schaffen wir uns selbst die Zwänge oder werden wir in etwas hineingepreßt? Gewiß sind wir selbst nicht gänzlich unschuldig. Wir wollen in einer Zeit, in der die frei zur Verfügung stehende Zeit ständig anwächst, diese Zeit nutzen. Sinnvoll nutzen? Diese Wertung will und kann ich nicht vornehmen. Da erkläre mir bitte einer, was dies ist – sinnvoll nutzen. Wir

wollen aber die Zeit nützen für das, was wir als unsere Bedürfnisse ansehen. Dazu gehört, eine Umwelt zu erleben, die etwas anderes ist, als das, was wir täglich um uns herum zu akzeptieren haben. Wir suchen in einer normierten Gesellschaft die Individualität durch Fahrten, die uns an die Grenzen unseres eigenen Ichs, unserer Psyche, wie auch unserer Physis führen. Ebenso finden wir uns, indem wir unsere Seele treiben lassen. Die gewollte Einsamkeit, die den eigenen Herzschlag spüren läßt, gehört dazu. Viel zu sehr sind wir im täglichen Leben Objekte. Lassen wir uns dazu nicht auch noch auf dem Wasser machen. Seien wir keine Sonderlinge, die in einer vergangenen Zeit herumpaddeln oder wohlfeil Unterhaltung auf dem Wildwasser bieten. Paddeln ist keine Mode. Sie ist ein tiefes Bekenntnis zur Natur, zur Natur auf, über, in, unter und seitlich des Wassers.
Dies war regelmäßig die fließende Welle, die Dynamik der Flüsse und Bäche. Diese Naturform gehört zu den bedrohtesten. Die Aue, der Wasserwald, wie dieses mittelhochdeutsche Wort lautet, existiert vielfach nur noch als Ortsbezeichnung. Die Tiere und Pflanzen, die in diesem artenreichsten Lebensraum, den wir auf unserer Welt kennen, ihre Heimat und ihre Lebensbedingungen finden, sind meistens in der Roten Liste der vom Aussterben bedrohten Lebewesen zu finden. Kein Wunder, sind doch nach einer Studie des Internationalen Alpinen Umweltzentrums in Chambéry, ICEALPE, nur noch 21 % der größeren Alpenflüsse noch nicht durch Energienutzung beeinträchtigt. So sind in Slowenien 77 % der Fließgewässer, im französischen Alpenraum 26 %, in Österreich 24 %, in den schweizerischen und italienischen Alpen 10 % und im bayerischen Alpenraum 2,5 % der Flüsse nicht durch Energienutzung beeinträchtigt.
Hier sind die Rahmenbedingungen aufgezeigt, in denen sich der Paddler am Ende des 20. Jahrhunderts bewegen darf. Dabei bestehen für den Großteil der verbliebenen Strecken bereits Nutzungsplanungen. Das Ende der Paradiese also?
Die Befürchtungen dazu sind wohlbegründet. Auf die Gesamtheit der Wildflußlandschaften im alpinen Raum zu blicken, ist den Wissenschaftlern und im Umweltschutz Handelnden offensichtlich erst in den vergangenen Jahren gelungen. Dazu

dürfte die oben zitierte Studie mit beigetragen haben, doch nicht nur sie allein. Die Verinselung vieler naturnaher Flußabschnitte mit der latenten Gefahr einer degenerierung der dortigen Pflanzen und Tiere aufgrund des ausbleibenden Austausches mit anderen Populationen ließ die Notwendigkeit für eine Vernetzung der Flußlandschaften offensichtlich werden. Stichwort Biotopvernetzung. Ebenfalls wächst das Bewußtsein für die Einmaligkeit der Flußlandschaften, zu denen mehr gehört als nur der Gewässerkörper. Immer mehr Menschen engagieren sich, diese Landschaften in ihrer Vielfalt und in ihrer wichtigsten Funktion als Biosphärenbrücke zu erhalten. So ist die Gründung etlicher Bürgerinitiativen zu verstehen, die sich die Erhaltung von Fließgewässern oder Gewässerabschnitten ebenso zur Aufgabe gemacht haben, wie andere den Rückbau zerstörter Flußlandschaften zu naturnahen Fließgewässern und die Rückeroberung der der Natur gestohlenen Flächen für die Dynamik der fließenden Welle.

Dabei spielt seit Anfang dieses Jahrhunderts die Ausbeutung der Wasserkraft zur Gewinnung elektrischer Energie eine immer größere und nachhaltigere Rolle bei der Zerstörung der Flußlandschaften. Angesichts eines maßlosen Energiehungers der führenden Wirtschaftsmächte bei einer zunehmenden Bedrohung der Folgen ungehemmter Energienutzung, wie sie zum Treibhauseffekt führt, Smogbildungen zuläßt oder gigantische Atomkatastrophen heraufbeschwört, erinnert man sich an die ach so willige, billige, scheinbar immerwährend zur Verfügung stehende Wasserenergie. Die langfristigen Folgen der Eingriffe in den Wasserhaushalt werden dabei ignoriert.

Die Gewinnung elektrischer Energie aus Wasserkraft ist so populär wie selten zuvor. Ein einheitlicher Block aus Konservativen, Sozialdemokraten, Grünen, Liberalen, Naturschützern und Energieerzeugern plädiert für eine forcierte Nutzung der verbliebenen Wasserkräfte. Baustellen an den verschiedenen Flußläufen des alpinen und außeralpinen Raumes zeugen davon, daß die Willenserklärungen nicht nur papiernerne Absichtserklärungen sind, sondern auch zügig in die Tat umgesetzt werden. So muß ich die Korrektur Herbert Rittlingers bezüglich des Acheloos (Astropotamos) leider im Jahre 1992 wieder korrigieren. Der von ihm erwähnte 40 Kilometer lange

Staudamm, heute Kremastastausee genannt, war im Jahre 1967 nur der Anfang von der Zerstörung des gewiß beeindruckendsten griechischen Wildflusses. 1988 waren zwei weitere Großprojekte am Oberlauf des „ältesten Flusses der griechischen Sage“ damit beschäftigt, den Stammhalter von Okeanos und Tethys zu vernichten. Dieser Versuch dürfte gelungen sein. 1990 bauten die Italiener im Südtiroler Pustertal ein Kraftwerk in die bislang von einem Eingriff verschonte Kniеßpaßstrecke der Rienz, die bei Mühlwald schon seit Jahrzehnten aufgestaut wird. Damit wurde die landschaftlich wertvollste Stelle eines der letzten unverbauten norditalienischen Wildwasser zerstört. Die Drau ist weiter von Eingriffen verschandelt und zu einer wasserüberflossenen Betontreppe verunstaltet worden. Damit wird das Wasser an der Wasserscheide auf dem Toblacher Feld nach Osten (Drau) und nach Westen (Rienz) in wasserbaulicher Treppenform abgearbeitet, zu Tode gestaut.

Die Menschen wachen auf

Die Enns – es war einmal. Dort, wo uns Rittlinger von seiner Fahrt vorschwärmt, hat die Energiewirtschaft längst betonene Tatsachen geschaffen. Der Gesäuse-Eingang ist längst befahren worden, zuletzt bei Wasserständen, die neben einem exzellenten Fahrkönnen ganze Armeen von Schutzengeln benötigen. Die Kummerbrückenstrecke ist gehobener Standard und die einzige Strecke der Enns, die außer dem Gesäuse-Eingang noch eine Aufgabe für Wildwasserfahrer zu bieten hat. Fast wäre es aber auch mit diesem Relikt des „harten Wildflusses ... (dessen) grünklare Wasser stürmen mit ungeheurer Wucht dahin, und alles, was sich ihnen in den Weg kommt, wollen sie erbarmungslos hinwegräumen“ aus gewesen. Bevor die Enns zwischen den hohen Mauern des Gesäuses sich ihren Weg durch den Fels schneidet, findet der Reisende das berühmte Benediktinerkloster Admont. Dieses Kloster, das als eines der reichsten Österreichs mit weitläufigen Besitzungen in Admont gilt, kam auf die ganz und gar nicht christliche Idee, in Gottes schöner Landschaft herumzupfuschen. Am 12. Mai 1987 gaben die Gottesleute auf einer Gemeinderatssitzung in Weng ihr Ansinnen bekannt, im Bereich des Gesäuse-Eingangs ein Kraftwerk zu errichten. Die Kommunalpolitiker waren entsetzt und mit

9 zu 0 Stimmen einmütig dagegen.
Besorgte Bürger der Region Admont, Hall, Weng schließen sich zu einer Bürgerinitiative zusammen. Die „Plattform zum Schutz des Gesäuses" setzt mit einer Briefaktion im August 1987 Entscheidungsträger der Politik, alpine Vereine und Umweltschutzverbände von den beunruhigenden Plänen des Stiftes in Kenntnis. Am 19. September 1987 findet eine lokale Informationsveranstaltung mit 250 Teilnehmern statt, in der die Bevölkerung auf die Bewahrung des Gesäuses drängt und mit einer ausführlichen Berichterstattung in der österreichischen Presse ihr Ziel, die drohende Verbauung bekanntzumachen, erreicht. Im Oktober und November 1987 läuft eine österreichweite Unterschriftenaktion für den Erhalt des Gesäuses an, eine Informationsbroschüre erscheint. Zur Rettung des Gesäuse-Eingangs bemüht sich die Bürgerinitiative, für diese beeindruckende Wildwasserstrecke den Status eines „Naturdenkmals" zu erlangen. Dazu wird auch ein entsprechender Vorstoß beim Bezirkshauptmann in Liezen unternommen. Am 26. Januar 1988 wird der Gesäuse-Eingang durch die Bezirkshauptmannschaft Liezen zum Naturdenkmal erklärt. Nach österreichischem Recht dürfen im Bereich eines Naturdenkmals keine Bauvorhaben durchgeführt werden. Auch Ausnahmegenehmigungen sind hier unzulässig. Wenige Wochen später erklärt das Stift Admont, bis auf weiteres auf den Bau eines Kraftwerks am „Gesäuse-Eingangsbereich" zu verzichten. Es kann nur spekuliert werden, ob hier über entsprechende Verbindungen in die hohe Politik Entscheidungen politischer Instanzen vor Ort umgestoßen werden sollen und wieder einmal Flußheimat aus der Ferne heraus zerstört werden soll.
Auch am Regen haben die Wasserverbauer einiges an Verbauungspotential vorgefunden und nutzen es intensiv. Ein zweiter Stausee ist entstanden. Die Teisnacher Papiermühle entzieht auch weiterhin dem Fluß etliches Wasser. Dies alles wäre noch zu verschmerzen, gäbe es hier nicht die Wiederentdeckung der Wasserkraft mit Hilfe von Kleinwasserkraftwerken, die auch einen Kleinfluß des Mittelgebirges in Stücke zerhackt und der Technik zum Fraß vorwirft. Mit staatlichen Zuschußgeldern wird zum Halali auf die kleinen und kleinsten Fließgewässer geblasen.

Großramingerschlucht
Foto: K. Them

Bei der Gegenüberstellung der beiden Bilder steht eine Frage im Vordergrund: Hat sich die Umwandlung der Schlucht in einen gesichtslosen Stausee wirklich gelohnt? Aber auch wenn es sich gerechnet haben sollte: Solche Landschaftsschätze sind Allgemeingut und nicht Experimentierfeld einer autokratischen Lobby. Foto: M. Pollner

Kurze Restfließstücke einstmals stolzer Alpenflüsse werden trockengelegt oder in Staus ersoffen. Letzte Beispiele dazu: das Kraftwerk Oberaudorf, 1992 an der österreichischen Grenze fertiggestellt, die letzte Lücke in der Stauseentreppe auf deutschem Grund, früher mit der Bezeichnung Inn als der mächtigste deutsche Alpenfluß bekannt. 150 Kilometer weiter flußaufwärts macht das Grenzkraftwerk Martina der letzten großen schweizerischen Flußlandschaft den Garaus. Fertigstellung 1993. Dann werden dort im Sommer 9 Kubikmeter, im Winter 2 Kubikmeter Restwassermenge im Flußbett verbleiben, exakt soviel, wie dem Vorderrhein zwischen Tavanasa und Ilanz zugestanden wird, seitdem hier ein weiteres Kraftwerk dem Fluß seinen Lebenssaft entzieht.
Ebenso zur Geröllpiste degradiert wurde der letzte, bislang nur wenig verbaute Fluß Vorarlbergs, die Bregenzer Ache im Westen Österreichs. Massive Widerstände gegen eine Kanalisierung der Donau zwischen Straubing und Vilshofen rühren sich seit dem Frühjahr 1992. Kurz vor der Fertigstellung des – laut Volker Hauff (Verkehrsminister der damaligen sozialliberalen Koalition) – dümmsten Bauwerks seit dem Turmbau zu Babel, dem in der Zwischenzeit schamhaft zum (Rhein)Main-Donau-Kanal umbenannten Verbindungsgraben zwischen Süd- und Nordbayern, erklärt die Rhein-Main-Donau-AG nach bewährter Salamitaktik, das oben erwähnte Donaustück sei der einzige Engpaß zwischen Nordsee und Schwarzem Meer. So einfach werden die Flußlandschaften den Energieversorgungsunternehmen nicht mehr überlassen. Beispiel Salzach und Lech. In einem aberwitzigen Ausbauplan versuchen die Österreicher, auf ihrer Salzachstrecke 16 Kraftwerke in die Gebirgsflußstrecke zu klotzen. Seit Jahren wehrt sich eine österreichisch-deutsche Bürgerinitiative gegen die Verbauung der Flußstrecke zwischen Freilassing und Burghausen mit Kraftwerken. Die Flußschützer gehen aber noch einen wesentlichen Schritt weiter. Der Fluß soll die Chance erhalten, möglichst naturnah durch eine teilweise Zurückbauung der Seitenleitwerke, wieder zu fließen. Damit könnten die Eintiefungstendenzen vermindert werden, eine Aue erhalten, teilweise wieder neu geschaffen werden. Dabei ist die Salzach, wie der weiter westlich gelegene Lech, eine Pflanzenbrücke, und könnte mit einer

naturnahen Auenvegetation in einem europäischen Biotopnetz eine wichtige Rolle zwischen den alpenfernen Gebieten und den Alpen spielen. Ähnliches zeigten auch Untersuchungen des Augsburger Biologen Dr. Norbert Müller, der am Lech diese biosphärenverbindende Rolle aufzeigte. Dieser im deutschen Bereich durch eine Stauseenkette seit den 50er Jahren zunehmend und nachhaltig geschädigte Fluß spielte in der Verbreitungs- und gewiß auch in der Entwicklungsgeschichte der kalkliebenden Pflanzen und Tiere der Nördlichen Kalkalpen und der Kalkgebiete der Alb die wichtige Brückenfunktion. Selbst nach den massiven Schädigungen bietet er heute noch Chancen, auch künftig dieses für den Gen-Austausch unabdingbaren Bindegliedes.
Dabei findet sich im Tiroler Lechtal das einzige, annähernd intakte Flußsystem der Nördlichen Kalkalpen. Dieses Modell läuft aber Gefahr, wissentlich und willentlich durch die Reuttener Elektrizitätswerke zerstört zu werden. Seit 1984 sind Pläne bekannt, die gigantischen Schluchten des oberen Lechs und einige seiner herrlichen Seitenbäche zu überstauen bzw. abzuleiten. Seit Anfang der 90er Jahre bestehen Initiativen, die Schäden, die der ungehemmte Flußausbau des Lechs in Deutschland verursacht hat, durch Revitalisierungsmaßnahmen zu mindern. Dazu soll in nächster Zeit ein Landschaftspflegeverband gegründet werden. Nicht zuletzt wird sich davon auch ein Initialfunke auf die Tiroler Bevölkerung erhofft, statt in wenigen Jahren mit einer teueren Reparatur der Landschaft zu beginnen, wie sie momentan bereits an der Isar angegangen wird, alles zu tun, um künftigen Generationen großartige Landschaften in ihrer Gesamtheit zu erhalten.
Im Juli 1991 vereinbaren das größte Elektrizitätsunternehmen der Slowakei, Slovenske Energeticke Pudniky und die Bayernwerke AG, den Fluß Vah in der Slowakei auf seine „Ausbau- und stromwirtschaftlichen Nutzungsmöglichkeiten hin zu untersuchen" mit dem Ziel, dort gemeinsam Wasserkraftwerke zu errichten. Joint-venture im Energiebereich: westeuropäische Stromkonzerne geben das Kapital, die kapitalschwachen Partnerländer bringen ihre schönste Natur in dieses Geschäft ein. Dieses Rezept hat sich bislang in vielen Schwellländern, wie Griechenland, Türkei und Brasilien im Sinne der Aktionä-

re bewährt. Auf der Strecke blieb stets die Natur. Die kann sich nicht wehren, hat keine Lobby. Außer den Kraftwerksbauern spechten auch schon andere Interessenten auf den Talgrund der Flußlandschaften. Da sind wertvolle, da ertragreiche landwirtschaftliche Nutzflächen zu gewinnen, flache Flächen bieten leichte Baumöglichkeiten für Wohnsiedlungen und deren Ausweitung, die Anlage von Verkehrswegen und Industriegebieten ist hier möglich.

Bis zum letzten Tropfen

Ein Fluß ist mehr als eine schiefe Ebene, über die das Wasser talwärts fließt. Die Aue, das vielfältig verwobene Geflecht aus Pflanzen- und Tierwelt im, auf und neben dem Wasser, ist der artenreichste Lebensraum aller Landschaften auf unserem Blauen Planeten. Gerade in der Aue konnten anderswo schon ausgerottete oder durch Urbanisierung, Versiegelung oder anderweitige Nutzung der Landschaft verdrängte Pflanzen und Tiere eine Oase des Überlebens finden. Diese Überlebensnischen werden immer seltener. Seit der nach den Plänen des Ingenieurs Johann Gottlieb Tulla von 1816 bis 1874 durchgeführten Rhein-Korrektur, bei der der Oberrhein Abschnitt für Abschnitt in ein festes Bett von 200 bis 250 m Breite gezwungen wurde, breitete sich diese Form der Naturbeherrschung über alle mitteleuropäischen Flußlandschaften aus. Dabei waren eine Häufung heftiger Hochwasser als Folge ungünstiger Klimaperioden nach einer Phase relativ günstiger Klimaverhältnisse im 18. Jahrhundert sowie der Raubbau in den Wäldern und die damit verbundene verminderte Wasserrückhaltekraft der kahlgeschlagenen Einzugsgebiete des Rhein der eigentliche Auslöser für die folgenschwere Rheinverbauung. „Das Modell der Rhein-Rektifikation war fortan Grundlage der meisten Flußregulierungen und gab dem Wasserbau in den nächsten 150 Jahren seine überwiegend technische Orientierung." (Niemeyer-Lüllwitz, Zucchi, 1985) Der Wandel von lebendigen Flüssen zu tristen Kanalstrecken hat viele Ursachen und Befürworter. Schifffahrt und Landwirtschaft, Wegebau und Hochwasserschutz, Raumplanung und Gewerbegebietsausweisung, Besiedlung und Energiewirtschaft. Diese Aufzählung erhebt keinen Anspruch auf Vollständigkeit, zeigt aber das Interessengemenge.

Im alpinen Bereich führte seit Anfang der 20er Jahre dieses Jahrhunderts die Verbauung der Fließgewässer zur Gewinnung der Weißen Kohle zu einem Raubbau an der Natur. Verschiedene Phasen der intensiven Verbauung sind dabei auszumachen. Je nach Land ergeben sich dabei unterschiedliche, zeitliche Schwerpunkte. In Italien zerstörte das Mussolini-Regime in den 20er und 30er Jahren die alpinen Flüsse und Bäche nachhaltig, in der Schweiz fand der Run auf das Weiße Gold seit den 50er Jahren statt – mit fast hundertprozentigem Zerstörungserfolg. In Österreich ist seit dem Volksentscheid über die Nichtinbetriebnahme des Kernkraftwerks Zwentendorf in drei Zehnjahresplänen die Verheerung der Fließgewässer planvoll betrieben worden. Dabei waren mit etlichen Eingriffen schon während der 30er, 40er und 50er Jahre bereits nachhaltige Schädigungen der alpinen Flußlandschaften vorgenommen worden. Selbstverständlich riß auch die Electricité de France (EDF), der staatliche französische Stromhersteller, tiefe Wunden durch den Bau von Wasserkraftwerken in die dortigen alpinen und außeralpinen Flußläufe. Neben der am konsequentesten realisierten Atomstromproduktion Westeuropas dürfte aber die Autonomie der EDF (keine Beteiligung anderer Energieerzeugungsnehmen wie beispielsweise in Österreich) sowie die Größe des Landes und der damit verbundene Kostenaufwand den Ausbau der Wasserkraft verlangsamt haben.
In Deutschland ist neben einem massiven Wasserkraftausbau vor allen Dingen kleiner und kleinster Fließgewässer durch die örtlichen Besitzer von Mühl- bzw. Wassernutzungsrechten, seit Beginn dieses Jahrhunderts der Ausbau der Wasserkraft mit der Kanalisation der Flüsse wie Main, Donau, Mosel in den 30er bis 60er Jahren, der Energiekrise nach dem Zweiten Weltkrieg (Rißbach, in der Folge Lech-Totalausbau) und einer Renaissance von Wasserkraft als Folge der Erdölkrise von 1973 (wie auch in Österreich) zu beobachten. Dabei gilt das Potential an wirtschaftlich nutzbarer Wasserkraft als weitestgehend erschöpft, wenngleich in den Schubladen der Energiekonzerne etliche im Verlaufe des großen Mühlensterbens der 60er Jahre aufgekaufte oder abgelöste Wassernutzungsrechte liegen dürften.

Welche Beweggründe dürften die Energieerzeuger haben, die Zerstörung der Bach- und Flußlandschaften weiterhin so massiv voranzutreiben? Veröffentlichungen der Stromerzeuger zeigen doch nur ein zugewinnbares Ausbaupotential von etwa 2,2 % an der deutschen Stromprdouktion bei einem Totalausbau der Gewässer. Die „Arbeitsgemeinschaft Wasserkraft in Bayern", Organisation der großen und kleinen bayerischen Wasserkraftwerke, hält das mit 19,2 % Wasserkraftanteil am stärksten ausgebaute und topographisch begünstigste deutsche Bundesland Bayern als Quelle für die Stromerzeugung als „kaum noch ausbaufähig".
Dabei sollten die Rahmenbedingungen mitbedacht werden, die der europäische Energieverbund schafft. Die dortigen Überkapazitäten ließen die Preise bereits fallen. 1990 und 1991 sanken beim Bayernwerk die Strompreise jeweils um 5 %. Damit sich die Aktionäre auch weiter an der satten Dividende von 12 bis 14% erfreuen können (Gewinne durch Kurssteigerungen nicht mitgerechnet), ist bei diesem Geschäftsgebaren eine jährliche Erlösschmälerung von 400 Mill. DM wettzumachen. Dies kann nur über die erhöhte Menge des abgesetzten Stromes verwirklicht werden, der u.a. aus der Wasserkraft kommt. Sind die inländischen Ausbaukapazitäten erschöpft, zapfen die Riesen der deutschen Stromwirtschaft ineinem wohlorganisierten Verbund ausländische Energiequellen an und trocknen die Flußlandschaften dieser Länder aus. Mit langfristigen Betriebskonzessionen (in der Regel 99 Jahre) und einer höchstens über die Hälfte der genehmigten Betriebszeit sich erstreckenden Abschreibung auf die Erstellungskosten, ergibt sich regelmäßig nach 26 bis 50 Jahren das Problem, wohin mit den Überschüssen? Verschandelt man damit die Landschaft des eigenen oder über Beteiligungen die anderer Länder, läßt sich die Reinvestitionsproblematik elegant lösen. Durch Kursgewinne wird das Kapital legal dem Fiskus entzogen, fließt durch Dividenden in die Taschen der Aktionäre, während die Bevölkerung vor Ort eine nachhaltig zerstörte Flußlandschaft vorfindet.

Imagepflege

Doch nicht nur das schnöde Geld (ver)führt zum Bau von Wasserkraftwerken. Die ungeklärten Fragen zum Atom(staat) machten und machen die Energieversorgungsunternehmen (EVU) zu Symbolen einer bedrohlichen Technologie. Strom aus Atom hat ein schlechtes Image. So wird die Auenlandschaft mit dem positiven Prädikat der regenerierbaren Energiequellen vermarktet. Verschwiegen wird, was auf der Strecke bleibt, in den Stauhaltungen absäuft, durch Eintiefungen zu großflächiger Erosion (Illertal) führt, den Geschiebehaushalt verändert und neue Probleme durch Druckmassierung und damit zur Auslösung von Erdbeben (wie beim Kremastastausee in Griechenland) führt. Geflissentlich wird der Zusammenhang zwischen Atomstrom und Wasserkraft verschleiert. Profitmaximierung mit billigem Atomstrom, der das Wasser in die Speicherbecken alpiner Stauseen pumpt, um von dort durch die Turbinen zu teurem Spitzenstrom „veredelt" zu werden.
Bei allen Anstrengungen und Aufwendungen, der Anteil der Wasserkraft am bundesdeutschen Primärenergieverbrauch beträgt 1,5%. Ein weiterer Ausbau bis zum letzten Tropfen wird einen Zugewinn nur noch im Promillebereich ermöglichen, der rasch durch die sorglose Energieverschwendung wieder aufgefressen wird. Wasserkraft ist kein wirksames Mittel, dem drohenden Treibhauseffekt zu begegnen oder eine eigenständige, nationale Energieversorgung aufzubauen. Geeignete Mittel sind hierzu der bewußte Umgang mit der Energie, die Ausschöpfung aller Sparpotentiale, die nach Erkenntnissen der ausführlichen, zwischenzeitlich aber wieder aus dem öffentlichen Blickfeld verschwundenen Energieforschung der 70er Jahre den Energieverbrauch um ein Drittel senken könnten (Meyer-Abich). In dieses Energiesparszenario weist auch die Erkenntnis des Verbandes der Deutschen Ingenieure (VDI) im November 1992, daß allein der Stromtransport über das Leitungssystem 24 Mrd. kW/h Strom verbraucht. 19 Mrd. kW/h erzeugten die deutschen Wasserkraftwerke der alten Länder der BRD. Daß diese Übertragungsverluste keine unabänderliche Tatsache sind, zeigt das seit 1976 von dem Hamburger Erfinder Dipl.-Ing. Werner Berends der Elektrizitätsindustrie angebotene, vom Patentamt geprüfte Polyurethan-Rohrgaskabel

Hier wurde eine Flußleiche noch zusätzlich verstümmelt. Die Aufnahme zeigt den letzten und größten Stausee der mißhandelten Enns.

Fotos: M. Pollner

Im Paradies der Technokraten. Die stählernen Masten sind wohl auch Ausdruck von Schonungslosigkeit und Naturverachtung. Kaum anzunehmen, daß Planer oder Erbauer dieses Werkes im Nahbereich einer derart verdrahteten Landschaft ihren Urlaub verbringen. (Im Bild das KW Mühlradin)

(Patentschrift 1665184), das nicht nur die Verschandelung der Landschaft durch ein Gewirr von Freileitungen vermeiden würde, sondern rein rechnerisch alle deutschen Wasserkraftwerke überflüssig machen würde. (Witt, 1991)

Der Trend geht, wie auch Herbert Rittlinger in seinem Schlußkapitel feststellt, immer noch in die andere Richtung. Nicht zuletzt dank eines massiven Propagandaaufwandes der Stromerzeuger, die als Monopolisten für ihr Produkt Hochglanzbroschüren verteilen, in Zeitungen und Zeitschriften werben und regelmäßig Plakatwände füllen. Dabei liegen die Fakten auf dem Tisch. Die Vernichtung der letzten naturnahen Fließgewässer, Fließgewässersysteme oder Teilstücke droht.

Der Pfarrer von Steeg im Tiroler Lechtal, Karlheinz Baumgartner, an der Spitze derjenigen, die sich engagieren, die eine Verbauung des Lechtales und seiner Seitentäler mit Stauanlagen verhindern wollen, hat es Ende der 80er Jahre auf den Punkt gebracht: *Damals, 1945, mußten viele Menschen ihr Leben lassen, obwohl das Kriegsende erkennbar bevorstand. Heute glauben viele Menschen, daß das Ende hemmungsloser Umgestaltung und Ausbeutung der Natur unmittelbar bevorsteht – und begreifen nicht, wieso mit dem Tiroler Lechtal ncoh einmal eine Landschaft geopfert werden soll, die doch ein Modell für die Zukunft sein könnte.*

Danksagung:
Zu besonderem Dank verpflichtet sind wir Josef Schächner, Ernst Kaeufer und Herrn Steyr für die zur Verfügung gestellten historischen Aufnahmen sowie Herrn Prof. Hans Matz für sein Vorwort und Stefan Andreas Schmidt für das Nachwort.

Anmerkung:
Die Bilder der Enns und Drau „von heute" zeigen den ausgebauten Fluß im Herbst 1991. – Sollte jemand historische Bilder von diesen Flüssen besitzen, die die Schönheit der Flußlandschaft zeigen, so würden wir uns freuen, wenn Sie uns diese Bilder für eine verbesserte Neuauflage zur Verfügung stellen könnten.

HERBERT RITTLINGER

wurde 1909 – nach seinen eigenen Worten „wie jeder echte Seemann und Bergsteiger natürlich in Leipzig in Sachsen" – geboren. Er wurde Goldschmied, aber „der berühmte sächsische Reisetrieb ergriff mich bereits im zartesten Jünglingsalter". Deshalb beschloß er, die Welt zu bereisen; er durchstreifte zwischen den beiden Weltkriegen China, Japan, die Südsee, Australien, die griechischen Gewässer, die Küste des Schwarzen Meeres, die Urwälder Südamerikas und, nach dem letzten Krieg, Nordostafrika und erneut Teile Südamerikas. Er hat als erster – und bisher einziger – Mensch den Amazonas von seinem Quellsee aus, hoch oben in den Kordilleren befahren, und sein Faltboot war das erste auf dem Blauen Nil.
Er starb 69jährig in Frasdorf/Oberbayern.

BÜCHER VON HERBERT RITTLINGER*

REISEWERKE UND SACHBÜCHER

Urlaub nach Drehbuch

Ins Land der Lacandonen
Zu den letzten freien Mayas

Ganz allein zum Amazonas
Auf reißenden Flüssen zum Meer der Ströme und Wälder

Schwarzes Abenteuer
Vom Roten Meer zum Blauen Nil

Faltboot stößt vor
Vom Karpatenwald ins wilde Kurdistan

Amphibische Reise zu verlorenen Inseln

Die neue Schule des Kanusports
Wasser, Sonne, Boot und Zelt

Weitgereister Herr mit Linse
Fotografie und Abenteuer

FOTOGRAFIE

Der neue Akt
Wann – Wo – Wie – Warum
Wilhelm Knapp Verlag, Düsseldorf

DAS ERZÄHLENDE WERK

Sieben Schiffe oder die große Sehnsucht
14 Jahre Weltreise

Von hier bis Babylon
Memoiren eines Veteranen vom Geheimen Dienst (Roman)
Deutsche Verlags-Anstalt Stuttgart

Ich hatte Angst

z.Zt. als Taschenbuch erhältlich

* Meist nur antiquarisch zu erhalten

Pollner Verlag

Der Hadernkahn
Geschichte des Faltbootes
Von Ursula u. Christian Altenhofer
200 Seiten, 20 x 22 cm, Fadenheftung, 175 Schwarzweiß-Aufnahmen und 103 Grafiken, Preis 38,-- DM

Der „Held“ dieses Buches ist das Faltboot, ein genial erdachtes Sportgerät, das zahllosen naturnahen Menschen außergewöhnliche Erlebnisse auf stillen und auf wilden Wassern erschloß.
Das Buch berichtet von großen Wanderfahrten und vom Freiluftleben an (damals noch sauberen) romantischen Flüssen, an großen Strömen und in den unberührten Schluchten Europas. Es erzählt von Erstbefahrungen reißender Wildflüsse, von kühnen Faltboot-Expeditionen in Übersee, von raffinierten Bootskonstruktionen und mutigen Männern, die nicht vergessen werden sollten.
Die große Zeit des Faltboots fiel in die eineinhalb Jahrzehnte vor dem Zweiten Weltkrieg. Das „Faltbootfahren“ war eine populäre Sportart, deren Anhängern bewundernswerte Leistungen gelangen. Sie sind auf hervorragenden Fotos dokumentiert, die in Pappkartons und vergilbten Fotoalben freundlicher alter Damen und Herren vergraben sind, und bei „Erbfällen“ unbeachtet im Sperrmüll zu verschwinden drohen.
Mit unendlicher Geduld haben Ursula und Christian Altenhofer dieses Material gesichtet und gesammelt, bis es ihnen schließlich gelang, die Entwicklung des Faltbootsportes von seinen Anfängen, etwa um die Jahrhundertwende, bis hinein in die späten fünfziger Jahre zu dokumentieren und darzustellen.
Das Ergebnis ist diese reich illustrierte Geschichte des „Hadernkahns“ und seiner immer perfekteren Nachfolger, ein Versuch, drei Generationen von „Faltbootfahrern“ und eine faszinierende Sportbewegung in einem „baldverlorenen Paradies“ (H. Rittlinger) vor der Vergessenheit zu bewahren.

Kanuwandern in Schleswig-Holstein

von Horst Teigler
Preis ca. 35,-- DM, ISBN 3-925660-21-6, erscheint im Mai 1993

Horst Teigler hat alle nennenswerten Flüsse seiner Heimat mit dem Kanu befahren. Seine unterhaltsamen Erlebnisse hat er in kurze Geschichten gefaßt. Dazu kamen genaue Angaben zu den Flüssen. In Lageskizzen sind die Ein- und Ausbootstellen der Flüsse abgebildet. Bilder in Schwarzweiß und Farbe zeigen die Schönheiten der Erholungslandschaften im nördlichsten Bundesland. Im sehr ausführlichen Infoblock sind u.a. die Rückholmöglichkeiten des Autos mit öffentlichen Verkehrsmitteln aufgeführt. Alle wichtigen Campingpätze und andere Übernachtungsmöglichkeiten für einen kurzen oder längeren Aufenthalt sind erwähnt. Dieses Buch ist ein Muß, wenn Sie die Flüsse dieser Gegend mit dem Kanu erleben wollen.

KANUFÜHRER

Kanuführer Französische Alpen – Auf wilden Wassern
von Jean Magdinier und Sven Grimpe
61 Wildwasserflüsse, darunter die eindruckvollsten der Alpen, stellen die Autoren mit Text und Lageskizzen vor. Dem Kanuten werden durch 99 Bildern, davon 44 in Farbe, die Schönheit dieser Flüsse vermittelt.

Kajakfahrten zwischen Donau und Inn
von Peter Dinter
Der Wildwasserführer für die Flüsse in Bayern, Tirol und dem Engadin. Mit Flußbeschreibungen, Kartenskizzen und 40 Farb- u. 92 s/w-Bildern. Besonders hervorzuheben sind die Erstbefahrungsberichte und Erlebniserzählungen.

Durch Österreich's Schluchten – Kajakfahrten und Wanderungen
von Prof. Hans Matz
In seinem Buch stellt der Autor seinen Lesern die schönsten Schluchten und Klammen seiner Heimat vor. Ob auf ausgebautem Steg oder im Kajak, die Beschreibungen und Kartenskizzen helfen dem Leser, diese Naturdenkmäler selbst zu entdecken. Die Faszination dieser „verborgenen Landschaften" zeigen 34 Farb- und 66 s/w-Bilder.

Marokko – Zu Fuß, mit Fahrrad und Boot
von Franz Riegel
Dieser Reiseführer ist für Abenteurer, die sich abseits der Touristenströme bewegen, gedacht. Es werden 22 Flüsse für Kanuten, 2 MTB-Touren und eine Durchquerung des Hohen Atlas für Wanderer beschrieben. Bei jeder Beschreibung findet sich eine Kartenskizze. 110 Bilder zeigen die besondere Schönheit dieses Landes.

Kanuwandern in Schleswig-Holstein
von Horst Teigler
Preis ca. 35,-- DM, ISBN 3-925660-21-6, erscheint im Mai 1993
Horst Teigler hat alle nennenswerten Flüsse seiner Heimat mit dem Kanu befahren. Seine unterhaltsamen Erlebnisse hat er in kurze Geschichten gefaßt. Dazu kamen genaue Angaben zu den Flüssen. In Lageskizzen sind die Ein- und Ausbootstellen der Flüsse abgebildet. Bilder in Schwarzweiß und Farbe zeigen die Schönheiten der Erholungslandschaften im nördlichsten Bundesland. Im sehr ausführlichen Infoblock sind u.a. die Rückholmöglichkeiten des Autos mit öffentlichen Verkehrsmitteln aufgeführt. Alle wichtigen Campingpätze und andere Übernachtungsmöglichkeiten für einen kurzen oder längeren Aufenthalt sind erwähnt. Dieses Buch ist ein Muß, wenn Sie die Flüsse dieser Gegend mit dem Kanu erleben wollen.

CARTOONS – mit wertvollen Tips für's „Überleben"

Lustige Kajakschule
Von William Nealy – Wieder so ein Kajaklehrbuch?
Nein, Nealy's spitzer Zeichenstift zeigt seinen überreichen Erfahrungsschatz aus Wildwassererlebnissen in lustigen und lehrreichen Skizzen.

Lustige Mountainbike-Tips
Der Cartoonspezialist William Nealy hat mit spitzem Zeichenstift seine über zehnjährigen Biker-Erlebnisse aufgespießt. Seine ironische Situationskomik stellt mögliche Tücken des Bikerlebens treffend dar.

Ankündigungen:
William Nealy „Ski-Katastrophen" – und wie man sie vielleicht vermeidet
Alan Foxy „Kanu-Blindflug"

LEHRBÜCHER

Schlauchboote – Ausrüstung - Paddeltechnik - Wildwasser
von Franz Riegel, Zeichnungen von Dieter Raffler
Das Buch befaßt sich mit den Grundlagen des Schlauchbootfahrens auf ruhigen und wilden Wassern. Die Schönheit der Flüsse wird mit 20 Farb- und 13 s/w-Bildern dargestellt. 20 Flußbeschreibungen speziell für Schlauchboote helfen dem Anfänger, den richtigen Einstieg zu finden.

Stechpaddelfahrschule
von Franz Riegel, Zeichnungen von Dieter Raffler
Durch Zeichnungen und kompakten Beschreibungen wird das Grundlagenwis sen für den Kanadier oder das Zwei-Mann-Schlauchboot vermittelt.

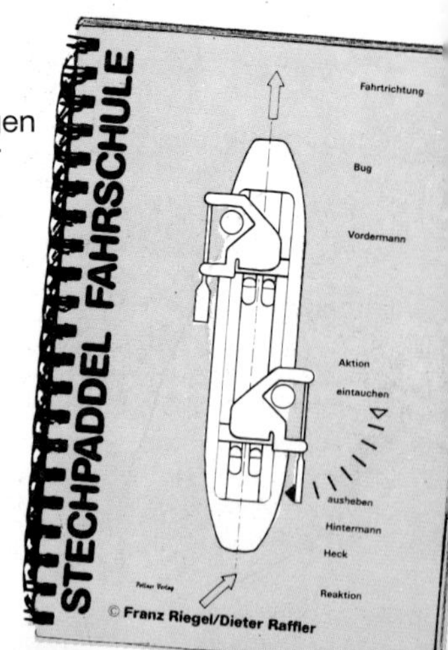

Pollner Verlag